依据**中国工会十八大文件精神**组织编写

新时代
基层工会主席
工作实务

（全新修订版）

崔生祥 ◎编著

人民日报出版社

图书在版编目（CIP）数据

新时代基层工会主席工作实务 / 崔生祥编著. --北京：人民日报出版社，2023.10

ISBN 978-7-5115-8012-2

Ⅰ.①新… Ⅱ.①崔… Ⅲ.①基层组织-工会工作-中国 Ⅳ.①D412.6

中国国家版本馆 CIP 数据核字（2023）第 195096 号

书　　名：**新时代基层工会主席工作实务**
　　　　　XINSHIDAI JICENG GONGHUI ZHUXI GONGZUO SHIWU

作　　者：崔生祥

出 版 人：刘华新

责任编辑：刘天一　　周昕阳

封面设计：陈国风

出版发行：人民日报出版社

地　　址：北京金台西路 2 号

邮政编码：100733

发行热线：（010）65369527　65369846　65369509　65369510

邮购热线：（010）65369530　65363527

编辑热线：（010）65369844

网　　址：www.peopledailypress.com

经　　销　新华书店

印　　刷　北京彩虹伟业印刷有限公司

开　　本：170mm×240mm　　1/16

字　　数：300 千字

印　　张：20.25

版次印次：2024 年 3 月第 1 版　　2024 年 3 月第 1 次印刷

书　　号：ISBN 978-7-5115-8012-2

定　　价：98.00 元

前　言

　　基层工会直接联系和服务职工群众，是工会全部工作的基础，是落实工会各项工作的组织者、推动者和实践者。在新时代，加强基层工会建设，对于团结引导亿万职工群众坚定不移听党话、跟党走，为全面建成社会主义现代化强国、全面推进中华民族伟大复兴发挥主力军作用有着非常重要的意义。基层工会主席作为基层工会的主要负责人，是加强基层工会建设、增强基层工会活力、发挥基层工会作用的关键。基层工会主席要适应新时代对工会工作提出的新任务、新要求，不断提高自身素质，坚持以习近平新时代中国特色社会主义思想为指导，深入贯彻习近平总书记关于工人阶级和工会工作的重要论述，认真学习党和国家的方针政策、法律法规，学习工会基本理论和业务知识，掌握工会工作的基本方式方法，成为工会工作的行家里手。本书贯彻理论联系实际原则，从基层工会实际工作需要出发，系统地介绍了相关理论和业务知识，具有较强的针对性和实用性。每章都附有思考题和案例，可作为基层工会主席学习培训的参考用书。

　　本书在编写过程中参考了有关书籍和资料，在此谨向相关作者表示衷心的感谢。

目录

第一章

基层工会主席的角色定位

　　基层工会主席是工会组织的主要负责人，是基层工会委员会的核心，是基层工会工作和各项工会活动的组织者、领导者。在实际工作中，基层工会主席只有正确认识自己的角色定位和基本要求，才能更好地履行职责和行使权限。

第一节　认识中国工会

一、中国工会的性质与社会职能

（一）工会的性质

关于我国工会的性质，《工会法》第 2 条规定："工会是中国共产党领导的职工自愿结合的工人阶级群众组织，是中国共产党联系职工群众的桥梁和纽带。中华全国总工会及其各工会组织代表职工的利益，依法维护职工的合法权益。"这一规定表明了我国工会的本质属性是阶级性、群众性和政治性的相互统一。

1.工会的阶级性。工会的阶级性，是指工会是真正的工人阶级组织，并以工人阶级作为自己的阶级基础。工会的阶级性主要体现在以下几个方面。（1）工会会员必须是工人阶级成员。《工会法》第 3 条规定："在中国境内的企业、事业单位、机关、社会组织（以下统称用人单位）中以工资收入为主要生活来源的劳动者，不分民族、种族、性别、职业、宗教信仰、教育程度，都有依法参加和组织工会的权利。任何组织和个人不得阻挠和限制。"由此可见，确定是否可以成为工会会员的标准只有一个，即以工资收入为主要生活来源，这就把工会成员的构成限于工人阶级范围之内，把工人阶级作为工会的阶级基础，充分说明工会具有鲜明的阶级性。（2）工会必须维护工人阶级利益。工会是工人阶级利益的代表者和维护者，工会的成立和发展体现了工人阶级的利益要求，工会是为工人阶级的利益而奋斗的，工会要把维护职工合法权益、竭诚服务职工群众作为自己的基本职责。

2.工会的群众性。工会的群众性，是指工会是工人阶级在本阶级范围内最广泛的组织。工会的群众性主要体现在以下几个方面。首先，工会的群众性体现在工会的会员构成具有工人阶级范围内的广泛性。工会并不是个别行业或者个别部门内职工的组织，它最大限度地团结、联合了广大职工群众。工会始终是工人阶级实现阶级联合的最广泛的组织。其次，工会的群众性体现在工会代表广大会员和职工群众的正当利益，维护职工群众的合法权益方面。工会代表广大会员和职工群众的正当利益、维护职工群众的合法权益是工会群众性的核心问题。职工群众是工会组织的主体，是工会赖以存在和发展的基础，广大会员和职工群众对工会的信赖和支持是工会最基本的力量源泉。如果工会不能切实代表和维护职工群众的合法权益，就会失去本阶级群众，那也就谈不上工会的群众性。再次，工会的群众性还体现在工会组织内部的民主性方面。工会内部生活的民主性是工会群众性的必然要求和具体体现。最后，工会的群众性还体现在工会组织的自愿性方面。工会不是按照某种指令组织起来的，而是职工群众为了谋求共同利益，实现共同愿望自觉自愿地组织起来的群众团体。工会组织的自愿性包括两个方面：一是坚持职工自愿入会的原则，只要是工人阶级成员，都可以自愿加入工会组织；二是工会组织或者开展的一切活动，必须适合大多数群众的觉悟，建立在群众自觉自愿的基础上。

3.工会的政治性。工会自觉接受中国共产党的领导，鲜明地体现了我国工会具有高度的政治性。习近平总书记强调："工会工作做得好不好、有没有取得明显成效，关键看有没有坚持正确政治方向。"正确政治方向，核心就是要坚持中国共产党领导和社会主义制度。坚持正确政治方向，是工会做好工作、发挥作用的根本，也是工会作为党领导下的工人阶级群众组织的历史使命。政治性是工会组织的灵魂，是第一位的。工会作为党领导的群团组织，必须始终把政治性放在首要位置，引导广大职工群众坚定不移听党话、跟党走，巩固党执政的阶级基础和群众基础。

工会是阶级性、群众性和政治性的有机统一。工会的阶级性、群众性和政治性不是分割的，而是辩证地统一在一起的。阶级性离不开群众性，以群众性为基础；群众性也离不开阶级性，受阶级性的制约；工会的阶级性和群众性以政治性为方向和保障。始终坚持党的领导，坚持走中国特色社会主义工会发展道路，这是中国工会的显著特点。

（二）工会的社会职能

根据《工会法》《中国工会章程》规定，归纳起来，工会的社会职能有以下4项。

1.维权服务职能。《工会法》规定："维护职工合法权益、竭诚服务职工群众是工会的基本职责。工会在维护全国人民总体利益的同时，代表和维护职工的合法权益。"维护职工合法权益、竭诚服务职工群众是我国工会的性质决定的，是工会服务于党和国家中心任务的主要手段，是工会一切工作的出发点和落脚点。工会要赢得职工群众信任和支持，必须高举维护职工合法权益、竭诚服务职工群众的旗帜，切切实实维护好职工合法权益，扎扎实实解决好职工群众最忧虑最急迫的实际问题，使改革发展成果更多更公平惠及职工群众。工会必须建立健全维权机制，积极参与协调劳动关系，切实把职工群众合法权益实现好、维护好、发展好；工会必须建立联系广泛、服务职工的工会工作体系，密切联系职工群众，听取和反映职工的意见和要求，关心职工的生活，帮助职工解决困难，全心全意为职工服务。

2.建设职能。工会的建设职能，是指工会吸引和组织职工群众参加建设与改革，努力完成经济和社会发展任务的职能。《工会法》规定："工会动员和组织职工积极参加经济建设，努力完成生产任务和工作任务。"工会的建设职能不仅是在生产领域，而且要不断地深入交换、分配、消费的各个领域；工会履行建设职能的目的，不仅要促进生产力的发展和技术进步，而且要促进生产关系的变革。工会要围绕立足新发展阶段、贯彻新发展理念、构建新发展格局，围绕推动高质量发展，深入开展以劳动创造幸福为主题的宣传教育，弘扬社会主义核心价值观，组织开展"建功'十四五'、奋进新征程"主题劳动和技能竞赛，大力开展合理化建议、职工技术协作、技术革新活动，拓展"五小"竞赛活动，大力弘扬工人阶级伟大品格和劳模精神、劳动精神、工匠精神，充分调动广大职工的积极性、主动性、创造性，为全面建成社会主义现代化强国、全面推进中华民族伟大复兴贡献力量。

3.参与职能。工会的参与职能，是指工会代表和组织职工参与国家和社会事务管理，参与企事业单位的民主管理的职责。《工会法》规定："工会组织和教育职工依照宪法和法律的规定行使民主权利，发挥国家主人翁的作用，通过各种途径和形式，参与管理国家事务、管理经济和文化事业、管理社会事务；协助人民政府开展工作，维护工人阶级领导的、以工农联盟为基础的人民民主专政的社会主义国家政权。"工会履行参与职能有两层含义：一是各级工会机构成为职工群众有组织地参政议政的民主渠道；二是基层工会要做好以职工代表大会或职工大会为基本形式的职工民主管理日常工作机构的工作。工会履行参与职能的主要形式和途径有：参与立法和政策的制定；工会与政府及其有关部门召开联席会议；发挥工会界代表和委员在各级人大、政协中的作用；加强基层职工民主管理，完善基层协调劳动关系的机制；参加协调劳动关系三方会议；畅通信息渠道；民主监督；等等。

4.教育职能。工会的教育职能，是指工会帮助职工不断提高思想政治觉悟和文化技术素质，成为职工群众在实践中学习共产主义的学校的职能。《工会法》规定：工会"教育职工不断提高思想道德、技术业务和科学文化素质，建设有理想、有道德、有文化、有纪律的职工队伍"。工会履行教育职能的主要内容有：牢固树立社会主义核心价值观；提高职工思想道德素质；提高职工技术业务素质；提高职工科学文化素质。履行教育职能的主要途径有：大力开展职工素质工程活动；深入开展社会主义核心价值观教育；协助政府和行政部门不断加强对职工职业培训，促进和完善继续教育制度，为职工素质的提高创造良好的条件；继续在职工中深入开展读书自学活动、群众性经济技术创新活动和建设"职工之家"活动。工会教育职能的目标是建设有理想、有道德、有文化、有纪律的"四有"职工队伍，建设知识型、技能型、创新型劳动者大军。

二、中国工会的组织体系

中国工会的组织体系，是按照民主集中制和产业与地方相结合的原则确立起来的，实行产业工会与地方工会双重领导制度。作为一个有机整体，全国总工会、地方总工会、产业工会、基层工会组成了完整的工会组织体系。

(一) 中华全国总工会

《工会法》第 11 条第 5 款规定："全国建立统一的中华全国总工会。"《中国工会章程》第 11 条规定："全国建立统一的中华全国总工会。中华全国总工会是各级地方总工会和各产业工会全国组织的领导机关。"由此可见，中华全国总工会是中国工会唯一合法的全国性的工会组织，是各级地方总工会和各产业工会全国组织的领导机关。

中国工会全国代表大会，每 5 年举行 1 次，由中华全国总工会执行委员会召集。在特殊情况下，由中华全国总工会执行委员会主席团提议，经执行委员会全体会议通过，可以提前或者延期举行。代表名额和代表选举办法由中华全国总工会决定。中国工会全国代表大会的职权是：

1.审议和批准中华全国总工会执行委员会的工作报告；

2.审议和批准中华全国总工会执行委员会的经费收支情况报告和经费审查委员会的工作报告；

3.修改中国工会章程；

4.选举中华全国总工会执行委员会和经费审查委员会。

中华全国总工会执行委员会由中国工会全国代表大会选举产生，是中国工会代表大会的执行机构。《中国工会章程》第 19 条规定，中华全国总工会执行委员会，在全国代表大会闭会期间，负责贯彻执行全国代表大会的决议，领导全国工会工作。执行委员会全体会议选举主席 1 人、副主席若干人、主席团委员若干人，组成主席团。执行委员会全体会议由主席团召集，每年至少举行 1 次。由此可见，从领导工会全国代表大会闭会期间全国工会工作的角度来看，中华全国总工会执行委员会也是工会的最高领导机关。中华全国总工会执行委员会的任期与中国工会全国代表大会的届期相同，每届任期 5 年。

(二) 地方总工会

《工会法》第 11 条第 3 款规定："县级以上地方建立地方各级总工会。"《中国工会章程》第 11 条规定："省、自治区、直辖市，设区的市和自治州，县（旗）、自治县、不设区的市建立地方总工会。地方总工会是当地地方工会组织和产业工会地方组织的领导机关。"第22条第3款规定："根据工作需要，省、自治区总工会可在地区设派出代表机关。直辖市和设区的市总工会在区一级建立总工会。"第22条第4款规定："县和城市的区可在乡镇和街道建立乡镇工会和街道工会组织，具备条件的，建立总工会。"

《中国工会章程》第22条第1、2款规定，省、自治区、直辖市，设区的市和自治州，县（旗）、自治县、不设区的市的工会代表大会，由同级总工会委员会召集，每5年举行1次。在特殊情况下，由同级总工会委员会提议，经上一级工会批准，可以提前或者延期举行。工会的地方各级代表大会的职权是：

1.审议和批准同级总工会委员会的工作报告；

2.审议和批准同级总工会委员会的经费收支情况报告和经费审查委员会的工作报告；

3.选举同级总工会委员会和经费审查委员会。

各级地方总工会委员会，在代表大会闭会期间，执行上级工会的决定和同级工会代表大会的决议，领导本地区的工会工作，定期向上级总工会委员会报告工作。

各级地方总工会的任期与地方工会代表大会届期相同，每届任期5年。在代表大会闭会期间，执行上级工会的决定和同级工会代表大会的决议，领导本地区的工会工作，定期向上级总工会委员会报告工作。各级地方总工会委员会全体会议，每年至少举行1次。

（三）产业工会

产业工会是根据产业原则建立起来的工会组织，是我国工会的重要组成部分。《工会法》第11条第4款规定："同一行业或者性质相近的几个行业，可以根据需要建立全国的或者地方的产业工会。"

《中国工会章程》第11条规定：中国工会实行产业和地方相结合的组织领导原则。同一企业、事业单位、机关、社会组织中的会员，组织在一个基层工会组织中；同一行业或者性质相近的几个行业，根据需要建立全国的或者地方的产业工会组织。除少数行政管理体制实行垂直管理的产业，其产业工会实行产业工会和地方工会双重领导，以产业工会领导为主外，其他产业工会均实行以地方工会领导为主，同时接受上级产业工会领导的体制。各产业工会的领导体制，由中华全国总工会确定。

（四）基层工会

基层工会是根据《工会法》和《中国工会章程》的规定，经上级工会批准，在企业、事业单位、机关、社会组织以及社区和行政村建立的工会组织。基层工会是工会组织体系中重要的组成部分和最基本的组织单位，是落实工会各项工作的组织者、推动者和实践者，是工会系统的"神经末梢"。

《中国工会章程》第 25 条第 1、2 款规定："企业、事业单位、机关、社会组织等基层单位，应当依法建立工会组织。社区和行政村可以建立工会组织。从实际出发，建立区域性、行业性工会联合会，推进新经济组织、新社会组织工会组织建设。有会员 25 人以上的，应当成立基层工会委员会；不足 25 人的，可以单独建立基层工会委员会，也可以由两个以上单位的会员联合建立基层工会委员会，也可以选举组织员或者工会主席 1 人，主持基层工会工作。基层工会委员会有女会员 10 人以上的建立女职工委员会，不足 10 人的设女职工委员。"

基层工会作为工会组织密切联系群众，开展各项工作的基础，在维护基层职工权利、维护企事业生产工作秩序稳定、促进社会安定和谐、推动经济社会发展、巩固党的领导地位等方面意义重大。

第二节　基层工会主席的产生及其职权

基层工会主席是经工会会员民主选举产生，以维护职工群众的合法权益为基本职责的基层工会工作执行者和领导者，是基层工会组织的法定代表人，是劳动者合法权益的代表者和维护者，也是基层工会组织内外各种关系的协调者，担负着决定基层工会工作能否有效开展的重要职责。

一、基层工会主席的产生

《中国工会章程》第 27 条规定："主席、副主席，可以由会员大会或者会员代表大会直接选举产生，也可以由基层工会委员会选举产生。"《工会基层组织选举工作条例》第 3 条规定："基层工会委员会由会员大会或会员代表大会选举产生。工会委员会的主席、副主席，可以由会员大会或会员代表大会直接选举产生，也可以由工会委员会选举产生。"第 18 条规定："基层工会主席、副主席可以等额选举产生，也可以差额选举产生。主席、副主席应从新当选的工会委员会委员中产生，设立常务委员会的应从新当选的常务委员会委员中产生。"根据上述规定，基层工会主席、副主席的选举，应理解、把握以下问题。

（一）由会员大会或者会员代表大会直接选举产生主席、副主席

1.基层工会主席直接选举产生的重要性

基层工会主席、副主席由会员大会或者会员代表大会直接选举产生，是指基层工会通过召开会员大会或者会员代表大会，直接投票选举产生工会主席、副主席的选举方式。实行基层工会直接选举工会主席制度，是推进基层工会民主化进程的必然要求，是基层工会建设、改革和发展的重要内容。有利于完善工会民主选举制度，推进工会干部制度改革；有利于加强基层工会作风建设，密切工会组织与会员和职工群众的联系；有利于使基层工会组织更好地代表会员的意志，反映会员的要求和愿望，强化职工群众对工会干部的监督，提高对工会干部的信任度；有利于把真心实意为职工群众服务、热爱工会工作、工作能力强、受到职工群众拥护和信赖的人选到工会领导班子中来，提高工会干部的使命感和责任感，增强工会组织的吸引力、凝聚力和号召力。

2.基层工会主席直接选举产生方式的适用范围

《工会基层组织选举工作条例》第 19 条规定："基层工会主席、副主席由会员大会或会员代表大会直接选举产生的，一般在经营管理正常、劳动关系和谐、职工队伍稳定的中小企事业单位进行。"这些基层工会会员

人数一般较少、工作场所比较集中、职工接触较多，相互了解，适合召开会员大会或者会员代表大会直接选举产生工会主席、副主席。

3.直接选举工会主席的程序和主要方式

（1）由党委组织部门提出工会主席、副主席的基本条件，向本单位全体会员群众公布。

（2）不提名选举候选人，由会员（代表）大会通过无记名投票方式直接选举产生工会委员会和主席、副主席。在获得法定有效票数的被选举人中，按得票多少直接确定工会主席、副主席和工会委员会委员。

（3）召开会员（代表）大会通过无记名投票方式，先采取差额选举的办法进行预选，预选产生工会主席、副主席候选人，再由会员（代表）大会等额选举产生工会主席、副主席。

（4）先推荐产生工会主席、副主席候选人，由会员（代表）大会通过无记名投票方式差额选举产生工会主席、副主席，或者通过会员（代表）大会，先采取差额选举的办法进行预选，预选产生的工会主席、副主席候选人，再由会员（代表）大会等额选举产生工会主席、副主席。

4.直接选举工会主席应当注意的几个问题

一是坚持在同级党组织和上一级工会的领导下，有领导、有组织地进行。一般在工会工作基础较好，经营管理正常、劳动关系和谐、职工队伍较稳定，会员民主意识较强的条件成熟的基层单位进行。没有建立党组织的单位，在上一级工会的领导下进行。要坚持党管干部原则，坚持公开、公正、竞争、择优的原则，坚持尊重和体现会员意愿的原则。要把党管干部、依法治会和发扬民主集中制统一起来。

二是坚持依法选举、严格规范程序、认真执行规定。必须执行无记名投票、公开计票、当场公布选举结果的规定；必须执行"参加选举的人数为应到会人数的2/3以上时，方可进行选举""被选举人获得应到会人数的过半数赞成票时，始得当选"的规定；必须执行选举结果报上一级工会批准的规定。

三是认真做好候选人的推荐工作。要按照《工会基层组织选举工作条例》规定的条件和程序，经会员反复协商酝酿后，把信念坚定、为民服务、勤政务实、敢于担当、清正廉洁、热爱工会工作、受到职工信赖的人推荐作为候选人。

四是做好直接选举前的思想发动和组织工作，帮助会员或会员代表提高对直接选举工会主席、副主席的目的和意义的认识，使每个会员或会员代表能够熟悉选举办法和程序，正确行使选举权。认真组织实施好选举工作，必要时可以请上级工会组织给予帮助和指导。

（二）由基层工会委员会选举产生主席、副主席

由基层工会委员会选举产生主席、副主席，也叫间接选举，是当前大多数基层工会采取的选举方式。与直接选举相比，这种选举方式更稳妥，但选举的民主化程度不如直接选举。间接选举的程序主要分两步：第一步，召开会员大会或者会员代表大会，采取差额选举办法，依法选举产生基层工会委员会委员；第二步，在基层工会委员会召开的第一次全体委员会议上，由工会委员会委员选举产生主席、副主席。

二、基层工会主席的条件

（一）基层工会主席应具备的条件

《工会基层组织选举工作条例》第10条规定："基层工会委员会的委员、常务委员会委员和主席、副主席的选举均应设候选人。候选人应信念坚定、为民服务、勤政务实、敢于担当、清正廉洁，热爱工会工作，受到职工信赖。"这是对基层工会委员会委员、常务委员会委员和主席、副主席候选人条件的总体要求。总体要求包括两方面条件。

1.政治方面的要求。习近平总书记要求，全党同志特别是高级干部要加强党性锻炼，不断提高政治觉悟和政治能力。新时代工会干部提高政治觉悟和政治能力，必须认真把握方向、把握大势、把握全局，在辨别政治是非、保持政治定力、驾驭政治局面、防范政治风险上率先垂范，永葆共产党人政治本色。要做到信念坚定、为民服务、勤政务实、敢于担当、清正廉洁。

2.履职方面的要求。基层工会干部候选人不仅要讲政治，提高政治觉

悟和政治能力，同时还必须热爱工会工作，受到职工信赖。热爱工会工作，强调的是工会干部的主观态度，要有热忱服务职工群众的意愿，有热心为职工办事的精神，有从事工会工作的热情，意愿、精神和热情是服务职工群众的动力。受到职工信赖，强调的是工会干部具有较高的专业知识和业务水平，具备做好工会工作的能力和素质，能够得到职工群众的信赖和支持。

（二）基层工会主席的限制性条件

《工会法》第10条第2款规定："各级工会委员会由会员大会或者会员代表大会民主选举产生。企业主要负责人的近亲属不得作为本企业基层工会委员会成员的人选。"《工会基层组织选举工作条例》第11条规定："单位行政主要负责人、法定代表人、合伙人以及他们的近亲属不得作为本单位工会委员会委员、常务委员会委员和主席、副主席候选人。"这是对基层工会委员会委员、常务委员会委员和工会主席、副主席的限制性条件的规定，明确了哪些人不能作为基层工会委员会委员、常务委员会委员和主席、副主席的候选人。具体要理解、把握以下几方面。

1.单位行政主要负责人、法定代表人。按照《会计法》第50条规定："单位负责人，是指单位法定代表人或者法律、行政法规规定代表单位行使职权的主要负责人。"因此，单位主要负责人主要包括两类人员：一类是单位的法定代表人。"法定代表人"是一个法律概念，《民法典》第61条第1款规定："依照法律或者法人章程的规定，代表法人从事民事活动的负责人，为法人的法定代表人。"这就是说，作为法定代表人必须是法人组织的负责人，能够代表法人行使职权。法定代表人可以由厂长、经理担任，也可以由董事长、理事长担任，这主要看法律或章程是如何规定的。没有正职的，由主持工作的副职负责人担任法定代表人；没有董事长的法人，经董事会授权的负责人可作为法人的法定代表人。另一类是法定代表人之外对本单位经营管理主要负责的人。法定代表人与单位主要负责人可能重合，也可能不重合。如国有企业的厂长、经理是企业的法定代表人，也是主要负责人。而公司制企业的总经理可能不是企业的法定代表人，但一定是企业主要负责人。

工会与单位行政分别代表劳动关系的劳资双方，在市场经济条件下，工会代表和维护的是职工的合法权益，而单位法定代表人、主要负责人代表的是用人单位的利益。如果由法定代表人、主要负责人担任工会委员会委员、常务委员会委员和工会主席、副主席，他们既要代表用人单位利益，又要代表职工的合法权益，势必造成角色的冲突。所以，无论他们是否能够加入工会，都应当任职回避。

2.单位合伙人。合伙人通常是指以其资产进行合伙投资，参与合伙经营，依协议享受权利，承担义务，并对企业债务承担无限（或有限）责任的自然人或法人。由此可见，合伙人其实是用人单位的投资人，是资产所有者的组成人员。这些人不是劳动法意义上的劳动者，是不能参加工会的，自然不应成为基层工会委员会委员、常务委员会委员和工会主席、副主席。

3.单位行政主要负责人、法定代表人、合伙人的近亲属。根据我国《民法典》的相关规定，近亲属包括配偶、父母、子女、兄弟姐妹、祖父母、外祖父母、孙子女、外孙子女。单位行政主要负责人、法定代表人、合伙人是用人单位行政方代表，他们的近亲属担任工会委员会成员难免让职工产生不信任感，不利于工会工作的开展，因此，根据《工会法》《工会基层组织选举工作条例》规定的精神，他们应任职回避。

三、基层工会主席的职权

根据《企业工会工作条例》规定，企业工会主席的职权主要包括以下内容。

（一）负责召集工会委员会会议，主持工会日常工作。

（二）参加企业涉及职工切身利益和有关生产经营重大问题的会议，反映职工的意愿和要求，提出工会的意见。

（三）以职工方首席代表的身份，代表和组织职工与企业进行平等协商、签订集体合同。

（四）代表和组织职工参与企业民主管理。

（五）代表和组织职工依法监督企业执行劳动安全卫生等法律法规，

要求纠正侵犯职工和工会合法权益的行为。

（六）担任劳动争议调解委员会主任，主持企业劳动争议调解委员会的工作。

（七）向上级工会报告重要信息。

（八）负责管理工会资产和经费。

四、基层工会主席的特点

作为基层工会的领导者，基层工会主席除了要按照领导科学和领导规律办事，具备一般领导的特征外，还具有自身特点：工会主席经工会会员民主选举产生，能够代表广大工会会员，是工会系统中的优秀分子；工会主席是基层工会的法定代表人；工会主席的基本职责是代表和维护广大职工的合法权益；工会主席的工作重点是将工会各专业工作的核心和关键点连接起来以形成自己独特的工作面；工会主席应该是能够深入于职工群众中，急职工之所急，想职工之所想，紧紧抓住维权服务这一基本职责，思想明确，围绕重点，统筹全局，协调有序地推动和开展工会工作的优秀领导者。

第三节　基层工会主席的角色定位

中国工会组织的性质决定了基层工会主席所扮演的特定的社会角色。中国工会的性质和行为特征决定了基层工会主席不可能只有代表和维护职工群众利益这么一个角色。基层工会主席集多种社会角色于一身，其中最主要的角色包括以下内容。

一、从职工角度

基层工会主席是职工群众合法权益的代表者、维护者及职工群众的服务者。维护职工合法权益、竭诚服务职工群众是我国工会的基本职责。基层工会主席作为基层工会组织的法人代表，代表和维护职工群众的合法权益、竭诚服务职工群众是其最基本的角色特征及其要求。作为基层工会组织的负责人，基层工会主席应充分利用自身工作生活于职工群众中的优势，当好职工群众代言人的角色，全心全意为职工群众服务。

基层工会主席是职工群众的教育引导者。《工会法》第 7 条规定，工会"教育职工不断提高思想道德、技术业务和科学文化素质，建设有理想、有道德、有文化、有纪律的职工队伍"。这是关于工会教育职能的明确规定。工会作为"大学校"，要使基层工会真正发挥出教育人、引导人、激励人的共产主义学校作用，基层工会主席必须坚持不懈用习近平新时代中国特色社会主义思想教育职工，用社会主义核心价值观凝聚职工，用中华优秀传统美德浸润职工；必须组织做好广大职工群众的思想政治教育和科学文化技术教育工作，大力实施素质工程，着力回答和解决职工群众的思想观点、政治立场问题，教育引导他们提高认识世界和改造世界的能力，提高科学文化技术素质，更好地为全面建成社会主义现代化强国服务。基层工会主席在做职工群众的思想政治工作中，既形式多样、生动活泼，又要把思想教育与解决职工实际困难相结合，避免泛泛而谈，以使思想政治工作产生最好的激励效果，真正调动起职工群众的积极性、主动性和创造性，只有做到这些，基层工会主席才称得上是合格的职工群众的教育引导者。

基层工会主席还是基层工会和职工群众活动的组织者。组织各类具有工会特色的、职工喜闻乐见、广泛参与的生产性、学习性和娱乐性活动，是基层工会工作的重要内容，也是基层工会的传统和优势。基层工会主席是基层工会工作的主持者，工作在基层工会的第一线，因此应当担负起组织工会各类活动的职责。基层工会主席要善于掌握和运用方法技巧，精心组织各类活动，吸引和诱导广大职工群众积极参与到工会活动中来，为增强基层工会活力作出贡献。

基层工会主席是和谐劳动关系的构建者。工会是劳动关系矛盾的产物，劳动关系是工会活动的主要领域，协调劳动关系、促进劳动关系的和谐稳定是工会的重要任务。基层工会主席应当充分认识构建和谐劳动关系的重大意义，不断完善劳动关系调整机制，加强调整劳动关系能力建设，及时妥善处理劳动关系，推动建立规范有序、公正合理、互利共赢、和谐稳定的劳动关系。

二、同党的关系

基层工会主席是党同职工群众的联系者。中国工会作为党领导下的工人阶级群众组织，是党联系职工群众的桥梁和纽带。党正是通过充分发挥工会组织的作用，把理论、路线、方针、政策和任务传达贯彻于职工群众，把关怀和温暖送达职工群众，把职工群众的意见、建议和愿望反映给党组织。所以基层工会主席在同级党组织和上级工会领导下做好本级工会组织的工作，就能把广大职工群众团结在党组织的周围，增强党的阶级基础，扩大党的群众基础，真正当好党同职工群众的联系者。

三、从企事业角度

基层工会主席是企事业单位管理的参与者。参与企事业单位的管理是广大职工群众的民主权利，也是职工群众维护自身合法权益的主要途径。职工群众参与企事业单位管理是有组织进行的，这就是企事业单位的职工代表大会制度和其他民主管理形式。工会是职工群众利益的代表者和维护者，是职工代表大会的工作机构。因此，基层工会主席作为本级工会组织的负责人，担负着组织开好本级职代会和以其他形式参与本级乃至上级企事业单位行政管理的重任，有的工会主席还依法进入公司董事会、监事会，参与公司的决策和监督。基层工会主席只有牢记自身的责任和使命，增强参与管理的本领，提高参政议政能力，才能代表职工群众行使好民主管理权利，并在促进企事业单位和谐发展中，当好企事业单位管理的参与者，促进企事业单位高质量发展。

四、基层工会主席还是工会组织内外关系的协调者

工会是群众团体、社会组织，其存在、发展和发挥功能与作用都离不开自身的内外环境。因此，只有协调好工会的内外关系，才能达到和谐、有序和平衡，才能充分发挥工会作用、体现工会价值。

基层工会主席协调基层工会组织内部关系，主要是基层工会组织与会员和职工群众关系的协调、职工内部关系的协调、基层工会领导班子成员及工作人员之间的协调以及与上级工会组织关系的协调等。协调基层工会组织与会员和职工群众的关系最根本的是要树立群众观念，贯彻群众路线，密切联系会员和职工群众，切实为会员和职工群众说话办事。协调职工内部关系主要是要协调处理好企事业内部各类职工群体间的利益矛盾以及职工的各类家庭与社会关系。协调基层工会组织领导班子成员及工作人员的关系，关键是要做好分责分权，强调分工合作和相互理解支持。协调基层工会组织与上级工会的指示和工作部署，及时向上级工会组织反映有关情况，做到上情下达、下情上知，同时还要从自身所处实际情况出发，独立负责、创造性地开展基层工会工作。

基层工会主席协调工会组织的外部关系，最主要的是要协调好与同级党组织和行政的关系。协调的原则就是既要自觉接受同级党组织的领导，又要依法独立自主开展工作；既要支持协助行政工作，又要代表、反映职工群众的愿望要求，敦促行政改进工作，力求达到既促进企事业发展，又维护职工群众具体利益的目的。

第四节　基层工会主席的地位

基层工会主席的地位和作用的发挥与基层工会组织自身的地位和作用息息相关。

一、基层工会组织的地位及职能

(一) 基层工会组织的地位

基层工会组织是所在企事业单位职工自愿结合的工人阶级群众组织。基层工会组织的性质和所处环境，决定了基层工会组织应当是所在企事业单位职工群众利益的代表者和维护者、党联系职工群众的桥梁纽带与行政的支持者和合作者。

1.职工群众利益的代表者和维护者

工会要在维护全国人民总体利益的同时，更好地代表和维护职工群众的合法权益，这是我国工会的一个重要职能。基层的特殊优势，使得基层工会便于了解、掌握和反映职工群众的愿望、要求，帮助其解决生活、工作中存在的问题和困难，并及时排忧解难，基层工会更多地代表和维护职工群众的合法权益，把职工群众合法权益实现好、维护好、发展好。

2.党联系职工群众的桥梁纽带

坚持党的领导，是做好工会工作的根本保证。习近平总书记明确指出，工会工作做得好不好、有没有取得明显成效，关键看有没有坚持正确政治方向。坚持正确政治方向，就是要坚持中国共产党领导和我国社会主义制度。只有坚持党的领导，工会才能更好履行自己的职能、充分发挥好自己的作用、完成好自己的历史使命。坚持党的领导，是我国工会的优良传统。中国现代工会运动是在中国共产党直接领导下发展起来的，中国工会自诞生之日起就是在共产党领导下开展工作的，工会始终将自己同党的事业紧密相连，团结动员广大职工群众围绕实现党的纲领和不同历史时期确立的中心任务，前仆后继、奋勇拼搏。从中国工会诞生以来，工会工作取得的每一项伟大成就，都离不开党的坚强、正确领导。一部中国工会运动史，就是一部中国共产党领导中国工会运动的历史，党的领导是贯穿于中国工会运动始终的一条主线，并赋予了中国工会运动以鲜明的特色。

在工会和党的关系上，一方面，工会必须自觉接受党的领导，始终在政治立场、政治方向、政治原则、政治道路上与以习近平同志为核心的党中央保持高度一致；另一方面，工会作为群众团体，必须从群众组织的性质和特点出发，依照法律和自己的章程独立自主地开展工作，并且把这两个方面统一起来。统一起来，就是统一在工会工作的全部过程和一切方面。也就是说，工会的一切工作都是在党的领导下，按照党的路线、方针、政策来开展的，而一切工作都是由工会以自己的方式独立自主地开展工作的，这两个方面实际上都是在同一过程中实现的。

基层工会在协调与企事业党组织关系时，一方面，要自觉接受党组织的领导，认真贯彻执行党的基本路线及各项方针政策，紧紧围绕党组织在每个时期的中心任务开展工作，并善于把党的主张经过工会的民主程序，变成广大职工的自觉行动，使之得到贯彻落实；另一方面，要坚持依照法律和工会章程独立自主、创造性地开展工作，通过贯彻上级工会的工作部署和自己的积极努力，使工会工作呈现生机和活力。为了正确地把握好接受党的领导和独立自主开展工作的关系，把两者有机地统一起来，工会在实际工作中要积极主动地向党组织请示报告，加强与党组织的信息交流，及时了解和掌握党组织的决议和对工会工作的指示，及时把职工群众的意见和要求，以及工会工作的有关情况和自己对重大问题的见解向党组织汇报，以赢得党组织对工会工作的理解与支持。

3.行政的支持者和合作者

工会与行政的关系，总体表现为工会作为行政的支持者，与行政平等合作。《工会法》《劳动合同法》等相关法律法规规定，在我国，工会与企事业行政的关系是一种平等合作、相互支持的关系。无论是在公有制企事业还是非公有制企事业中，企事业行政在企事业中负责生产经营管理，处于支配和主导地位，而工会所代表的职工在企事业中处于被支配、被管理的地位。工会与企事业行政构成企事业经济关系的双方代表，是两个平等独立的法人主体。

在日常工作中，工会与企事业行政互相支持。《工会法》第 39 条规定："企业、事业单位、社会组织研究经营管理和发展的重大问题应当听取工会的意见；召开会议讨论有关工资、福利、劳动安全卫生、工作时间、休息休假、女职工保护和社会保险等涉及职工切身利益的问题，必须有工会代表参加。企业、事业单位、社会组织应当支持工会依法开展工作，工会应当支持企业、事业单位、社会组织依法行使经营管理权。"

工会与企事业行政还需要相互监督。企事业监督工会依法开展工作，工会监督企事业落实职工民主管理职权，监督企事业执行劳动法律法规的情况，通过监督保证双方依法开展工作，保证职工合法权益和企事业的合法权益得到维护，进而促进企事业高质量发展，促进社会进步。

要注意的是，随着我国社会主义市场经济体制的逐步完善和所有制实现形式的多样化，非公经济迅速发展。在非公企事业中，由于产权关系的逐步明确，劳动关系的市场化、多元化和复杂化，产权与劳动者权益呈现出既统一又矛盾的复杂局面。因此，非公企事业中的工会与行政关系也更为复杂化。一方面，处于社会主义条件下的非公有制经济作为社会主义市场经济的一个重要组成部分，劳动关系的双方存在利益的一致性，非公企事业的行政与代表职工权益的工会也仍然是平等合作、互相监督的关系。另一方面，非公有制企事业的劳动关系又存在对抗性，当前"资强劳弱"的现实，使得基层工会在非公有制企事业中的工作开展困难重重，唯有建立双方的协调机制，变"对抗"为"对话"，才能在对抗中求合作，在合作中求发展。工会与企事业行政关系协调的机制包括：劳动关系三方协商机制；平等协商和集体合同制度；劳动合同制度；职工民主管理制度；劳动法律法规监督检查机制；劳动争议处理制度；等等。

（二）基层工会组织的职能

基层工会组织的职能就是要结合基层的实际情况，全面履行好自身的基本职责和各项职能，力促职工合法权益的实现和企事业的健康、快速、协调发展，实现双赢。基层工会组织的职能体现在以下几个方面。

1.动员、团结和组织职工为促进企事业高质量发展贡献力量。"融入中心、服务大局"是工会工作的一条重要原则，只有坚持这一原则开展工会工作，才能在促进企事业高质量发展的大局下，更好地维护职工群众合法权益，并赢得党和政府的重视与支持。基层工会促进企事业高质量发展有着自身特殊的着眼点和发挥作用的方式，其根本和关键就是要调动好、保护好、发挥好职工群众的积极性和创造性，促进企事业高质量发展。基层工会的工作对象主要是企事业基层生产工作一线职工，他们生产、工作积极性的发挥是促进企事业发展的决定性力量。基层工会的作用就在于通过组织职工广泛开展劳动与技能竞赛、合理化建议和经济技术创新等活动，真正把广大职工群众吸引过来、团结起来，以最大的热情投身于做好本职工作和促进企事业发展中。基层工会还要善于及时发现和总结推广先进人物和先进典型经验，并向上级推荐报告，以使其在更大范围产生榜样的力量。要牢牢把握为实现中华民族伟大复兴中国梦而奋斗的工人运动时代主题，大力弘扬劳模精神、劳动精神、工匠精神。总之，基层工会是以动员、团结和组织职工为企事业高质量与发展贡献力量的作用和方式，服从服务于企事业中心工作和大局的。

2.教育和引导职工群众提高自身素质，造就一支有理想守信念、懂技术会创新、敢担当讲奉献的宏大的产业工人队伍。工会是共产主义大学校，教育和引导职工不断提高思想道德素质和科学文化技术素质，培养和造就一支具有先进阶级思想、社会主义道德、现代科学文化知识和严格组织纪律的职工队伍，是工会的重要职责，也是时代对工会组织的必然要求。工会组织具有自身的组织优势、阵地优势和联系职工群众的优势，它能够把处于中间乃至落后的职工提高到先进水平，促进职工队伍整体素质的提高。基层工会组织活跃在基层企事业中，联系职工群众广泛，便于开展各种丰富多彩的活动，寓教于乐，吸引和引导职工提高思想政治和科学文化技术素质。基层工会还可以积极组织职工参加各种正规、系统和业余的学习，开展"创建学习型组织、争当知识型职工"活动，营造浓厚的学习氛围。基层工会还可以利用对职工思想、工作、生活状况十分熟悉的有利条件加强职工思想政治工作，及早抓住一些苗头有针对性地做思想教育和化解矛盾的工作，以求达到提高觉悟、促进和谐的目的。

3.巩固和扩大基层工会组织，把最广大职工群众吸引到工会组织中来。工会是党联系职工群众的桥梁和纽带，只有努力把广大职工群众吸引到工会中来，在巩固和扩大基层工会组织的同时，增强党的阶级基础，扩大党的群众基础，密切党同本阶级群众的联系。基层工会组织处于基层工会工作的前沿，直接同广大职工群众打交道，对职工的状况也最了解，因此，贯彻落实"组织起来、切实维权"的工会工作方针，基层工会组织承担着重要责任，发挥着特殊的重要作用。基层工会组织应当从实际出发，采用多种方式，与企事业单位深化改革相适应，最大限度地把各种不同类型、不同用工形式的职工组织到基层工会组织中来，充分发挥基层工会组织的优势和组织功能，夯实基层工会组织的组织基础，为更有作为地开展基层工会工作创造有利条件。

4.代表和组织职工群众参与企事业管理。参与企事业管理是职工群众的民主权利，然而职工群众的参与必须是有组织进行的，这就需要工会发挥代表和组织职工群众参与企事业单位管理的作用。我国《劳动法》《企业法》《公司法》和《工会法》等都规定了工会代表和组织职工对企事业单位进行民主管理和民主监督的权利，体现了工会在这方面的地位和作用的不可替代性。基层企事业单位民主管理是全过程人民民主的重要组成部分，是社会主义基层民主的重要内容，也是整个社会主义民主的重要基础，基层工会做好基层企事业单位的民主管理工作则是夯实这一基础的重要保证。基层工会组织，身处基层企事业单位中，它同职工群众密切联系，最了解也最能够代表职工群众讲话，反映他们的意见和要求，因此，由其代表和组织职工参与基层企事业单位管理，进行民主监督，会取得更为扎实有效的效果，同时，基层民主管理工作开展得好，还会推动基层企事业单位民主管理体系和工作机制的建立、健全和完善，使其更加规范化、制度化，同时也使企事业单位形成良好的民主氛围。

5.做好维权服务工作。维护职工合法权益、竭诚服务职工群众是工会的基本职责，也是发挥广大职工积极性、主动性、创造性最重要最基础的工作。维护职工合法权益、竭诚服务职工群众体现了中国工会的性质和特点，反映了党的要求和职工群众的愿望，是坚持党的"全心全意为人民服务"宗旨的重要体现，是协调劳动关系、推动构建社会主义和谐社会的必然途径，是法律赋予工会的神圣职责。工会要赢得职工群众信任和支持，必须高举维权服务的旗帜，扎扎实实解决好职工群众最忧虑最急迫的实际问题，使改革发展成果更多更公平惠及职工群众；要坚持职工利益无小事的理念，顺应职工对美好生活的新期待，把工作重心放在广大职工身上，从大处着眼、小处着手，满腔热情做好服务职工工作，不断提升维权服务的质量和水平，切实提升职工群众的获得感、幸福感、安全感。习近平同志在同中华全国总工会新一届领导班子成员集体谈话时指出，工会要坚持以职工为中心的工作导向，抓住职工群众最关心最直接最现实的利益问题，认真履行维护职工合法权益、竭诚服务职工群众的基本职责，把群众观念牢牢根植于心中，哪里的职工合法权益受到侵害，哪里的工会就要站出来说话。我国工会始终将维护职工合法权益的大旗牢牢掌握在手中，把竭诚服务职工群众作为一切工作的出发点和落脚点。事实证明，只有竭诚服务职工群众，工会才能密切联系职工群众，把广大职工群众团结、凝聚在党的周围。

（三）基层工会的基本任务

根据《中国工会章程》规定，基层工会委员会的基本任务如下。

1.执行会员大会或者会员代表大会的决议和上级工会的决定，主持基层工会的日常工作。

2.代表和组织职工依照法律规定，通过职工代表大会、厂务公开和其他形式，参与本单位民主选举、民主协商、民主决策、民主管理和民主监督，保障职工知情权、参与权、表达权和监督权，在公司制企业落实职工董事、职工监事制度。企业、事业单位工会委员会是职工代表大会工作机构，负责职工代表大会的日常工作，检查、督促职工代表大会决议的执行。

3.参与协调劳动关系和调解劳动争议，与企业、事业单位、社会组织行政方面建立协商制度，协商解决涉及职工切身利益问题。帮助和指导职工与企业、事业单位、社会组织行政方面签订和履行劳动合同，代表职工与企业、事业单位、社会组织行政方面签订集体合同或者其他专项协议，并监督执行。

4.组织职工开展劳动和技能竞赛、合理化建议、技能培训、技术革新和技术协作等活动，培育工匠、高技能人才，总结推广先进经验。做好劳动模范和先进生产（工作）者的评选、表彰、培养和管理服务工作。

5.加强对职工的政治引领和思想教育，开展法治宣传教育，重视人文关怀和心理疏导，鼓励支持职工学习文化科学技术和管理知识，开展健康的文化体育活动。推进企业文化职工文化建设，办好工会文化、教育、体育事业。

6.监督有关法律、法规的贯彻执行。协助和督促行政方面做好工资、安全生产、职业病防治和社会保险等方面的工作，推动落实职工福利待遇。办好职工集体福利事业，改善职工生活，对困难职工开展帮扶。依法参与生产安全事故和职业病危害事故的调查处理。

7.维护女职工的特殊权益，同歧视、虐待、摧残、迫害女职工的现象作斗争。

8.搞好工会组织建设，健全民主制度和民主生活。建立和发展工会积极分子队伍。做好会员的发展、接收、教育和会籍管理工作。加强"职工之家"建设。

9.收好、管好、用好工会经费，管理好工会资产和工会的企业、事业。

二、基层工会主席的地位

基层工会主席的性质和角色定位决定了其地位和作用。基层工会主席的地位具体包括工会领导的政治地位、经济地位、法律地位和实际地位。

(一) 政治地位

政治地位，即工会主席作为一级工会组织的领导人，在国家和社会政治生活中应占据的位置。社会主义条件下工人阶级和工会组织地位的根本变化，客观上决定了其组织领导者——工会主席地位的变化。以企业为例，企业工会主席同企业党委书记、董事长（经理），都是企业的领导人，都要在各自负责的系统从不同的角度发挥作用并共同承担建设社会主义企业的重任。工会主席是工会法人代表，是工会工作的领导者，在参与企事业经营管理、维护职工合法权益、组织职工参加企事业民主管理等方面是当然的组织者，完全应该在其相应的职权范围内独立自主地发挥作用。

工会是中国共产党领导的职工自愿结合的工人阶级群众组织，自觉接受党的领导是工会的政治原则和政治保障，是我国工会特有的政治优势。

基层工会要在党的领导下依法独立自主地开展工作。党组织要牢固树立全心全意依靠工人阶级的思想，高度重视工会工作，不断加强和改善党对工会工作的领导，研究解决工会工作中的重大问题，推动建设一支高素质专业化的工会干部队伍，支持工会依法依章程创造性开展工作。工会是中国共产党联系职工群众的桥梁和纽带，党通过工会把党的路线、方针、政策传达到职工群众中去；同时，职工群众的意见、建议和要求通过工会组织反馈上来，作为党的决策依据。

（二）劳动关系领域中的地位

经济地位，即基层工会主席作为基层工会组织领导人在劳动关系领域中的地位。工会主席在劳动关系中是职工和会员利益的代表者和维护者，要与企事业单位开展平等协商、签订集体合同；要代表和组织职工参与企事业单位民主管理；要组织职工群众开展劳动和技能竞赛等群众性经济技术活动，认真实施职工经济技术创新工程，促进企事业经济效益的提高和高质量发展，从根本上维护职工合法权益。随着我国劳动关系市场化程度的不断提高，工会在协调劳动关系、维护职工合法权益、服务职工群众方面的作用将越来越明显，工会主席协调劳动关系的任务也越来越繁重。

（三）法律地位

工会主席的法律地位来源于工会法人。法人是具有民事权利能力和民事行为能力，依法独立享有民事权利和承担民事义务的组织。法人可以以自己的名义从事各种民事活动，且法人具有独立的权益。关于工会的法人资格，新修改的《工会法》第15条规定："中华全国总工会、地方总工会、产业工会具有社会团体法人资格。基层工会组织具备民法典规定的法人条件的，依法取得社会团体法人资格。"按照《民法典》的规定，工会是社会团体法人，属于非营利法人。《中国工会章程》第25条第4款规定："基层工会组织具备民法典规定的法人条件的，依法取得社会团体法人资格，工会主席为法定代表人。"工会主席有权在法律规定的范围内代表工会参与民事活动，履行民事义务，承担民事责任，这是法律赋予工会的权利。

第五节　深化工会改革

党的二十大报告提出："深化工会、共青团、妇联等群团组织改革和建设，有效发挥桥梁纽带作用。"党的十八大以来，我国改革进入全面深化的新阶段。习近平总书记多次强调，时代在发展、事业在创新，工会工作也要发展、也要创新，要增强自我革新的勇气，下大气力解决突出问题，自觉运用改革精神谋划推进工会工作。

推进工会改革，是贯彻中央决策部署、推动群团改革的重要举措，是工会组织和工会工作保持和增强政治性先进性群众性、在党和国家工作大局中更好发挥作用的内在要求，是激发工会组织活力、推进工会工作全面创新的强大动力，是工会解决自身突出问题，更好地服务基层、服务职工群众的迫切需要。工会组织要牢固树立"改革永远在路上"的意识，努力顺应时代要求，解放思想、与时俱进，坚定不移全面深化工会改革，不断推动党的工运事业创新发展。

一、工会改革的目标要求

推进工会改革创新，必须坚持保持和增强工会组织的政治性、先进性、群众性的工会改革方向，强化问题意识，着力解决"机关化、行政化、贵族化、娱乐化"突出问题，把工会组织建设得更加充满活力、更加坚强有力。

政治性是工会组织的灵魂，是第一位的。工会工作做的是群众工作，实质上就是政治工作。离开了政治性，工会组织就可能混同于一般社会组织。工会组织必须旗帜鲜明讲政治，把加强政治建设作为首要任务。工会要始终把自己置于党的领导之下，深刻领悟"两个确立"的决定性意义，增强"四个意识"、坚定"四个自信"、做到"两个维护"，在思想上行动上同以习近平同志为核心的党中央保持高度一致。要把系统掌握马克思主义理论作为看家本领，把深入学习贯彻习近平新时代中国特色社会主义思想作为首要政治任务，深刻领会习近平总书记关于工人阶级和工会工作重要论述的精神实质，进而转化为政治自觉、思想自觉和行动自觉，结合实际落实到工会工作全过程和各方面；要引导职工群众听党话、跟党走，加强对职工的思想政治引领，最大限度地把职工群众团结和凝聚在党的周围，把党对工会组织的领导转化为广大职工的政治自觉、思想自觉和行动自觉，不断夯实党的阶级基础，巩固党的执政地位；要提高政治站位，自觉服从服务党和国家工作大局，把工会工作放到大局中去思考、去把握、去部署、去推进，找准工作的结合点和着力点，团结动员职工群众为完成党的中心任务贡献力量；要把执行党的意志的坚定性和为职工服务的实效性统一起来，把党的路线方针政策和决策部署落实到工会各项工作中去，把党的意志和主张落实到广大职工中去；要坚决贯彻党的意志和主张，严肃党内政治生活，严守党的政治纪律和政治规矩，维护职工队伍稳定和工会组织团结统一。

先进性是工会组织的力量之源。没有先进性，工会怎么能组织动员、带领职工群众？要把保持和增强先进性作为重要着力点，牢牢把握为实现中华民族伟大复兴的中国梦而奋斗的工人运动时代主题，并不断丰富其内涵，紧紧围绕党和国家工作大局，把亿万职工群众组织起来、动员起来、团结起来，始终作党执政的深厚阶级基础和群众基础、改革发展稳定的坚实依靠力量、实现中国梦的主力军；要紧紧围绕党和国家工作大局，组织动员广大职工群众走在时代前列，在改革发展稳定第一线建功立业；要以先进引领后进，以文明进步代替蒙昧落后，以真善美抑制假恶丑，教育引导职工群众不断提高思想觉悟和道德水平，坚定不移走中国特色社会主义道路，自觉践行社会主义核心价值观。工会要做到不忘初心、牢记使命，就要固守先进性这一力量源泉，最广泛地团结动员广大职工为全面建成社会主义现代化强国、全面推进中华民族伟大复兴贡献智慧和力量。

群众性是工会组织的根本特点。离开群众性，工会组织就容易走向官僚化、空壳化。要把党的群众路线作为工会的生命线和根本工作路线，牢记宗旨、不忘职责，密切联系职工群众，全心全意服务职工群众，带着对职工群众的深厚感情履行工会组织的法定职责，采取有力的改革措施，更多地关注、关心、关爱普通职工群众，突出维护好职工劳动就业、收入分配、社会保障、安全卫生等基本权益，把职工权益实现好、维护好、发展好；要建立健全联系职工群众的长效机制，按照职工群众需求提供精准周到的服务，始终亮明中国工会服务职工群众、维护职工群众合法权益这面旗帜，不断增强贴近群众、联系群众、融入群众、动员群众的本领，切实打通服务职工的"最后一公里"；要深入开展和谐劳动关系创建活动，努力把劳动关系的建立、运行、监督、调处纳入法治化轨道，化解劳动关系矛盾，构建和谐稳定的劳动关系；要健全服务职工群众工作体系，做好生活保障工作，重点帮助职工群众解决最关心、最直接、最现实的利益问题；要切实做好新就业形态劳动者服务工作，不断增强职工群众的获得感、幸福感、安全感。

工会组织要从巩固党执政的阶级基础、群众基础的战略高度，从党和国家事业长远发展的全局高度，深化对工会组织政治性、先进性、群众性的认识，深化对坚持党的领导、坚持正确道路的认识，坚定不移走中国特色社会主义工会发展道路。要增强责任意识和主动精神，积极作为，主动担当，满腔热情做好维权服务工作。要突出重点任务，坚持问题导向，全面深化工会改革，切实保持和增强工会组织政治性、先进性、群众性。要坚持眼睛向下、面向基层，加强基层工会建设，增强基层工会活力。要加强思想建设、组织建设、作风建设和工会干部队伍建设，解放思想，与时俱进，努力开创工会工作新局面。

二、工会改革的基本原则

工会改革必须把握坚持正确方向、突出问题导向、着力开拓创新的原则。

一是坚持正确方向，就是要坚持中国共产党的领导，坚定走中国特色社会主义道路，坚决维护以习近平同志为核心的党中央权威，坚持为党分忧、为民谋利，把党的领导、党的意志和主张、党对职工群众的关怀落实到工会工作中。这是顺利推进改革试点的根本保证。

二是突出问题导向，就是要紧扣服务职工群众这一永恒主题，针对工会领导机构组成人员广泛性、代表性不够，机关机构设置不够合理，活动方式存在自我循环、封闭运行现象，直接联系和服务职工群众的工作制度不够完善，资源向基层倾斜不够，一些干部维权服务能力不足等问题，采取有力改革举措，明确重点、突破难点，对症下药、标本兼治，坚持立行立改，切实解决问题。这是改革试点成功与否的关键。

三是着力开拓创新，就是要把工会工作的发展基点放在创新这个力量源泉上，解放思想、更新观念，凝聚共识、集思广益，提出具有针对性、前瞻性、突破性的思路和办法，破解制约工会工作创新发展的制度性障碍，为推动工会工作再上新台阶提供强劲动力。

三、扎实推进产业工人队伍建设改革

产业工人指在现代工厂、矿山、交通运输等企业中从事集体生产劳动，以工资收入为生活来源的工人，主要包括在第一产业的农场、林场，第二产业的采矿业、制造业、建筑业和电力、热气、燃气及水生产和供应业，以及第三产业的交通运输、仓储及邮政业和信息传输、软件和信息技术服务业等行业中的工人。产业工人是工人阶级中发挥支撑作用的主体力量，是创造社会财富的中坚力量，是创新驱动发展的骨干力量，是实施制造强国战略的有生力量。加强产业工人队伍建设改革是实施科教兴国战略、人才强国战略、创新驱动发展战略的重要支撑和基础保障。党中央历来高度重视产业工人队伍建设改革，特别是党的十八大以来，习近平总书记站在党和国家工作全局的战略高度，就产业工人队伍建设改革作出了一系列重要论述，为推进新时代产业工人队伍建设改革提供了基本遵循和行动指南。

2017年2月6日，习近平总书记主持召开中央全面深化改革领导小组第三十二次会议，审议通过《新时期产业工人队伍建设改革方案》，同年4月，中共中央、国务院印发了这一方案，为加快建设一支高素质的产业工人队伍明确了"路线图""时间表"。就产业工人队伍建设改革专门进行谋划和部署，这在我们党和国家历史上尚属首次，充分体现了以习近平同志为核心的党中央对包括产业工人在内的工人阶级的高度重视和亲切关怀，释放了党中央始终坚持以人民为中心的发展思想和全心全意依靠工人阶级指导方针的强烈信号，对进一步巩固党的执政基础，实施制造强国战略，全面提高产业工人素质，具有重大而深远的意义。

为推动产业工人队伍建设改革向纵深发展，我们要不断提高政治判断力、政治领悟力、政治执行力，站在实现第二个百年奋斗目标、实现中华民族伟大复兴中国梦的全局和战略高度，深化对产业工人队伍建设改革重大意义的认识，进一步增强推进改革的责任感使命感紧迫感。要全面学习贯彻习近平总书记关于产业工人队伍建设改革的重要指示精神，牢牢把握改革的正确方向。要按照政治上保证、制度上落实、素质上提高、权益上维护的总体思路，围绕造就一支有理想守信念、懂技术会创新、敢担当讲奉献的宏大的产业工人队伍，聚焦产业工人思想引领、建功立业、素质提升、地位提高、队伍壮大等重点任务，总结推进产业工人队伍建设改革以来取得的经验，查找存在的问题与不足，采取更加有力的措施，进一步推动产业工人队伍建设改革上新台阶。

要扎实做好产业工人思想政治工作，提升对产业工人的思想引领力。要围绕爱党爱国爱社会主义主题，运用多种形式、渠道和载体，深入开展"永远跟党走""党旗在基层一线高高飘扬"等系列主题宣传教育活动，在广大职工中唱响共产党好、社会主义好、改革开放好、伟大祖国好、各族人民好的时代主旋律。要加强分析研判，深入了解当前形势下不同行业、不同产业的产业工人思想状况，结合产业工人的特点和心理，创新思想引领方式，把解决思想问题同解决产业工人"急难愁盼"的实际问题结合起来，不断增强思想政治工作的吸引力、感召力。要维护产业工人队伍稳定，及时加强情绪疏导，强化人文关怀，让产业工人队伍成为维护工人阶级队伍团结统一和社会大局和谐稳定的可信赖的坚实力量。

要组织动员广大产业工人建功立业，紧紧围绕国家重大战略、重大工程、重大项目、重点产业，广泛深入持久开展"建功'十四五'、奋进新征程"主题劳动和技能竞赛；组织职工积极参加技术革新、技术协作、发明创造、合理化建议、网上练兵和"小发明、小创造、小革新、小设计、小建议"等群众性创新活动。要大力弘扬劳模精神、劳动精神、工匠精神，把亿万职工群众中蕴藏的创新创造活力充分激发出来，为全面建成社会主义现代化强国、全面推进中华民族伟大复兴建功立业。

要不断提高产业工人技术技能水平，加大产业工人职业技能培训力度，加快构建产业工人技能形成体系，重点推动完善现代职业教育制度、职工技能培训制度、高技能人才培养机制、"互联网+"培训机制等。要实施职业技能提升行动，落实终身职业技能培训制度，管好用好职工教育经费，建立培养补偿机制，提升各类主体特别是企业开展岗位技能培训的积极性、主动性、创造性。要落实技术工人培养、使用、评价、考核机制，健全提升技能人才待遇激励机制，完善以创新能力、质量、实效、贡献为导向的人才评价体系，畅通人才发展通道，鼓励更多产业工人走技能成才、技能报国之路。

要切实履行好工会维权服务基本职责，做好产业工人维权服务工作，推动落实就业优先政策，完善工资平等协商机制、正常增长机制、支付保障机制，推动提高技术工人待遇政策落实，助推实现多劳者多得、技高者多得。加大对相对困难职工的常态化帮扶力度，构建服务职工工作体系，发挥服务职工阵地作用，不断提升产业工人生活品质，推动实现共同富裕。健全以职工代表大会为基本形式的企事业单位民主管理制度，推动厂务公开、业务公开。加大对产业工人地位作用的宣传力度，进一步彰显产业工人的政治地位和社会地位。加大"劳动者港湾"、爱心驿站等工会户外劳动者服务站点建设推广力度，做实工会"互联网+"普惠性服务，帮助产业工人解决最关心最直接最现实的利益问题，让广大产业工人共享改革发展成果。

要以实际举措壮大产业工人队伍，加大对产业工人队伍发展状况的分析研判，聚焦存在的突出矛盾，推动解决影响队伍壮大的主要问题。要坚持"抓两头"，一头抓制造业工人队伍，以推动提高工资收入水平、加强技术技能培训、改善工作环境和条件、强化职工民主管理、提升工作稳定性、畅通职业发展通道等为重点，努力保持制造业工人队伍总体稳定并逐步壮大；一头抓新就业形态劳动者队伍，巩固拓展新就业形态劳动者建会入会成果，推动解决新就业形态劳动者反映强烈的劳动报酬、社会保险、休息休假、职业安全等突出问题，让新就业形态劳动者成为产业工人队伍的重要力量。

工会工作要以深化产业工人队伍建设改革为牵引，统筹推进工会工作和产业工人队伍建设改革，建机制、强功能、增实效，增强改革的系统性、整体性、协同性，以工会工作的改革创新为产业工人队伍建设改革提供有力支撑，以产业工人队伍建设改革的深化助推工会工作高质量发展。

第六节 怎样当好基层工会主席

做一名合格乃至优秀的基层工会主席，是党和国家发展大局的需要，是工会自身建设的必需，是职工群众的热切期盼。作为一个新时代的工会主席，应该如何履行自己的职责，如何科学地创新工会工作方法，如何有效地体现工会工作的价值，如何有针对性地做好工会工作、发挥工会的作用，值得深思、探索和实践。

一、讲政治，顾大局

当好基层工会主席，首先要讲政治，讲政治是第一位的要求。要坚持正确的政治方向，自觉接受党的领导，不断提高政治判断力、政治领悟力、政治执行力。要深刻领悟"两个确立"的决定性意义，增强"四个意识"、坚定"四个自信"、做到"两个维护"，在政治立场、政治方向、政治原则、政治道路上同以习近平同志为核心的党中央保持高度一致；要忠诚党的事业、竭诚服务职工，切实保持和增强政治性、先进性、群众性。

当好基层工会主席，还要顾大局，要树立大局意识，把工会工作摆到党和国家的工作大局中去思考、去把握、去部署、去实施，这样才能找准位置、发挥作用、体现价值。要围绕企事业单位的中心任务开展工作，配合企事业的重点工作，加强职工思想政治教育，大力开展劳动和技能竞赛、技术革新、技术协作、技术攻关、合理化建议等经济技术创新活动，切实代表和维护职工合法权益，深入开展创建"劳动关系和谐单位"活动，进一步实施职工素质建设工程，为推动企事业单位高质量发展贡献力量。

二、加强理论学习，提高自身素质

《工会法》规定了工会组织的任务和职能，而基层工会主席肩负着带领全体会员完成这一任务和职能的使命。俗话说："火车跑得快，全靠头来带。"基层工会主席要做好新时代基层工会工作，必须不断提高自身素质。工会主席提高自身素质，首先要不断提高政治素养，认真学习习近平新时代中国特色社会主义思想，学习贯彻习近平总书记关于工人阶级和工会工作的重要论述，学习党的理论、方针、政策，不断提高政治理论水平；其次，要系统地学好与工会工作相关的法律知识，增强法律意识和法治观念，学会依法建会、依法治会、依法维权；最后，基层工会主席要熟悉掌握工会理论知识和业务知识，掌握工会工作的特点与规律，提高履职能力。由于基层工会主席的活动范围大多在企事业单位，工会主要工作是组织职工参与民主管理，协调劳动关系，维护职工合法权益，调动职工积极性，提高劳动效率，发展生产力等，所以需要熟悉和掌握除了工会工作相关的法律法规外，还应具有劳动法律、市场经济、企业管理等方面的专业知识，其中主要有：（1）企事业民主管理的相关法规，如《公司法》《职工代表大会条例》《企业民主管理规定》《关于在国有企业、集体企业及其控股企业深入实行厂务公开制度的通知》《关于职工代表大会民主评议企业领导干部的实施意见》等；（2）劳动合同和集体合同的相关法规，如《集体合同规定》《工资集体协商试行办法》等；（3）社会保障的相关法规，如《社会保险法》《工伤保险条例》《失业保险条例》等；（4）职业安全卫生的相关法规，如《安全生产法》《职业病防治法》《女职工劳动保护特别规定》等；（5）其他民事、经济法律方面的相关法规，如《民法典》《法律援助法》《专利法》《产品质量法》及税收等方面的法律、法规、政策。工会主席还应具备群众文化专业知识。群众文化专业知识是组织职工开展各种寓教于乐的群众文体活动所需的基本常识。具备这类知识有助于培养与职工群众共同的兴趣和爱好，增加交往机会，拓宽沟通渠道，增强人际吸引力，扩大交友面，为开展工会民管工作创造宽松的人际环境。

读书是学习，使用也是学习，而且是更重要的学习。基层工会主席除了读书学习、参加培训以外，还要注重在实践中锻炼提高，要虚心向有经验的其他工会干部学习，取人之长，补己之短，吸取他们工作中的经验，继承他们的优良传统，这是一个明智的工会主席加强自身学习的必修课。

三、围绕中心，结合实际开展工作

1.要紧紧围绕党政的中心任务来开展工会工作，这是取得工会工作实效的重要前提。工会工作不可能游离于党政中心工作之外。抱着同一个目标，向着同一个追求，这是工会工作的根本立足点。认真吃透领会党政的中心工作要点，及时以不同的方式，以工会工作特有的优势和形式来加以推进，才能取得好的成效。

2.要同用人单位加强对职工的思想政治引领，做好新时代职工思想政治工作。要坚持用习近平新时代中国特色社会主义思想教育职工，增进职工群众对习近平新时代中国特色社会主义思想的政治认同、思想认同、理论认同、情感认同。推动理想信念教育常态化制度化，广泛开展中国特色社会主义和中国梦宣传教育，弘扬民族精神和时代精神，加强爱国主义、集体主义、社会主义教育；培育和践行社会主义核心价值观，加强教育引导、实践养成、制度保障，推动社会主义核心价值观融入职工生产生活。要把思想政治工作同生产经营管理、人力资源开发、职工权益保障、企业文化和职工文化建设等工作结合起来，在思想上解惑、精神上解忧、文化上解渴、权益上保障、心理上解压。要加强网络思想政治工作，加强网络传播能力建设，充分利用APP、QQ群、微信等平台开展职工思想政治教育，推动思想政治工作传统优势与信息技术深度融合。要紧紧围绕职工的思想实际开展职工思想政治工作，不断改进思想政治工作的方式方法，提高思想政治工作的科学性、针对性、实效性，把广大职工群众团结凝聚在中国特色社会主义伟大旗帜下。

3.要紧紧围绕工会组织的特点来开展工会工作，这是取得工会工作实效的重要保证。工会组织最大的特点是群众性，和职工群众有着天然的联系。工会的群众性体现在工会开展工作要以职工群众为中心，不能让群众当配角、当观众，竭诚为职工群众服务是工会一切工作的出发点和落脚点。工会工作要依靠广大的积极分子和会员群众，工会的活动要从会员群众的意愿和要求出发，工会的工作和活动要置于会员群众的参与和监督之中；工会工作要贯彻民主集中制原则，对涉及职工切身利益的重大问题必须坚持通过职工代表大会、会员代表大会等形式进行审议，广泛听取职工群众的意见；要拓展工会民主协商、民主监督、民主参与、民主管理等渠道，从源头、机制上保障职工合法权益。要把群众路线作为工会工作的生命线和根本工作路线，增强和职工群众的感情，加强和职工群众的联系，面对面、心贴心、实打实做好职工群众工作。

四、找准定位，正确处理好"两个关系"

（一）要正确处理好接受党的领导与依法独立自主开展工作的关系

工会组织必须自觉地接受党的领导，这是政治原则、政治保障、政治方向，任何时候任何场合任何情况都不能动摇。基层工会主席必须增强接受党的领导的自觉性、主动性、坚定性，坚决贯彻党的路线方针政策，重大问题要向党组织请示汇报，在党委统一领导下尽心尽力做好自身职责范围内的工作。同时，工会还要从自身的性质和特点出发，依照法律和章程创造性地开展工作，把职工的合法权益实现好、维护好、发展好，把党对职工群众的关心落实好，把党的温暖送到职工群众中去，这样才能真正发挥桥梁纽带的作用。在工会中体现和实现党的领导，就是要按照党的要求，充分发挥工会中的党组织和党员的作用，把党的路线方针政策落实好，把职工群众团结好。

（二）要正确处理好工会与企事业行政的关系

基层工会主席在协调与企事业行政领导关系时，首先要注意在日常工作中通过各种渠道与行政领导沟通，工会活动要请行政领导参加，使他们对工会工作有一定的了解和认识，能够自觉地支持工会工作，依法建立平等协商机制，与工会共同解决涉及劳动关系的重要问题，维护职工的合法权益；坚持和完善职工代表大会制度，保障职工主人翁地位。其次要支持行政负责人依法行使生产管理指挥权，教育、引导职工自觉地遵守规章制度，服从命令、听从指挥，维护行政领导的管理权威和正常的生产工作秩序。要调动职工的劳动积极性、主动性，努力完成生产和工作任务，动员职工积极为企事业发展献计献策，努力提高企事业的经济效益。当工会领导与行政领导发生意见分歧时，双方应进行平等协商，按照各自的职权范围，本着互相尊重、互相支持的原则，求同存异，对有分歧的问题妥善加以解决。若仍不能达成一致，可请单位党组织进行协调并向上级工会反映。

五、加快智慧工会建设

工会工作要顺应历史发展潮流，适应互联网时代的新要求，就必须加强工会网上工作，加快智慧工会建设。智慧工会是工会为适应互联网时代特点，深化改革创新而提出的发展目标，是工会组织通过运用互联网、大数据、云计算、人工智能等先进信息技术构建的工会智能化管理和服务职工体系，为职工群众提供均等性、普惠性、便捷性、精准性、常态化服务，形成网上网下相互促进、有机融合的工会工作新格局。加快智慧工会建设，是工会主动适应时代发展的必然选择，是推进工会改革创新的内在要求，是发挥工会作用的迫切需要，是推动党的工运事业发展的重大举措。

2021 年 7 月全国总工会发布的《中国工运事业和工会工作"十四五"发展规划》中明确提出：加快智慧工会建设，打造工会工作升级版。《中华全国总工会关于加强县级工会建设的意见》提出：加快推进智慧工会建设，建设网上工作平台，借助县级融媒体，运用微博、微信、移动客户端等载体，打造网上网下相互促进、有机融合的工作新格局。所以，建设智慧工会是落实党中央对工会工作要求的重要举措，是全国总工会的重要工作部署，是新时代中国工会的政治任务。只有把智慧工会建设好、发展好，工会才能在新时代有所作为，才能与时俱进、永葆青春活力。

加快智慧工会建设是一项重要的系统工程，基层工会组织和工会干部要充分认识建设智慧工会的重大意义，认真学习贯彻习近平总书记的重要讲话精神，按照全国总工会的统一部署，采取各种积极有效措施，切实加快智慧工会建设步伐，推动智慧工会建设高质量发展。要走好网上群众路线，突出线上互动、网上办事、普惠服务等功能，采取有力措施、注重工作衔接、回应职工诉求，增强工会网络服务平台的操作便捷性、互动交流性、数据完整性。持续推动管理、服务、阵地、资讯、人员、学习"六上网"，开展"互联网+工会服务"进基层系列活动，推进工会组织和会员实名制管理工作，推行"互联网+"工会会员普惠性服务。

六、发扬团队精神，坚持开拓创新

在当前全面深化改革的形势下，要当好工会主席，还必须要有敢于创新的魄力、持续创新的意识和发扬团队协作的精神，才能推动工作的可持续发展。

第一，保持蓬勃向上的精神状态和实事求是的工作作风。要不断培养和提高自己对工会工作的热爱程度，牢记党的宗旨，忠诚党的事业，竭诚服务职工群众。同时正确对待和处理工作中发生的矛盾和问题，思想上求统一，处事上求公正，处人上求团结，作风上求深入，人品上求正直。

第二，增强创新意识，坚持开拓创新。工会工作也要与时俱进，求新求变，才能跟上时代的步伐。在工会创新方面，要力求冲破思维定式，实行换位思考、辩证思维，努力实现4个创新。一是观念创新，找准位置。自觉把工会工作置于党和国家、企事业发展大局中去思考、去把握、去部署、去运作。二是理论创新，对工会工作中出现的新情况、新问题，作出新的理性分析和理性解答，对工会工作经验进行归纳总结，作出新的理性升华，用理论指导实践。三是机制创新，突出实效。在工会工作运作过程中努力改变教条化的工作模式，突出重点，兼顾一般，大胆探索符合时代特点，适宜职工群众参与，自主、灵活的运作机制。四是方法创新，用科学的方法推进工会工作，增添新的活力。

第三，增强团队意识，发扬团队精神。独木不成林，单丝不成线。搞好工会工作，既要依靠工会主席的全面领导，更要依靠团队成员的团结奋斗。工会主席能力再强，离开团队的力量，一个人不可能成功。在实践工作中，首先，要树立团队意识，用大家共享的价值观来规范团队的行为。其次，对工作实行责任制，既分工又合作，充分发挥团队成员的聪明才智，群策群力搞好工会工作。再次，保持团队的注意力集中在关键的目标上。因为不论是团队还是个人，都要有为之奋斗的目标，没有明确的目标，就会使团队和个人迷失方向，丧失斗志。最后，建立科学合理的激励机制，促进团队不断奋进。

七、坚持依靠职工群众

联系群众如鱼得水，脱离群众如树断根。当好基层工会主席，必须牢固树立群众观念，贯彻党的群众路线，密切联系职工群众，坚持依靠职工群众办工会。依靠职工群众办工会，这既是工会组织性质决定的，也是深化工会改革的需要。职工群众是工会安身立命的基础，是工会组织的真正主体，工会开展一切活动，都必须从职工群众的愿望和利益出发，失去了职工群众，脱离了职工群众，工会组织就失去了存在的客观基础。工会无论是要发挥好桥梁纽带作用，还是国家政权重要社会支柱作用，或是职工合法权益代表者、维护者作用，其前提和条件集中在一点，就是密切联系职工群众。工会组织只有密切联系职工群众，尊重职工群众意愿，赢得职工群众信任，才能把广大职工组织起来、团结在党的周围；才能不断保持和发展工人阶级的先进性，团结动员广大职工为全面建成社会主义现代化强国、全面推进中华民族伟大复兴建功立业。

密切联系职工群众是中国特色社会主义工会发展道路的集中体现，是经历史检验的中国特色社会主义工会的基本经验。新时代工会密切联系职工群众的主要任务是：组织职工群众，引导职工群众，服务职工群众，维护职工合法权益，加强自身建设。

在新时代，怎样做一个合格的基层工会主席，这是每个工会主席面临的一个重要课题。只要结合自身的行业特点和工作实践，紧跟时代潮流，发扬与时俱进的精神，勇于探索，大胆实践，一定能走出一条属于自己的，也能被广大职工群众认可的工会工作的成功之路。

思考题

1. 如何理解工会的性质？

2. 工会的社会职能有哪些？

3. 基层工会主席如何产生？

4. 怎样理解基层工会主席的角色定位？

5. 怎样做一名优秀的基层工会主席？

案例1

满洲里市总工会全面加强基层工会规范化建设

2021 年 11 月 30 日 来源：中工网

内蒙古满洲里市总工会为充分发挥基层工会的活力，切实发挥基层工会作用，多种举措推进基层工会规范化建设。

逐步完善机制建设，每年定期开展评选"满洲里市六好示范工会"活动，对六好示范工会的工会主席给予奖励；2020 年末制定出台了《满洲里市总工会关于对基层工会专项经费补助管理办法（试行）》，解决了基层工会规范化工作资金不足的问题，调动了基层工会开展规范化活动的积极性，推动全市基层工会工作持续健康发展。

加大基层工会组建力度，创新工会组建模式，采取"先组建，后规范"的工作思路，深入基层工会进行走访调研，对于具备条件的基层工会按照规范化标准进行指导。结合满洲里口岸城市的特点，为了充分发挥口岸工会的作用，成立了满洲里市口岸工会联合会，继续推进全市货车司机、快递员等"八大群体"入会工作，最大限度地把"八大群体"职工吸纳到工会组织中来。加强全市小微企业工会组织建设，实现工会组织对新产业、新业态的组织覆盖、工作覆盖和服务覆盖。

选树典型、以点带面，推进全市基层工会规范化进程，结合基层工会特点，在满洲利亚俄罗斯食品公司、内蒙古银行、套娃广场、西郊机场等基层工会指导建立了女职工休息哺乳室；在满洲里食品加工公司、伊泰公司、满洲里俄语职业学院等基层工会指导建立了职工（劳模）创新工作室；在内蒙古银行、文明社区、公安局、满洲里俄语职业学院等基层工会指导建立了职工心理减压室。加强基层工会"职工之家"建设，会员评家活动，把"职工之家"建设成为凝聚人心、引导职工、服务群众的坚强阵地。组织基层工会干部参观规范化建设企业职工阵地；召开富豪集团集体协商现场观摩会、基层工会规范化经验交流会，充分发挥规范化基层工会的引领示范作用，推进基层工会规范化进程。

加强对规范化基层工会的跟踪指导。对53家非公企业工会，继续从工会规范化的硬件和软件建设给予指导，切实激发基层工会活力，推动基层工会作用持续有效的发挥。继续推进全市开发区（工业园区）和街道（镇）工会规范化建设，召开全市开发区（工业园区）和街道（镇）工会规范化建设"双创优"工作座谈会，全面总结"双创优"工作经验，及时梳理工作中存在的问题，推动"双创优"工作提档升级向纵深发展。目前，一类工会9家，二类工会2家。

采取满洲里市总工会统一部署，责任到人的工作思路开展工会规范化建设工作。按照属地对全市规范化企业按照区域进行划分，由分管该区域的社会化工会工作者对其进行规范化的跟踪指导。

下一步，满洲里市总工会将继续创新工作方式和方法，扎实推进基层工会规范化建设工作，充分调动广大职工的工作积极性和创造性，切实增强广大职工的获得感、幸福感和安全感。（苗慧平）

 案例2

一名基层工会主席的三件事

2022年8月9日　来源：河南工人日报

近日，河南交通投资集团有限公司所属单位2022年工会工作培训班结束后，河南高速公路发展有限责任公司郑新黄河大桥分公司副主席丁桂花被学员们围住，要向她"取经"。今年55岁的丁桂花面临退休，她结合自己的工作经历，与大家聊起了她作为一名基层工会主席为员工办的"三件事"。

真心"办实事"，让公司餐厅充满家的氛围

郑新黄河大桥分公司是高发公司最小的下属单位，因为机关和基层单位在一个院子里联合办公，"吃饭问题"是员工关心的头等大事。

"记得2019年召开主题教育座谈会，征集员工建议意见时，有名保安直接说'咱餐厅的饭我吃不饱'，有个路产队员说'餐厅大姐打菜的时候手来回抖、肉都抖掉了'。他们说的话深深触动了我。"丁桂花说，会后她找伙食管理人员了解情况，公司领导及其他班子成员，工会、公司办公室和餐厅管理人员一同专题研究，就这样开启了公司餐厅整改提升之路。

说起来容易，做起来难。在不提高员工伙食费标准的情况下，怎么改革，才能让员工吃得好、吃得满意？丁桂花带队先后到几家餐厅管理做得好的单位去学习交流，反复研究讨论方案，并争取到高发公司工会的大力支持。最终，改造后的餐厅焕然一新，变得干净、舒适、漂亮。2019年餐厅环境提升后，2020年公司引进专业厨师团队，推出了自助餐，保证员工每天最少一个鸡蛋，每周喝两次牛奶、吃3次水果，每天中午都有"硬菜"。2021年又创新推行餐厅6S管理，经过几年的发展，餐厅功能性越来越强，例如在办公楼每层设置茶歇区；为喜欢健身的人提供减脂餐；在夏季提供降暑饮品、冬季提供驱寒饮品；在每个季节举办不同主题的美食节等。工会每个月组织基层员工对当月伙食情况进行满意度调查，平均得分在"95﹣"。

全力"解难事"，建托管班，让员工安心工作

2021年工会开办员工子女假期托管班，起因是同为收费员的双职工刘亚琼夫妇遇到的暑假期间孩子没人照看难题。他们想把孩子一个人锁到屋里，可又不放心，就把孩子交给门口摆水果摊的邻居看管。

"当时，员工一说起这事，眼里都含着泪。后来我与员工们谈心，了解情况后，提出举办假期子女托管班的想法，也得到了领导大力支持。"丁桂花告诉记者，工会充分利用一切条件，办起了假期子女托管班。孩子们的家长根据各自工作安排，轮流作为志愿者陪护孩子，同时组织公司有绘画、舞蹈、篮球、烘焙等特长的员工当老师，根据课程表举办各种兴趣班，进行统一管理。在这里，孩子除完成作业外，还能接触到课本外的知识，锻炼身体。

工会的贴心之举，员工们非常感激，用热情回报到工作中。"遇到问

题工会不逃避、不掩盖，跟员工敞开心扉，能做的全力去做，做不到的也要说清楚。在这样长期的沟通中，员工与工会建立了很深的信任和感情。"丁桂花说。

坚持"做好事"，让幸福充满每个角落

如果说实事办到了员工的心坎上，难事解决了员工的后顾之忧，那么好事就是提升员工的幸福感和归属感。

今年夏季，丁桂花有一天看到年近50岁的养护部员工崔福建衣服后面都是白花花的汗渍。"我们的员工顶着40摄氏度的高温在外面跑，一出去就是一整天，工作服上都是汗渍和汗味，如果有个洗衣房该多好啊。"

秉承着"只要是为员工办好事，我们都要想方设法去办"的念头，丁桂花马上付诸行动，公司的洗衣房很快建成并投入使用。接着，在她的动作下，又在公司的院区安装了新能源充电桩，方便开车的员工充电。

除了物质层面的关怀，工会还注重精神层面的提升。2020年对原有的图书室和阅览室进行提升完善，建立职工活动中心，增设了一批电子阅览器及"学习强国"线下体验中心，开展心愿书单征集，创新推出了每周一期主题沙龙活动，通过分享，员工的学习能力、表达能力有了很大的提高，成为各种活动的骨干力量。如今，来活动中心的人比之前明显增多，学习氛围也越来越浓。

"在工会工作这几年我最大的感悟就是，我用真心待员工，把他们当家人，员工也把我当家人。在这个过程中员工和领导对我的工作很认可，我也很开心，这或许就是大家常说的实现了个人的价值吧。"丁桂花笑着说。

（记者 胡艺）

第二章

基层工会主席的素质修养

基层工会主席的素质修养是基层工会主席从事基层工会领导工作的基础和保障，直接关系到基层工会事业的发展，已成为增强基层工会活力、推动工会事业发展的重要因素。提高基层工会主席自身素养必须作为一项重要任务，认真抓好。

第一节　基层工会主席素质修养的内涵

基层工会主席的自身素质修养是指基层工会主席通过学习培养、实践锻炼所造就的实施基层工会领导必备的主观条件的总和，一般包括政治素质、道德素质、知识素质和能力素质。

一、政治素质

政治素质包括政治方向、政治立场、政治观点、政治纪律、政治鉴别力和政治敏锐性。政治素质是基层工会主席素质的核心，对其他素质起导向作用。

政治素质是基层工会主席基本素质中最为重要的要求。基层工会主席的政治素质关系到工会工作的正确政治方向，关系到党的工运事业的兴衰，关系到工人阶级的根本利益。工会干部特别是领导干部，一定要旗帜鲜明讲政治，强化政治觉悟，坚定政治立场，把握正确政治方向；要认真学习贯彻习近平新时代中国特色社会主义思想，深刻领悟"两个确立"的决定性意义，增强"四个意识"，坚定"四个自信"，做到"两个维护"，在思想上政治上行动上同以习近平同志为核心的党中央保持高度一致，紧紧围绕党和国家工作大局开展工会工作。要加强职工思想政治工作，引导职工群众听党话、跟党走，巩固党执政的阶级基础和群众基础。

在政治素质要求方面，特别需要强调以下方面：坚持用马克思列宁主义、毛泽东思想、邓小平理论、"三个代表"重要思想、科学发展观、习近平新时代中国特色社会主义思想武装头脑，认真学习党的二十大精神和习近平总书记关于工人阶级和工会工作重要论述，不断推动工会工作理论创新、制度创新、实践创新；自觉用习近平新时代中国特色社会主义思想坚定理想、锤炼党性、指导实践、推动工作，不断提高政治判断力、政治领悟力、政治执行力。

工会主席政治素质的核心是对中国特色社会主义工会发展道路要有坚定不移的信念，对广大职工群众要有热情服务的精神。具体内容表现为以下几个方面：

（一）坚持党的领导的高度自觉性、坚定性；

（二）为党的中心任务服务的大局意识、大局观念；

（三）维权服务的主动性、积极性；

（四）密切联系职工群众的作风；

（五）勇于创新的改革精神；

（六）高度的社会主义觉悟；

（七）热爱工会工作的强烈事业心。

二、道德素质

道德素质是基层工会主席素质的重要内容，具有规范道德行为、提高道德境界、陶冶道德情操、促进人格完整的重要作用。我国是一个具有优良道德传统的文明国家，在源远流长的中国传统文化中，历来把修身养性作为齐家、治国、平天下的先决条件。道德对我国的精神生活和人际关系起广泛而重要的调节作用，它是以善恶、荣辱等观念为标准，通过社会舆论、内心信念和传统习惯来评价人们的行为，调整人与人之间以及个人与社会之间关系的原则和规范的总和。

基层工会主席是一个特殊的社会角色，社会和会员群众对其道德品行有着特定的规范和要求，并成为工会主席基本素质的重要组成部分。

基层工会主席的道德品行素质体现在日常工作中，包括言行和对本职工作的责任感等方面。概括起来，基层工会主席的道德品行素质主要包括以下几个方面。

（一）忠于职守，勤奋工作

基层工会主席要热爱工会工作，忠诚党的工运事业，履行自己的领导职责，忠于职守，敢于担当，勤奋工作，增强使命感、责任感，认真做好维权服务工作，做一个名副其实、深受职工群众信赖和拥护的工会主席。

（二）坚持原则，不谋私利

基层工会主席要坚持原则，敢于和善于同侵犯职工合法权益的现象作斗争。同时，要严于律己，不谋私利，清正廉洁，把国家、集体和职工群众的利益放在首位，做"先天下之忧而忧，后天下之乐而乐"的好干部。

（三）作风民主，联系群众

群众性是工会组织的重要特色，工会工作的基础是群众，工会的力量来自群众。一个工会干部如果脱离群众就失去了自我存在的基础和力量的源泉。基层工会主席在日常的工作中要牢固树立群众观念，坚持作风民主，接受群众的监督，要深入群众，认真调查研究，了解职工群众的愿望和要求，努力为职工群众说话办事。

要切实加强基层工会主席道德考核。制定考核标准，完善考核举措，用考核"指挥棒"，强化工会主席自我修为的自觉性、积极性，不断提高基层工会主席道德修养。

三、知识素质

知识素质是工会主席作为领导者必备的素质之一。知识素质主要包括文化水平、知识结构和实践经验等方面的内容。在我国领导体制改革中，对于干部队伍也提出了知识化、专业化的要求。从知识结构上看，基层工会主席主要应在以下两个方面掌握文化专业知识。

（一）广泛的一般性知识

广泛的科学文化知识，能培养广阔的视野，是掌握现代科学管理方法的基础。特别是基层工会主席的工作不同于一般企事业行政领导干部，更不同于专业技术人员。他们的工作内容十分广泛，尤其是在当今发展社会主义市场经济过程中，工会工作面临拓宽领域，走向社会，这在客观上要求基层工会主席要根据工作需要，广泛地学习和掌握一些相关的学科知识和应用技能知识，如学习哲学、经济学、管理学、教育学、心理学、社会学、伦理学和美学等一些基本常识，学习法律法规政策等，在深度和广度上扩展、丰富自己的知识。

（二）工会专业知识

领导要内行。内行指的是要掌握领导范围内的专业知识。有了专业知识才有发言权，才能进行科学的领导，才能更好地履行职责。工会主席要学习和钻研工会理论、工会业务，努力成为"内行"领导。工会主席必须掌握：中国工会的性质、地位、作用、职能、基本职责；工会与党政的关系；工会的工作方针和任务；工会的权利与义务；民主选举、民主协商、民主决策、民主管理、民主监督；职工代表大会与厂务公开制度；集体协商与集体合同制度；参政议政；工会组织建设以及劳动法、工会法、劳动就业、劳动工资、劳动保护、社会保险、劳动争议处理、法律援助、技术革新、文化体育工作、工会财务等理论与业务；等等。

四、能力素质

能力素质是立身之本。能力，一般来说指完成一定活动的本领。包括完成一定活动的具体方式，以及顺利完成一定活动的心理特征。基层工会主席的能力素质包括以下几个方面。

（一）服从服务于党和国家工作大局的能力

以党的旗帜为旗帜、以党的意志为意志、以党的使命为使命，围绕中心、服务大局是工会组织的传统和优势。工会主席要牢固树立大局意识，不断提高在党和国家工作大局下行动的自觉性和坚定性，不断提高适应社会主义市场经济要求的工会工作能力。对工会主席来说，讲大局与讲政治是一致的，首要的能力就是要提高政治站位，善于从政治上观察和处理问题，不断提高自身的政治敏锐性和政治鉴别力，在事关工会工作政治方向、政治原则的重大问题上，做到旗帜鲜明、立场坚定。

（二）组织职工、动员职工、依靠职工、服务职工的能力

密切联系职工群众是每一个工会主席必需的能力要求。要根据工会自身性质和特点，把提高联系职工群众的能力落实到工会的各项具体工作中去。要满怀对职工群众的深厚感情，认真履行维权服务职责，切实为广大职工办实事办好事，把职工权益实现好、维护好、发展好，使工会组织真

正成为广大职工群众信赖的"职工之家"。

（三）表达和维护职工群众合法权益的能力

当前和今后一个时期，要按照《工会法》《劳动法》等法律法规的规定，增强维权意识，牢固树立中国特色社会主义工会维权观，不断完善工会的维权机制。要抓好推动劳动合同、集体合同的签订和履约；建立健全以职工代表大会为基本形式的企事业单位民主管理制度；加强职工服务中心建设特别是职工医疗互助互济活动制度、职工子女助学制度的建设；深化维权方面的调研，听取和反映职工的意见和要求，从理论和实践的结合上解决当前迫切需要解决的一些重大课题。要学会依法维权，尊法、学法、守法、用法，用法治思维和法治方式维护职工合法权益，把维权工作纳入法治轨道。做好上述维权工作，需要基层工会主席提高素质修养和工作能力，包括调研综合能力、源头参与能力、参政议政能力、依法维权能力、社会化维权能力、开拓创新能力等。

（四）构建社会主义和谐劳动关系的能力

劳动关系是指劳动者依据法律运用劳动能力，在实现社会劳动过程中与用人单位形成的权利义务关系。劳动关系是生产关系的重要组成部分，是最基本、最重要的社会关系之一。劳动关系是否和谐，事关广大职工和企事业的切身利益，事关经济发展与社会和谐。党和国家历来高度重视构建和谐劳动关系，制定了一系列法律法规和政策措施并作出工作部署。工会要按照《中共中央 国务院关于构建和谐劳动关系的意见》，积极参与协调劳动关系，推动建立劳动关系双方相互尊重、相互支持、相互依存、公正合理、互利双赢、稳定协调的社会主义新型劳动关系。基层工会主席要以构建和谐劳动关系为己任，熟悉劳动关系理论，掌握协调劳动关系的方式方法，积极开展创建劳动关系和谐企事业单位活动。同时，工会主席要善于引导职工群众通过理性、合法的方式表达利益诉求，加强劳动争议调解委员会建设，推动各类企事业普遍建立内部劳动争议协商调解机制，及时妥善处理劳动争议，把劳动关系的矛盾解决在基层和萌芽状态。

（五）工会理论创新、体制创新、工作创新的能力

创新是发展的不竭动力。在新时代，工会工作要与时俱进，不断向前

发展，就必须推进工会的理论创新、体制创新、工作创新。理论创新是其他一切创新的前提，只有坚持以理论为先导，才能推动工会的体制创新和工作创新；体制创新是增强工会活力、充分发挥作用的内在要求；工作创新是理论创新和体制创新的归宿点，是新时代对工会组织的迫切要求。要实现工会的理论创新、体制创新和工作创新，基层工会主席就必须强化创新思维，既要勇于创新，又要善于创新，要深入一线、深入实际，研究新情况、解决新问题、总结新经验、作出新概括。对于有利于改革发展稳定大局、有利于表达和维护职工群众利益、有利于提高服务水平、有利于突破工会难点工作的新办法、新举措和新经验，要充分肯定、热情支持、认真总结、大力推广。

第二节　培养和提高基层工会主席自身素质修养的重要意义

一、是履行工会维权服务基本职责和各项社会职能，在促进企事业高质量发展中更好发挥作用的需要

基层工会充分发挥维权服务基本职责和各项社会职能作用的根本目的，是要保护好、实现好和发展好广大职工群众的根本利益和具体利益，调动起广大职工群众参与改革和建设的积极性与创造性。而只有全面提高基层工会主席的自身素质修养，才能为基层工会充分发挥自身基本职责和职能作用提供根本保证。

二、是增强基层工会组织活力的需要

基层工会组织是工会的组织基础和工作基础，是工会组织密切联系职工群众、开展工会各项工作的承载者、实践者。工会要把工作重点放在基

层，努力使基层组织的工作活跃起来，要以基层组织是否具有活力作为检查考核工会工作的一个重要标准。基层工会主席的素质在基层工会领导活动中有着特殊的作用，它可以使基层工会主席树立起自身的威信，增强号召力、吸引力、影响力、凝聚力，把广大职工群众吸引到工会中来，紧密团结在党的周围，为实现共同的目标而奋斗。基层工会主席影响力的强弱取决于基层工会主席自身素质的高低，因此，基层工会主席对此必须要有充分的认识，高度重视并努力提高自身素质。

三、是建设高素质工会干部队伍的需要

培养忠诚干净担当的高素质专业化工会干部队伍，是开创新时代工会工作新局面的重要保障。高素质，第一位的是政治素质要高，根本的是深刻领悟"两个确立"的决定性意义，增强"四个意识"、坚定"四个自信"、做到"两个维护"，自觉在思想上政治上行动上同以习近平同志为核心的党中央保持高度一致。专业化，是政治过硬、具有领导干部综合素质的专业化，具有战略思维、创新思维、辩证思维、法治思维、底线思维的专业化，是专业知识、专业能力、专业作风、专业精神的统一。基层工会主席作为工会干部队伍的重要组成部分，要加强政治理论学习，努力提高思想政治素质；要加强工会理论和工会业务知识学习，努力提高工会专业知识水平和业务工作能力；要加强法律法规学习，努力提高依法治会、依法维权的能力；要加强自身作风建设，树立良好的品德和高尚的情操，增强做好工会工作的使命感、责任感。

四、是适应新时代做好基层工会工作的需要

基层工会是工会组织体系中重要的组成部分和最基本的组织单位，是落实工会各项工作的组织者、推动者和实践者，是工会系统的"神经末梢"。基层工会离职工最近，联系职工最直接，服务职工最具体，是工会的组织基础和工作基础。基础不牢，地动山摇。做实做强基层工会是全部工会工作的根本，只有把基层工会真正做实做强，把工作落实到基层，把

工作做到职工群众之中，进一步增强基层工会活力，工会才能更好地行使法定权利和履行法定义务，才能真正发挥作用、体现价值，才能真正赢得职工群众的信赖和支持。

基层工会主席作为基层工会的领导人、带头人，在基层工会工作中起着至关重要的作用。只有提高基层工会主席素质，建设一支政治素质好、业务能力强，知职工、懂职工、爱职工的基层工会干部队伍，才能为新时代基层工会工作发展提供人才支撑，才能增强基层工会活力，把基层工会建设成为职工群众最可信赖的"职工之家"。

第三节　基层工会主席加强自身素质修养的内容

基层工会主席是基层工会工作的领导者和组织者，基层工会主席的素质修养直接关系到基层工会工作的成效。因此，基层工会主席努力加强自身素质修养，也是加强基层工会自身建设的一项重要任务。根据《中国工会章程》对工会干部的基本要求和基层工会工作的实际情况，基层工会主席应当具备和需要努力加强修养的基本素质修养，可以概括为以下3个方面。

一、加强思想道德素质修养

思想道德素质是对基层工会主席的思想、品德、作风等方面提出的要求，是基层工会主席应当具备的最核心素质和首要素质。其具体内容包括：坚定的政治立场、较高的政策水平、过硬的思想作风和良好的道德素养。

（一）坚定的政治立场。要认真学习贯彻习近平新时代中国特色社会主义思想，深刻领悟"两个确立"的决定性意义，增强"四个意识"，坚定"四个自信"，做到"两个维护"，在思想上政治上行动上同以习近平同志为核心的党中央保持高度一致。作为一名工会领导干部，要坚定对马克思主义的信仰、坚定对中国特色社会主义的信念、坚定对实现中华民族伟大复兴的中国梦的信心。要高举中国特色社会主义伟大旗帜，坚持走中国特色社会主义工会发展道路，站在工人阶级立场上，自觉坚持党的基本理论、基本路线、基本纲领和基本经验，忠诚党的事业，认真履行职责，团结动员广大职工为全面建成社会主义现代化强国建功立业。

（二）较高的政策水平。要自觉贯彻党和国家制定的路线方针政策，严格遵守国家法律法规规章，努力服从服务于党和国家工作大局与企事业中心工作，勇于在实际工作中开拓创新。

（三）过硬的思想作风。要全身心地热爱工会工作，密切联系职工群众，去除"四化"，竭诚为职工群众服务，有高度的事业心和责任感，敢于为职工群众说话，做到代表群众、服务群众与教育群众相统一，做职工群众最可信赖的"娘家人"。

（四）良好的道德素养。要加强道德修养，明大德、严公德、守私德，重品行、正操守、养心性，自觉地规范自己的行为，协调好与各方面关系，廉洁自律、不谋私利、公平公正、平等待人。

基层工会主席加强思想道德素质修养，就是要按照上述内容和要求，把功夫下在用马列主义、毛泽东思想、邓小平理论、"三个代表"重要思想、科学发展观、习近平新时代中国特色社会主义思想武装头脑、树立坚定正确的政治信念上；下在提高理论水平和运用理论观察、分析和解决实际问题上，政治上、思想上、行动上与党中央保持高度一致上；下在树立科学的世界观、人生观、价值观、不断完善自身的社会主义、共产主义道德修养和坚持全心全意为职工群众服务的宗旨上。

二、加强知识素质修养

知识素质是能力素质的基础，也是做好工会工作的基础。在知识经济时代，基层工会主席只有学习掌握多方面的相关知识，才能从容应对知识经济时代给工会工作带来的多方面挑战，从而抓住机遇，不断推动工会工作创新发展。基层工会主席知识素质修养的内容主要包括：经济管理知识、法律知识特别是劳动法律知识、现代科学文化知识、心理学知识、社会工作知识、工会专业知识等。基层工会主席的活动大多数是在基层企事业单位，基层工会工作主要是组织职工参加民主管理、协调劳动关系、调动职工劳动积极性主动性、提高劳动效率等。基层工会主席要抓好这些工作，就需要具备经济管理知识、劳动法律、工会法律和工会专业知识等。

此外，基层工会还要对职工进行思想政治、科学文化技术教育，组织职工开展文化体育活动，基层工会主席抓好这些工作也需要具备人文社科知识、文艺体育知识、社会工作知识、群众文化的专业知识等。

总之，作为一个称职的基层工会主席，不仅要掌握马克思主义的基本原理，用先进思想武装头脑，政治上敏锐，而且还必须具备与承担工作相适应的丰富知识特别是专业知识。为此，基层工会主席加强自身知识素质修养就要把功夫下在认真刻苦学习上，努力做一个学习型的工会干部，这样才能适应基层工会领导工作的需要。

三、加强能力素质修养

能力即才干，也就是指人们通常所说的做事的本领。基层工会主席的能力素质就是指基层工会主席作为基层工会领导者带领、组织、协调所属工会组织和成员，在一定条件下，实现基层工会工作目标行为过程中所表现出来的领导才能和本领。

基层工会主席的能力素质是基层工会主席自身素质中最具综合性和实践性的素质。综合性，就是指它是基层工会主席政治、文化、业务、心理、生理等诸多素质的综合反映和主要标志。实践性，即指它是在基层工会主席个性心理特征基础上经过基层工会领导活动实践的磨炼，以其知识经验的积累和运用，在社会环境和工会工作环境影响作用下形成和发展起来的，而且能力素质也只有作用于实践才能表现出来并在实践中产生效果。基层工会主席的能力素质是其履行职责的主观条件。

基层工会工作的内容十分复杂，涉及方方面面，这就需要基层工会主席在实施领导过程中具备和运用多方面的能力。实际上基层工会主席的能力素质本身是一个多种能力的集合，从基层工会主席领导工作的实际需要看，其应当具备的基本能力如下。

(一) 组织指导能力

这是指为了完成基层工会任务和实现企事业工作目标，在充分发扬民主和合理利用组织理论的前提下，基层工会主席运用科学的方式和手段，调动广大职工群众积极性、智慧和创造力的能力。组织指导能力也是指基层工会主席解决各方面矛盾，使广大职工为企事业发展密切配合，统一行动的能力。组织指导能力是基层工会主席宣传、组织、教育职工群众投身全面建成社会主义现代化强国和实现中国梦、投身于企事业改革发展的重要保证。无论是参与职工民主管理、开展劳动和技能竞赛、合理化建议、技术革新、技术协作等活动，还是进行文化技术培训、开展各种文体活动都需要有较强的组织指导才能，它是基层工会主席必备的基本功。

(二) 协调能力

协调即协商、调整与调节，也指配合得当、步调一致。协调是基层工会主席领导行为过程中的一个重要环节，是基层工会主席通过协商与调节，使基层工会各项工作相互配合、同心协力、团结协作，使矛盾各方实现某种平衡，进而达到和谐一致的理想境界的行为过程。基层工会主席的协调能力就是指在这一过程中表现出来的才干和本领。协调是基层工会主席领导工作中的主要内容。基层工会领导工作是由诸多要素组成的组织系统，在实现目标过程中，必须保持系统内部各要素之间，各阶段与环节之间以及系统与环节之间的平衡与和谐，使系统具有一定的稳定性、协调性；同时基层工会领导工作又是在一定的社会环境中进行，因此，基层工会领导工作又要努力保持基层工会外部关系的和谐与平衡。

(三) 教育激励能力

激励是指激发人的动机的心理过程。通过激励，研究和满足人们生理的、心理的需要，从而调动人的积极性，使其对完成目标保持高度积极性。教育激励能力就是指基层工会主席通过必要手段调动职工群众的积极性、主动性和创造性，充分激发职工群众中蕴藏的智慧，并使其得以发挥的一种管理本领。激励侧重于激发人们的"内在动力"来调动积极性、主动性。人们努力工作，就是靠能力和动力，有能力而发挥不出来，往往是因为"用非所长"，因此要考虑为他安排合适的工作岗位，以使他适得其所；有能力而不发挥，则是因为缺乏激励，没有动力，这就要求基层工会主席考虑如何采取激励措施，激发他们的工作积极性。总之，运用有效的教育激励手段来调动职工群众的积极性，以实现最高的工作效能，是基层工会主席能力的一个重要方面。

（四）参与能力

这是指基层工会主席发挥工会作为职工群众参政议政民主渠道作用，代表和组织职工群众参与企事业单位民主管理的能力。基层工会主席的参与能力具有两个层次的主要内容：一是要使基层工会具有职工群众有组织、有秩序、有领导地参政议政民主渠道的能力；二是要使基层工会担负起职工代表大会日常工作机构的工作和其他职工民主管理工作的能力。参与能力是基层工会主席必备的素质能力之一，也是基层工会主席履行参与职责的主观条件。基层工会主席只有不断增强参与能力，做好参与工作，才能切实落实职工群众的民主权利，更好地代表和维护职工群众的合法权益。

（五）维权能力

维权能力是基层工会主席维护职工合法权益所必备的核心能力。维权能力指基层工会主席维护职工群众、工会组织以及自身合法权益的能力。基层工会主席维权能力内容丰富，包括维护职工群众经济利益的能力、维护职工群众政治利益的能力、维护职工群众文化利益的能力、维护职工群众社会利益的能力、维护职工群众生态文明利益的能力以及维护工会组织、工会干部和基层工会主席自身利益的能力等。基层工会主席提高维权能力，有利于维护职工合法权益，协调稳定劳动关系，有利于调动、激发职工群众的生产工作积极性，密切党政与职工群众的联系，也有利于维护工会组织、工会干部和基层工会主席自身的合法权益。基层工会主席应当增强维权意识，牢固树立中国特色社会主义工会维权观，构建维权格局，完善维权机制，创新维权工作思路和方式方法，提升维权效果，切实把职工群众合法权益实现好、维护好、发展好。

（六）民主决策能力

决策能力是决策者参与决策活动和进行方案选择的技能和本领。科学决策是领导工作的重要方面，提高科学决策能力是领导干部干事创业、履职尽责的必然要求。基层工会主席作为基层工会工作领导者要有决策的能力，形成和保持战略眼光，一切从大局出发，善于整体谋划和长远谋划，而不是只顾眼前；判断是非得失坚持以整体利益作标准，而不是求小舍大；在事关大局的问题上做到旗帜鲜明，而不是随波逐流。要做深入的调研，善于综合分析，做到科学决策。要贯彻民主集中制原则，不断拓宽民主渠道，切实落实职工群众在决策中的知情权、参与权和建议权，广泛吸取各方意见、集中各方智慧，通过科学比较、全面分析，作出正确的决策。

（七）工作落实能力

这既是指基层工会主席领导、组织、实施基层工会工作的主观条件，也是指基层工会主席能够创造性地把党的路线方针政策，特别是党的工运路线方针政策以及上级工会的工作部署同本单位实际结合起来，引导和组织工会干部与职工群众实现基层工会工作预定目标的本领。工作落实能力从本质上看是一种工作实践能力，亦即改造客观世界的能力，但细分起来，类型又可分为多种，即有多少种工会工作就会有多少种工会工作落实能力。

基层工会主席工作落实能力是基层工会主席素质的综合反映，基层工会主席不仅是决策者或参与决策者，而且是率领职工群众去实施决策、实现预定工作目标的组织者、指挥者。基层工会主席只有不断提高工作实施能力，在正确的理论和路线方针政策指导下，用娴熟的工作方法与艺术及时解决决策实施过程中出现的问题，才能使所属组织和干部朝着决策目标形成合力，并有步骤地组织职工群众实现目标。

（八）选人用人能力

"为政之要，莫先于用人。"选人用人问题是党和人民事业成败的关键问题。基层工会主席的一项重要职责就是选好人、用好人，为工会工作开展提供人才支撑。基层工会主席要坚持德才兼备、以德为先的选人用人根本标准，从党的工运事业和工会工作发展的需要出发，真正把优秀人才聚集到党的工运事业中来，把合适的人放到合适的岗位，建设高素质的工会干部队伍，最大限度地发挥每个人的聪明才智和积极性，保障工会工作顺利开展。

除上述 8 种基本能力外，为适应基层工会工作多样化的需要，基层工会主席还应注意提高自己的学习能力、传播能力、协商对话能力、社交能力、运用法律政策能力、处事应变能力、做思想政治工作能力，并应有一定的文字宣传和口头表达能力，做到能说、会写、遇事善思考。

第四节　提高基层工会主席自身素质修养的途径和方法

素质是一个动态的概念，随着时代的发展和社会的进步，一个人的素质必须随之相适应提高。工会主席素质修养也应随工会工作环境的变化而处于不断的变化之中，提高工会干部素质，特别是基层工会主席的素质是新时代工会工作的需要。提高基层工会主席的素质，对于充分发挥工会作用、体现工会价值，增强工会组织特别是基层工会组织的活力，扩大工会组织在社会政治生活的各个领域的影响，都有着十分重要的意义。工会主席提高素质的途径和方法，一方面取决于所处的环境和条件，另一方面取决于工会主席自身的努力。工会主席应该努力学习、勤于实践、不断总结工会领导工作的经验，尽快提高自己的素质，以适应新时代党的工运事业和工会工作的需要。

一、通过勤奋学习，提高自身素质修养

学习是提高能力的不竭动力。工会干部要把学习作为一种使命、一种境界、一种追求，融入人生和事业之中，做到生活学习化、工作学习化。

基层工会主席的素质与他本人掌握的科学、文化知识有着直接关系。一般来说，掌握科学文化知识必须以一定的素质为前提；同时，掌握科学文化知识又能促进素质提高。要获取科学文化知识，必须努力学习。工会主席面临的工作头绪多，任务重，接触到的新情况、新问题层出不穷。尤其是他所面临的职工群众的科学文化知识水平越来越高。要带领这样一支较高素质、较高文化知识水平的职工队伍去完成各项工作任务，作为工会主席，没有较高的文化知识水平，没有对现代高科技知识的了解和掌握，要起到"领头羊"的作用是不可想象的。

学习的途径是多方面的。工会主席的强化培训是提高工会主席素质的最基本的方法和途径。强化培训主要通过有组织、有计划地分批地采取一定的组织手段，对各级工会主席进行培训。岗位培训分上岗资格培训和适应性岗位培训。上岗资格培训是对工会主席进行的一次工会基础知识的入门教育，凡是从事工会工作的同志尤其是工会主席必须参加相应一级工会干部学校举办的上岗资格培训。凡新到工会岗位的同志，必须一律参加此类培训。通过考核合格，做到持证上岗。上岗资格培训和适应性岗位培训具有系统性、实用性、针对性强等特点。通过培训，能使工会主席全面系统地掌握工会基本理论与业务知识，较快地熟悉工会工作，对工会主席的素质提高有很大帮助。除了通过岗位培训、研讨等方式提高工会主席自身素质外，工会主席刻苦自学也是一条行之有效的途径。组织上的强化培训无论从时间上还是内容上都是有限的，工会主席要更多地掌握科学文化知识和专业知识，主要还是通过自身挤时间刻苦自学。工会主席的工作任务很重，有的同志还兼有企事业党组织或行政职务，除了正常工作之外，许多业余时间还要用于为职工群众排忧解难、接待职工群众的来访及一些必要工作，往往很难挤出整段整块的时间来自学。这就需要工会主席强化学习意识，提高自学能力，掌握学习的技巧，拾零为整，集腋成裘，只要坚持不懈、持之以恒，一定能取得丰硕的成果，使自己的科学文化知识水平和工作能力有较大提高。除了向书本学习以外，还要向同行学习，即与工会的前辈和工会同行进行广泛交流。一些工会老领导、老同志对做群众工作很有办法，有的工会同行对新情况、新问题的看法很有见地，这些都是宝贵的精神食粮。此外，还可以与工会同行交流读书心得、工作体会、成功的秘诀、失败的教训等，在交流中相互启发，总结中共同提高。另外，工会主席还应多向职工群众请教，职工群众中有许多宝贵的经验和成功的办法，工会主席要善于吸取过来，以充实自己、提高自己。

工会主席需要学习的知识很多，要因人而异。一般来说，工会主席应学习掌握习近平新时代中国特色社会主义思想、党的路线方针政策、工会理论知识、工会法律知识、管理科学、思想政治工作、历史知识、经济管理和企业管理知识、社会学、心理学和公共关系学的知识。但相对于个人而言，学自然科学出身的工会主席，要多读一些社会科学的书；学社会科学出身的多读一些自然科学的书，还应涉猎一些边缘科学、新兴学科的知识。基层工会主席在学习过程中，应努力遵循理论联系实际的原则，要把学到的理论知识与自己的思想实际、工作实际有机地结合起来，走一条"学习—思考—提高—再学习"良性循环的路子。

二、在工作实践中提高自身素质修养

"读书是学习，使用也是学习，而且是更重要的学习。"基层工会主席要想提高自己的素质，还有一条很重要的途径，那就是在实践中去经受锻炼。实践出真知，实践出才能。实践是学习的重要课堂，也是提高自身素质的重要途径。只有在实践中不断磨炼、摔打、探索、总结，才能加强修养、储备知识、增长才干。每个工会主席都要把实践作为学习和修养的主要课堂，把理论学习和实践学习统一起来，深入实际，调查研究，向实践学习、向基层学习、向群众学习。

工会主席要把自己学到的书本知识转化为能力的提高。好的设想的实现，是要通过实践的。对于基层工会主席来说，更需要把自己的工作实践与广大职工群众的实践紧密结合起来，在实践中提高自身的素质。因而，勤于实践，是工会主席提高自身素质的一条必不可少的途径。一个成功的工会主席，往往是在实践中不断探索，善于总结，反复思考，形成自己一套行之有效的工作方法，成为职工群众爱戴和拥护的工会领导人。而不断探索，反复实践过程正是工会主席自身素养不断得以提高的过程。

工会主席实践锻炼提高的方法有很多，主要包括如下。

（一）深入生产工作第一线进行调查研究，通过调查研究，更好地了解职工群众的生活、工作状况，掌握职工群众的思想脉搏，知晓职工群众在想些什么，了解职工群众最关心、最期盼的问题，探寻解决的途径，从而提高自己观察问题、分析问题和解决问题的能力。

（二）参加各类会议，如决策会议、工作会议、计划会议、协调会议、人事会议等，来提高自己的组织协调能力、灵活应变能力、选人用人能力和提高效率、效能的能力。

（三）独立主持或开展活动，如主持召开职工代表大会、主持会员代表大会、协商谈判会议、劳动争议调解会议等，以提高自己的判断能力、组织管理能力、说服教育能力和协调谈判能力等。

（四）向职工群众求教，从职工群众中汲取智慧，才能提高自己。

三、通过对工会工作的不断总结，提高自身素质修养

人们的实践活动，都值得总结，通过总结，得到新认识，发现和掌握事物发展的客观规律。社会历史的进步和发展，就是不断总结以往实践活动的结果。基层工会主席的实践活动，同样需要总结。通过总结，一方面，可以发现基层工会主席行使职权、执行领导职能的一般的普遍的规律；另一方面，在比较分析经验教训的基础上，从各个方面提高自身的素养。因此，总结是基层工会主席提高自身素质过程中不可缺少的必要的一环。

总结，是指人们对自己一定时期的实践活动的综合、概括和分析。从时效性看，有短期总结、中长期总结，或称为阶段总结和全过程总结；从内容性质上看，有学习总结、工作总结、思想总结及会议总结等。如果把总结当作基层工会主席提高素质的一条有效途径，那么基层工会主席的总结是广义的，既包括时效性的总结，也包括各种内容性质的总结，这是由基层工会主席在工会组织中的领导活动的本质所决定的。

基层工会主席要善于总结，就得坚持和掌握总结的辩证性和科学性。总结人人会做，但是总结的深度和关键性结论，是衡量一个人水平和素质

高低的一个重要标志。工会主席通过总结来提高自己的素质，其目的性十分明确。但是，要真正做好总结，确属不易，需要用辩证的、科学的态度来对待总结。

掌握总结的辩证性和科学性的关键在于，从自己领导实践的综合、概括、比较和分析中发现问题或者矛盾，借此发现自己素质中不适应的因素。越来越多的基层工会主席认识到，在总结自己的领导实践中，至少要分析以下 3 个问题：在领导实践中哪些是成功的，哪些是失败的？成功和失败的原因是什么？怎样巩固成果，弥补损失？

分析这些问题，需要智慧和勇气。在回答这些问题时，一方面，要看到客观环境、外部条件的影响；另一方面，更重要的是要发现自己主观方面的、领导素质上的不适应的因素。无论是对客观环境、外部条件的创造和把握，还是对自己主观方面的自我解剖和自我评价，都有利于提高素养。因此，注意和掌握总结的辩证性和科学性，是基层工会主席总结时应当牢记的一个准则。

基层工会主席要善于总结，还得写好总结报告或总结材料，并将这些总结报告或总结材料进行回顾和比对。书面的总结报告或总结材料，有利于保持一个人的成长和发展过程的连续性，保存经验和教训的历史轨迹。

四、接受职工民主监督，促进自身素质修养的提高

实行民主参与和社会监督，是工会的重要社会职能之一。基层工会主席在大量的实践工作中，都与促使工会履行这一社会职能有关。如何更好地带领和影响工会组织履行这一职能，关系到基层工会主席自身的素质。

监督者首先要接受监督。工会组织的民主参与和社会监督，既有相应的法律、法规、政策和制度赋予的权力，同时也赋予相应的必须接受监督和制约的义务、责任。在工会工作实践中，每一个工会工作人员都深深懂得这一点。作为基层工会主席，更应该深刻认识到工会组织的这种权利和义务的辩证关系。

实践表明，作为工会的领导者，基层工会主席在影响工会组织实施参与、监督和接受监督的基础上，本身通过接受监督，可以有效地提高自身

在各方面的素质。

监督本身涉及一些基本的思想、观点和方法。在政治上，在社会主义条件下，工会必须遵守和维护宪法，以宪法为根本的活动准则，以经济建设为中心，坚持社会主义道路，坚持人民民主专政，坚持中国共产党的领导，坚持马克思列宁主义、毛泽东思想、邓小平理论、"三个代表"重要思想、科学发展观、习近平新时代中国特色社会主义思想，坚持改革开放，保持和增强政治性、先进性、群众性，依照工会章程独立自主地开展工作；在经济上，应当坚持眼前的、暂时的、局部的利益服从长远的、根本的和全局的利益，坚持国家利益、集体利益和个人利益三者相统一，坚持在发展生产的基础上逐步改善职工群众的生活，在维护全国人民总体利益的同时，代表和维护职工的合法权益；在文化与社会生活方面，应当坚持全心全意为人民服务，积极倡导健康的、有益的文化活动和生活方式，批判和抑制没落的、有害的文化活动和生活方式，丰富职工精神文化生活，打造健康文明、昂扬向上、全员参与的职工文化。只有掌握这些基本原则和准则，才能更好地去实施参与监督。同样的道理，基层工会主席要组织实施工会组织的一系列民主参与和社会监督的方案和措施，首先在思想上要真正掌握相应的原则和准则。

为了更好地解决工会主席组织实施参与监督，在思想观念上，基层工会主席本身要自觉接受监督。

实践表明，基层工会主席接受监督，主要反映在以下几个方面：来自上级的检查与监督；自我监督与同行监督；来自职工群众的监督。上述几个方面紧密关联，缺一不可。

（一）接受来自上级的检查与监督。来自上级的检查与监督，不仅是因为履行职责和工作的需要，而且上级组织及其领导在理论修养、政治水平和业务素质等方面有许多长处，值得虚心学习。接受来自上级的检查和监督，要坚持忠诚老实、实事求是、一分为二，绝不能弄虚作假、文过饰非。只有这样，才能经得起检查，在监督中求真，学到新的领导方法和领导艺术。

（二）自我监督与接受来自同行的监督。实行自我监督，本质上就是领导者素养提高的表现。在自我监督时，可以对照自己的和集体的工作目标和工作计划，在工作进度和质量方面鞭策自己。同时，对自己的所作所为经常进行自我反省。在和同行相比较时，有可能自己在某一方面先进了一步，并且取得了显著成绩，但是不可否认，在同行那里也有不少宝贵的经验。因此，接受同行的监督，不仅可以获得竞争的动力，坚持正确的方向，避免妄自尊大，而且可以在比较中学习人家的经验和长处，提高自己的素养。

（三）接受来自职工群众的监督。接受基层的和职工群众的监督乃是基层工会主席接受监督的最重要的方面。俗话说："群众的眼睛是雪亮的。"基层工会主席要想使自己的思想、决策和方法获得积极的效果，达到既定的目标，就必须自觉接受基层的和群众的监督。那么，怎样才能更好地接受群众的监督呢？

1.增强基层工会主席思想和决策的透明度，经常将自己的想法和意见告诉群众，可以采取座谈会、信箱和个别访谈等多种方法，听取大家的意见。

2.增强民主意识，让职工群众参与对工作计划和工作目标、方案的制订，接受职工群众的批评、检查和督促。

3.必须始终抱着虚心诚恳的态度，来对待来自职工群众的监督，和群众交知心朋友，坦诚相见，毫无保留。只有这样，才能更严格地要求自己，更加刻苦学习，努力磨炼自己，克服自身素质中不适应的陈旧的因素，吸收一切有利于提高自身素养的新鲜因素。

在接受监督时，要达到上述要求，并非易事，这需要长期的实践，需要具有公开自己、自我批评的精神。

五、在积极参加社会活动过程中，提高基层工会主席的自身素质修养

许多基层工会主席都有这样的体会，即除了正常的工会工作业务以外，还有大量不能以一般工作标准来衡量的社会活动。这些活动，直接或间接地与工会的地位、作用和影响有关，是新时代对基层工会主席素质提

出的新要求。

有的基层工会主席对社会活动不仅不会放弃，而且能比较好地适应和胜任，并从中受益匪浅。相反，有的基层工会主席对社会活动不感兴趣甚至感到厌烦，或者应付了事。在这当中，既有观念上的不同，也有个性和素质上的差别。

从工会的职能、作用和影响来看，许多内容本身便属于社会活动，例如：参与管理国家政治、经济和社会生活；参与涉及职工切身利益的重大计划、政策的制定；参与社会文化市场的管理以及职工物价监督、社会工作、社区改造、住宅建设及分配、青少年工作、老年人工作、残疾人工作等。这些活动的主要目的，都是维护安定团结的政治局面，稳定大局，为改革开放和现代化建设创造一个相对稳定的社会环境。这符合广大职工群众的愿望和要求，也符合工会工作方针和任务的要求。因此，作为基层工会主席，首先，在观念上要抛弃陈旧的落后的因素，来适应形势发展的新要求；同时，要通过积极参与和从事社会活动，作一名社会活动家，来不断提高自己各方面的素养。

参与社会活动的过程，即为基层工会主席提高素养的过程。首先，表现在基层工会主席对自身与社会连接点的认识和把握上。广大会员群众和职工群众生活在社会之中，在社会中结成各种各样的人际关系和社会关系。工会作为工人阶级最广泛的群众组织，具有鲜明的社会性。作为工会主席，要领导工会组织和会员群众，正确处理和社会之间结成的各种关系，并产生较大的社会影响，这就必须对自身与社会连接点有一个较明确的认识。显然，作为基层工会主席，一方面，要认识到自己作为社会的一员，必然要时时感受到社会生活和社会发展的脉搏，将自己的行为准则纳入社会行为规范，融入整个社会前进的洪流；另一方面，也要认识到，作为工会组织的领导者，必须使工会组织的利益，符合社会的利益，使工会组织公开化和社会化，保持工会组织的发展始终纳入我国社会主义社会发展的轨道。此外，基层工会主席还要认识到动员社会各方面的力量来关心、支持工会工作的重要性和必要性。

思考题

1.基层工会主席素质修养的内涵是什么？

2.加强基层工会主席素质修养有何意义？

3.简述基层工会主席加强自身素质修养的内容。

4.基层工会主席应当具备哪些能力？

5.怎样提高基层工会主席的素质修养？

案例1

选树典型，制定标准，推动规范化建设

山东省总"以评促建"激发基层工会活力

2021 年 5 月 20 日　来源：中工网－工人日报

近日，山东省总工会举行 2020 年度山东省"双十佳"选树命名发布会。来自聊城交运集团千千佳物流有限责任公司工会委员会等 10 个单位成为 2020 年度山东省"十佳职工信赖的职工之家"，申海福等 10 名同志成为 2020 年度山东省"十佳职工信赖的娘家人"。

近年来，山东省总广泛开展"争创职工信赖的职工之家、争做职工信赖的娘家人"活动（以下简称"双争"活动），选树宣传山东省"十佳职工信赖的职工之家""山东省十佳职工信赖的娘家人"（以下简称"双十佳"），针对企事业单位、乡镇（街道）、县级所属开发区（工业园区）工会分别制定十佳职工信赖的"职工之家"和"娘家人"标准，形成"双十佳" 42 项自查标准和考核指标，同时以奖励促评选，将"双十佳"作为山东省五一劳动奖状（章）推荐对象，给予山东省"职工信赖的职工之家" 50 万元工作经费补助，以此为抓手全面提升新时代"职工之家"规范化建设水平。

为严格评选，山东省总规定，市、县（区）区域内基层工会"双争"活动参与率达不到80%的，取消其参与山东省"双十佳"的选树推荐资格。山东省总新时代"职工之家"建设委员会成员对申报单位和个人进行严格初审，专家评审委员会成员集中封闭评审，职工给自己心目中的"双十佳"网络投票，到"双十佳"候选单位和候选人所在单位进行实地考察。最终，根据综合得分择优确定"双十佳"候选单位（人），经省总党组会议集体研究通过后公布名单。

评选是措施，"固基"是根本。为推动"职工之家"规范化建设，山东省总制定了分级分类培训基层工会干部规划，在"齐鲁工惠"APP开设干部管理培训系统，建立工会组织专业人才库，提升基层工会干部的能力素质，建好"娘家人"队伍。

为破解基层工会人手紧缺的瓶颈，山东省总还建立了一支2960人的社会化工会工作者队伍，并向非公有制经济组织和社会组织派出1000名工会工作指导员，推进"两新"组织工会规范化建设，打通联系服务职工"最后一公里"。

（记者 田国垒 通讯员 孟冉）

 案例2

扎实推进"县级工会加强年"专项工作：
紧扣"五强目标"，增强基层组织活力

2023年3月20日 来源：中工网

今年以来，江西省赣州市总工会紧扣"五强目标"，以"六大力、六过硬"为抓手，持续推进"县级工会加强年"专项工作，努力把县级工会建设得更加充满活力、更加坚强有力。

大力加强干部队伍建设，让工会干部素质过硬。在2022年招聘26名集体协商指导员的基础上，今年再公开招聘一批协理员，同时选派一批工会干部到深圳市工会系统跟班学习。开展以学习贯彻党的二十大精神为主要内容的培训活动，年内全市培训工会干部4000人。

大力推进基层工会建设，让工会组织建设过硬。在今年初开展"深入走访摸实情、广泛宣传促组建"活动，组建工会96家、发展会员3.2万名的基础上，采取"广泛宣传动员建、县级工会派员督促建、领导挂点指导建、法律手段推动建"等方法，扩大工会组织覆盖面。

大力推进职工服务阵地建设，让服务功能过硬。新建工人文化宫补助

从 30 万元提高到 100 万元，改扩建补助从 30 万元提高到 50 万元，推动县市区工人文化宫建设、功能提升。安排 500 万元奖补资金，支持县级工会加强职工活动及工会办公场所建设。

大力服务职工群众，让服务职工的品质过硬。做实"春送岗位、夏送清凉、金秋助学、冬送温暖"品牌和常态化帮扶救助工作。加大源头维权参与力度，依托"三师一室"维权机制和"法院+工会"诉调对接机制，及时化解劳动纠纷。

大力服务发展大局，让工会助力发展的作用过硬。扎实推进产业工人队伍建设改革，围绕全市"1+5+N"产业发展组织开展百场劳动竞赛。加强与深圳市总工会的合作并吸引深圳市职工来赣州市疗休养，助力经济发展。

大力推进工作创新，让工会工作质量过硬。支持县级工会为城市社区工会联合会聘请 1 名兼职工会工作者。建设"三同五互"机制，积极推进党建带工建，创新工会经费管理机制，实行资金使用项目化管理。

（通讯员 曹阳明 谢富兵）

 案例 3

基层工会主席"赛"业务

2022 年 7 月 14 日 来源：中工网

"以前都是领导在台上安排部署工作，我们在台下听，如今正好反过来，我们在台上讲，领导在台下听。这种新颖的方式，不仅给我们提供了一展风采的机会，还让领导们深入了解我们的工作，针对我们工作中遇到的问题给予相应的指导和帮助。"参加活动的河口区的基层工会主席们如是说。

7 月 13 日，山东省东营市河口区工会系统开展"基层工会主席讲业务"活动。在各镇（街道）总工会、区产业（系统）工会的筛选推荐下，最终确定了 10 个单位的 15 名选手登台展示，现场共有来自全区各个基层工会的 200 余名工会干部观摩学习。

活动中，选手们将学习理论与工作实际相结合，通过 PPT 向大家讲述了各自的业务,有工会经费收支管理、集体协商推进等专业知识的讲解,也有如何发挥工会职能的经验分享。活动现场,基层工会干部认真聆听,将所学与自己的工作相对照,并将自己认为重要的知识点记录下来。

整场活动在紧张严肃的氛围中,逐渐走向尾声。根据内容紧扣工会业务、事例是否典型创新等评分标准,评选出了一、二、三等奖。

活动结束后,基层工会干部们纷纷找到工作人员及主讲人,针对经费收支管理、工资集体协商、妈妈小屋和托管班建设等内容进行询问学习,并表达了对下一次活动的期盼之情。

河口区总工会相关负责人表示,此次活动既是评比又是培训,让基层工会干部们在讲课中学习业务知识,在学习中提升业务能力。今后,区总工会将持续推进"基层工会主席讲业务"活动的制度化、规范化、常态化,并将该项活动作为锻炼培养工会干部的重要平台,不断创新方式方法,吸引更多的基层工会干部参与进来,以讲促学、以学促干,从而为更好地服务职工群众奠定坚实的基础。

(李景芳 葛红普)

第三章

基层工会主席的职责与权限

　　基层工会主席作为基层工会组织领导者，究竟应该做些什么工作？有哪些权力保证他们去开展这些工作？应该树立怎样的职权观？在日常工作中，明确工会主席的职责和权限，具有十分重要的意义。

第一节　基层工会主席的具体职责

在多种所有制经济共同发展和劳动者利益主体多元化的格局中，工会组织内外的各种因素影响着工会主席的职责，如工会主席的地位、作用以及实际工作情况，法律法规的规定，党政领导对工会职能和工会主席职责的认识等。

在具体确立某一工会主席的职责时，一般要从普遍性和特殊性两个方面来考虑。从普遍性考虑，即要坚持从工会性质、地位、职能等条件出发来确定工会主席的职责，并且要符合一般领导职责的客观要求；从特殊性考虑，即要坚持从工会工作实际出发，体现自己的特点。因此，工会主席在分析、确定自己的职责时，要在参照一般要求的基础上，充分考虑本单位工会工作的情况。从目前基层工会主席的实际工作看，其基本职责应该是维护职工合法权益，竭诚服务职工群众，具体职责的划分，可大致分为：决策规划、制定规范、组织协调、监督教育和选人用人。

一、维护职工合法权益、竭诚服务职工群众是工会主席的最基本职责

《工会法》第 6 条第 1 款规定："维护职工合法权益、竭诚服务职工群众是工会的基本职责。工会在维护全国人民总体利益的同时，代表和维护职工的合法权益。"基层工会主席作为基层工会组织的法人代表，代表和维护职工群众的合法权益、竭诚服务职工群众是其最基本的角色特征及其要求。因此，基层工会主席作为基层工会组织的负责人，要作好职工群众的代言人和保护人，在企事业单位管理、决策过程中，对于涉及职工切身利益的问题，基层工会主席既要敢于维权，又要讲究科学方法，善于维权；更要有理有据，使依法维权发挥更大作用，使自己真正成为职工群众具体利益的代表者和维护者。要建立健全困难职工家庭常态化帮扶机制，

防止相对困难、意外致困职工家庭返贫。推进送温暖常态化，强化工会职工服务中心服务功能，培育一批职工群众受益面广、改善职工生活品质明显的工会品牌服务项目。深入实施送温暖工程、金秋助学、职工法律援助等品牌；继续实施职工健康促进工程。积极开展劳模和职工疗休养工作。支持开展职工互助保障活动。开展创建学习型组织、争当知识型职工活动，开展健康活泼的职工文体活动。加强女职工休息哺乳室建设、工会爱心托管服务、"会聚良缘"工会婚恋服务等工作。

把维护职工合法权益、竭诚服务职工群众作为工会主席的基本职责，体现了以人为本的思想。坚持走中国特色社会主义工会发展道路，建设中国特色社会主义工会强调坚持以职工为本，这完全符合以人民为中心的发展思想。工会只有切实担负起职工合法权益代表者、维护者、服务者的重任，维护好职工群众的根本利益，全心全意为职工服务，才能充分发挥团结凝聚和组织引导职工群众的作用，把职工的积极性和创造性充分调动起来，为全面建成社会主义现代化强国建功立业。

把维护职工合法权益、竭诚服务职工群众作为工会主席的基本职责，是由工会的性质和特点决定的，是工会产生和发展的客观需要和根本依据，是党的要求和职工群众的愿望。新时代新起点，工会维权服务的途径、平台、形式、内容可能在变，但用心用情、担当作为的底色不变。只有忠诚履职、奋力作为，切实加大对职工群众的维权服务力度，工会组织才能成为名副其实的"职工之家"，工会干部才能真正成为职工群众信赖的娘家人、贴心人。

二、做好决策规划工作

决策规划是领导者履行各项职能的基础。自然也是工会主席的重要职责。决策，按照一般的理解，就是为了到达一定目标，采用一定的科学方法和手段，从两个以上的方案中选择一个满意方案的分析判断过程。规划，即进行比较全面的长远的发展计划，是对未来整体性、长期性、基本性问题的思考、考量和设计未来整套行动方案。工会主席的决策规划工作，主要包含两个方面：一是对所在工会组织自身的重大问题和发展方向进行决策规划；二是参与国家、社会和基层企事业单位的一切涉及职工切身利益的重大问题的决策规划。

基层工会主席在履行决策规划的职责时，要想使决策规划正确可行，需要注意做到以下几点：一是正确进行决策规划工作的重要前提是坚决、正确地贯彻执行党和国家的有关方针政策和法律法规；二是为使作出的决策规划更具可行性，需要充分考虑上级工会有关指示及本单位的具体情况；三是要注重职工群众的意愿，吸收职工群众的意见，使决策规划更具广泛的群众基础，得到职工群众的拥护和支持。

（一）决策与科学决策

1.决策和科学决策的概念

决策，意思就是作出决定的选择活动，决策概念有狭义和广义之分。狭义的决策概念专指决策者对行动方案的最终选择，即通常所说的最终"拍板"。决策方案的最终选择，虽然只是整个决策过程中的一个环节，但是它是决策过程中的关键环节。决策方案的最终选择，是以选择前的各项工作为前提，它是决策活动的全过程的成果。所以也应对决策作广义的理解。广义的决策概念，是把决策理解为决策者制订、选择、实施行动方案的整个过程。人们对行动方案的决定，不是一下子完成的，而是通过一系列的决策程序和活动来实现的。

科学决策，是指按照决策的科学理论和健全的科学程序，运用现代科学的决策方法进行决策的活动。科学决策的特征：一是由个人决策转向依靠包括信息、智囊、决策三系统的集体决策；二是由个人凭经验决策转向依据科学理论和方法的决策；三是由主要是定性分析转向定性分析和定量分析相结合。科学决策是实现正确领导的前提。

2.决策的分类

对于决策，人们根据不同需要，出于不同角度有着不同的划分。现在常见的几种类型如下。

第一，按照决策的方式分类，领导决策可分为经验决策和科学决策。经验决策，是领导者依靠自己的判断和经验所作出的决策。而科学决策，是领导者按一定科学程序，依靠专家集体，并运用现代科学思维方法和先进技术手段进行的决策活动。经验决策与科学决策的本质区别在于方式方法的不同。经验决策的主体一般表现为个体，而科学决策是集体智慧的产物。因此，应该把经验决策与科学决策结合起来，实现决策的科学化。

第二，按决策所涉及的范围划分，领导决策可分为战略决策和战术决策。战略决策也称宏观决策，是指对全局有长远、重大影响的决策。战术决策也称微观决策，是指对带有局部性的某一具体问题的决策。主要以实现战略决策所规定的目标为决策的前提和标准，是宏观决策的延续和具体化，具有单项性、具体性、定量化的特点。宏观决策和微观决策关系极为密切，宏观决策决定并指导微观决策，微观决策则是宏观决策的延续和指令化。

第三，按决策所具备的条件划分，领导决策可分为确定型决策和不确定型决策。确定型决策又称常规性决策，是指在自然情况比较清楚、依此提出的不同方案的结果也是比较确定的前提下，根据决策目标所作出的肯定选择的决策。不确定型决策则是指在未知条件下的决策。这类决策一般是未出现的，非例行性的，也称为非常规性决策。在实际工作中，不确定型决策又表现为风险性决策和竞争性决策。

(二) 工会主席决策的重要性

领导者的主要职责之一是决策。决策正确与否，对一个单位的建设和发展起着至关重要的作用。在领导工作中，工会主席如能根据实际情况作出正确的决策，并付诸实践获得成功，则会产生强有力的影响，推动工会工作开展，使工会工作充满生机和活力。

随着我国社会主义市场经济体制目标的确立，工会工作的领域和内容得到不断的拓宽。同时工会面临的新情况和新问题也越来越多，需要工会主席独立地、迅速准确地作出各种决策，决策已成为工会主席工作中的中心环节。

1.决策是工会主席履行领导职责的基础

决策的主体是领导，看一个领导的水平高低最主要的是看决策。所以每个领导都必须精心制作决策，科学执行决策。在工会的各种活动中，基层工会主席有大量的工作需要进行选择和作出决定，大到关系到工会组织的组建和发展的战略性问题，小到在解决和处理日常事务的战术性问题。可以说，不懂得决策，就失去了工会主席履行领导职责的基础和前提。

2.正确决策是工会主席工作成败的关键

领导的实质一是决策，二是用人。决策存在于整个领导过程中。从某种意义上讲，没有决策，也就没有领导。决策是现代领导的重要职能。决策是一门科学，是建立在丰富实践经验和深厚理论基础之上的科学管理思维能力。基层工会主席的领导责任在于制定战略、拟定规划、组织实施，而履行这些职能是以决策为基础的。

3.正确决策能充分调动职工的积极性

工会的大量工作和活动，大多需要吸引和组织职工群众来开展。工会领导决策的目标正确，方案得当，方法科学，就能够使广大职工群众在努力为之实现的过程中迸发出一种强烈的工作热情和创新精神，能够有效地促进工会组织的良性循环，产生一种强大凝聚力、吸引力，把职工群众最广泛地吸引到工会中来，紧紧地团结党的周围，这是充分发挥工会职能的重要条件。

总之，要当好工会主席，不能仅仅凭借一种热情和良好的愿望，还必须依据决策的科学理论来指导工会工作，这样才能真正成为工作卓有成效并受到职工群众信赖的工会领导者。

（三）工会主席决策的基本程序

按照科学决策的内在规律，工会主席决策可以分为识别问题、确定目标、拟订方案、选择方案、执行方案和追踪检查6个既相对独立，又前后连贯的基本步骤。

1.识别问题

问题是时代的声音。一切决策都是从问题开始的。问题，就是应有状况与实际状况之间的差距。决策者要在全面调查研究的基础上发现差距，确认问题，并抓住问题的关键。这里的问题，可以是消极的，如解决一个麻烦或故障，也可以是积极的，如把握一次发展的机会。对决策问题的准确把握，有助于提高决策工作的效率，并确保决策方案的质量。一名合格的工会领导者，要具有深厚的问题意识，在实践中发现问题，在探索中提出问题，以历史勇气直面问题，以责任担当研究问题，以政治智慧回答问题，以实干精神推动问题的解决。

2.确定目标

目标是决策所要达到的预期结果和要求，目标能为活动指明方向。决策目标要根据所要解决问题的性质来确定，如何确定目标？这是一项严肃而又审慎的工作。一般而言，需要决策者在认清所要解决的问题的性质、特点、范围及问题的症结和产生的原因的基础上，全面地研究所要解决的问题的需要与可能，然后，对初步设想的目标进行反复论证，最后才确定决策目标。

3.拟订方案

拟订方案即提出两个或两个以上的可行方案供比较和选择。决策过程中要尽量将各种可能实现预期目标的方案都设计出来，避免遗漏那些可能成为最好决策的方案。应当集思广益，拟订出可能多的富有创造性的解决问题方案，这样最终决策的质量才会有切实的保证。

4.选择方案

即对拟订的多个备选方案进行分析评价，从中选出一个最满意的方案。这个最满意的方案并不一定是最优方案，只要能依据决策准则的要求实现预期目标，这样的决策就是合理的、理性的。

5.执行方案

一分部署，九分落实。方案的执行是决策过程中至关重要的一步。在方案选定以后，就可制订实施方案的具体措施和步骤。将决策意图转化为职工群众的行动，进而实现决策目标。在实施方案过程中，既要把决策意图全面、准确传达给执行者，做好宣传指导工作，又要根据主客观情况的变化做好监控协调工作。

6.追踪检查

追踪检查是指在原来决策的实施表明将危及决策目标的实现时，对目标或决策方案所进行的一种根本性修正。这在决策过程中是一种正常的现象。

（四）决策的民主化

科学决策是实现领导目标的主要途径和方式，工会主席既要认真学习科学决策的理论和方法，又要在实践中结合工会工作的实际，积极地探索富有特色的决策方法，决策的民主化是工会主席决策最富有特色的决策方法。决策的民主化，是指在决策中充分发扬民主，以确保决策的科学性。实现决策的民主化，就要求领导者改变旧的家长式的个人决策体制，克服"一言堂"作风，建立新的适应现代化需要的完整的科学决策体制。

工会主席的决策直接关系着广大职工群众的切身利益，为避免决策的失误，要坚持走群众路线，实现决策的民主化。群众路线是实现党的思想路线、政治路线和组织路线的根本工作路线，也是实行民主决策的路线。它全面体现着决策的制定、执行和完善的生动过程。决策民主化的基本要求，就是把从群众中来，到群众中去，集中起来，坚持下去的群众路线，贯穿于决策工作之中。在社会主义市场经济条件下，对民主、科学决策提出了更高的要求，这是因为决定主体分散，利益矛盾突出，市场复杂多变，难以预测的因素增多。在这种情况下，对一些重大问题作出及时、正确的决策，单凭工会主席个人的聪明才智和经验是远远不够的，必须在工作中，充分发扬民主，汲取集体的智慧，并且完善决策制度，改进决策工作才能保证决策的正确，减少决策的失误。

三、制定规范

规范，是指群体所确立的行为标准，是一个单位内部各个工作岗位、各个工作流程明文规定的标准，是工作中的行为准则。制定规范，就是指建立正确合理且有效的组织机构和制定具有全局性的管理方法，包括各种制度。工会工作制度是工会自身建设的重要组成部分，对提高工会工作的规范化、制度化、科学化水平，推动基层工会工作开展有着重要的保障作用。制定规范，其目的就是保证所作出的决策规划得以顺利实现。因而，制定规范工作也是工会主席的主要职责。

制定规范，并不在于简单地整理总结工作流程，是思考、梳理工作的流程，其最重要的环节是以正确的思路思考现有的工作，并对现有的工作制定出标准、正确有效的流程及考核考评办法。当决策方案和规划确定后，工会领导者就需要注重于制定相应的各种必要的规范，变人治为法治，使之有章可循、有法可依，这是工会各项工作能否顺利开展的关键所在。

工会主席在履行制定规范这一职责时，就其具体内容而言，包含着两个方面：一是注重于健全和完善工会组织自身的组织体制及机构设置，注重于建立包括工会领导班子成员岗位责任在内的一系列规章制度；二是要注重于行政系统组织机构与管理制度的改革和完善，尤其是基层工会领导者，要善于组织和引导职工代表大会就本单位的规章制度等重大问题进行充分讨论，从而使广大职工群众的生产经营活动有章可循、有法可依。

制定的各种类型的规范，就是让工会主席的工作有据可依，奖罚分明。规范重在执行，不能有规范而不用，这样就失去了制定规范的意义。

四、做好组织协调工作

协调是工作生活中经常遇到的课题，也是工会工作必不可少的一个环节。工会是一个有着广泛社会联系的工人阶级群众性组织。工会工作是党的工作的外延。注重于工会组织内外关系的协调，使所属工会组织协调有序，这是基层工会主席的又一项主要职责。做好组织协调工作，是指工会主席采取各种措施和方法，深入研究组织协调的内在规律，使所在工会组织同外部环境，以及工会的各个部分和组成人员协同一致，相互配合，以便圆满、高效地实现组织目标的行为。基层工会主席做好协调工作，既能够减少内耗，提高工作效率，又能够充分调动工会干部和职工群众的积极性。

工会主席组织协调的内容大致可分为组织内部协调与组织外部协调两个方面。工会组织内部协调的对象主要是工会系统的上下级关系，工会领导班子内部的关系，工会各职能部门之间的关系，工会组织与工会会员的关系等；工会组织外部协调则主要是工会与党政组织及与其他社会组织的关系。

工会工作包罗万象，涉及的内容方方面面，协调工作无时不在、无时不有。协调工作要结合实际，采取有效形式，寻求科学方法，努力提高质量和水平，协调好组织内外的各种关系，还要明确指导思想和掌握好协调的准则。一是全局性原则。就是要一切从全局出发，维护整体利益。顾全大局，这是做好协调工作的核心，离开了这一点，协调方法再多再好，也难以协调到点子上。要坚持个人服从组织，下级服从上级，局部服从整体，眼前服从长远，一般工作服从中心工作。二是求实性原则。就是要坚持实事求是，尊重客观事实，探求事物的内部联系，把握事物的内在本质，对症下药，不能感情用事，主观臆断，凭老经验办事，拍脑门儿决策。三是平等性原则。就是要平等待人，充分听取大家的意见，实行"群言堂"，集中民智。协调各方是平行关系，相互之间没有支配权，协调者绝不能发号施令。基层工会主席和职工群众之间是平等的同志间关系。因此，要正确处理职位、职权和职责的关系，把自己放在职工群众的公仆的位置，真心诚意地为职工说话办事。四是及时性原则。就是要讲求时效，及时发现和解决单位之间、部门之间、职工之间的矛盾和问题。统一思想，统一步调，减少工作中的内耗，防止矛盾激化，避免问题积重难返。五是激励性原则。就是要积极主动，充分调动各方面的积极性，发挥各自作用，进行优势互补，同心协力抓好工作落实。

组织协调工作经常地、大量地存在于工会领导工作之中，各级工会主席要善于从各自的工作实际出发，切实有效地协调各种关系，为工会工作营造有利的环境。

五、工会主席的监督教育职责

监督教育，指的是工会主席组织职工群众进行民主监督和对广大职工群众进行教育引导。切实加强民主监督和教育引导，这是我国新时代工会领导者的重要职责。

工会民主监督是整个国家监督体系的重要组成部分，是社会主义民主的重要体现。党的二十大报告提出："健全党统一领导、全面覆盖、权威高效的监督体系，完善权力监督制约机制，以党内监督为主导，促进各类监督贯通协调，让权力在阳光下运行。"工会民主监督是建立在职工群众当家作主的基础之上的，是一种权利而不是一种权力。工会民主监督属于社会监督，是中国共产党赋予工会的一项重要任务。工会主席的民主监督职责主要是：对企事业单位执行党和国家方针政策和法律法规的情况进行监督；对企事业单位党风廉政建设情况进行监督；广泛发动和组织职工群众正确选拔工会干部，并对行政干部和工会干部进行民主监督和评议。通过广泛的民主监督，切实有效地克服形式主义、官僚主义、以权谋私等不正之风。

工会的民主监督，是在党委的领导下，依靠职工群众开展进行。要利用工会主席是党委班子成员的有利条件，了解把握好企事业全局工作的走向和需求，找准"切入点"，调整"服务线"，以监督工作保证服务全局工作，进而使监督工作融于全局工作；工会开展民主监督，要学会换位思考，要将"监督"与"支持"融合起来，通过监督工作的开展，服务全局，支持全局，以此谋求有利于开展监督工作的良好态势；工会民主监督工作既要坚持原则，又要讲究策略，讲策略才能使监督对象接受和理解，才能使工会与企事业达成共识，使工会工作的着力点成为促使企事业发展的结合点。

职工教育是一项涉及面广、层次性强的系统工程。作为工会组织，应根据新时代出现的新情况和新问题，充分发挥与职工群众有着天然联系的独特优势，坚持以人为本，认真做好广大职工群众的思想政治工作，使工会更好地发挥教育人、引导人、激励人的作用。工会主席要深入基层，深入职工群众之中，用情感的力量，教育引导职工转变观念，提高素质，保护好、调动和发挥好职工的积极性、主动性、创造性。要利用工会得天独厚的条件，把思想政治工作渗透到职工喜闻乐见的各种活动中，通过多种活动使职工受到启迪，陶冶情操。

六、做好选人用人工作

(一) 选人用人的重要性

"能当一人而天下取，失当一人社稷危。"选人用人，这是一个亘古不朽的永久话题。如何有效地用人，充分调动工会干部和职工群众的工作积极性、主动性和创造性，增强基层工会活力，就成为基层工会主席组织领导的中心环节，它是推动党的工运事业发展的组织保证。用人是一门艺术，知人善任是用人之本。基层工会主席要达到合理、科学的用人目标，必须知人善任，掌握用人的基本原则，学会选拔、任用、培养、管理人才的方法。选人的是用人的前提，是用人的基础。只有先得其人，方可用得其所。选择人首先要思想端正，选人的直接目的是保证目标的完成。所选的人应该胜任他所担任的工作任务。工会主席要充分认识到选人用人的重要性，积极有效地做好人才的选拔和使用工作。

(二) 工会主席选人用人的特点

工会是职工群众自愿结合的群众组织，工会主席在选拔、使用人才时，必须遵循选人用人与工会的地位、性质和职能相适应，应有别于党政机关对干部的选拔、使用的方法，而具有显著的特点。

1.民主推荐和自荐相结合

基层工会主席的选人用人对象主要是工会专兼职干部和工会积极分子。要选人用人，首先要知人。清代左宗棠曾说："非知人不能善其任，非善任不能谓之知人。"这就是说，不了解人，就不能很好地使用人，没有很好地使用人，就是因为没有了解人。对一个人了解得越深刻，使用起来就越得当。要想对一个人了解深刻，就要广泛听取群众的意见。如果不听取群众的意见，就容易造成偏听偏信，让那些脱离群众、脱离实际、搞形式主义和官僚主义的人蒙混过关。这样就会给工会工作带来严重危害。同时，自荐也是一种发现人才的途径。在目前竞争激烈的社会，职工群众中有着许多热心于工会事业，愿为职工群众说话办事的人才，工会主席选人用人更应支持自荐者积极参加各种形式的干部选拔活动，自荐者按照自己意愿毛遂自荐，正是干部自我实现的理想途径。这样他们将在工作岗位上更加努力工作，实现自己的价值。民主推荐和自荐相结合，体现了工会的群众化和民主化特征。

2.专兼职相结合

工会工作是党的群众工作、群团工作的重要组成部分，工作面涉及较广，内容十分繁杂，仅仅依靠几个工会专职干部是不可能完成任务的，必须有一定数量的兼职工会干部来从事工会工作。同时，也需要有广大会员群众的积极参与。因而，基层工会主席选拔、使用人才，不能光是把眼睛盯在少数专职干部的人选上，还要加强工会兼职干部队伍建设，并充分发挥广大工会积极分子和会员群众的作用。

3.人才的选拔工作和选拔方法

认真做好人才选拔工作是工会主席的一项重要工作。关键要确立任用标准，坚持举贤荐能和掌握选拔人才的方法。公心、公平、公道、公正选拔人才，使各类人才都能充分发挥作用，真正做到人尽其才、才尽其用。

（1）工会干部的任用标准

关于工会干部的任用标准，《中国工会章程》第31条规定："各级工会组织按照革命化、年轻化、知识化、专业化的要求，落实新时代好干部标准，努力建设一支坚持党的基本路线，熟悉本职业务，热爱工会工作，受到职工信赖的干部队伍。"第32条规定："工会干部要努力做到：（一）认真学习马克思列宁主义、毛泽东思想、邓小平理论、'三个代表'重要思想、科学发展观、习近平新时代中国特色社会主义思想，学习党的基本知识和党的历史，学习政治、经济、历史、文化、法律、科技和工会业务等知识，提高政治能力、思维能力、实践能力，增强推动高质量发展本领、服务群众本领、防范化解风险本领。（二）执行党的基本路线和各项方针政策，遵守国家法律、法规，在改革开放和社会主义现代化建设中勇于开拓创新。（三）信念坚定，忠于职守，勤奋工作，敢于担当，廉洁奉公，顾全大局，维护团结。（四）坚持实事求是，认真调查研究，如实反映职工的意见、愿望和要求。（五）坚持原则，不谋私利，热心为职工说话办事，依法维护职工的合法权益。（六）作风民主，联系群众，增强群众意识和群众感情，自觉接受职工群众的批评和监督。"

（2）举贤荐能

确立了工会人才的标准，还需工会领导者在实际工作中去识别、发现各类有用人才，做到举贤荐能。一般而言，一是工会主席要敢于承担责任，为党的工运事业负责，为单位负责，为人才负责，尽到举才荐才之责。克服事不关己，不闻不问，漠不关心的消极思想，积极建言献策，有所作为。二是要坚持任人唯贤的原则。在选人用人问题上，要坚决克服在用人问题上的论资排辈、以人划线、任人唯亲以及搞小团体、小圈子等错误行为，树立任人唯贤、唯才是举的观念。领导干部不能只凭个人好恶，或以与其关系亲疏等标准培养推荐选拔人才，也不能随便听信小道消息或个别议论而影响对人才的选拔和使用。

（3）选拔人才的方法

选拔人才的方法可分为基本方法和具体方法。

选拔人才的基本方法，主要是辩证的方法、群众路线的方法和求实的方法。辩证的方法，就是指基层工会主席在选拔人才时要全面地、历史地、发展地看待人才，强调实事求是地评价人才。群众路线的方法，是指基层工会主席坚持群众路线选人，广泛征求群众对人才的评价。求实的方法，是强调要在实践中选人。

选拔人才的具体方法，主要有领导推荐、民主选举、组织考核、公开选拔和自荐等方式。要坚持"相马"和"赛马"相结合，即选拔人才可以通过"伯乐相马"的途径，也可以通过"公开赛马"办法，二者要相互结合，扬长避短。也就是说，既可以通过领导推荐、组织考核的方法发现人才，也可以通过公开选拔、自荐的途径。无论是"伯乐相马"还是"公开赛马"，在实际运作过程中都必须本着公开、平等、择优的原则。

4.工会人才的培养和管理

（1）工会人才的培养

加强对工会人才的培养，是工会主席选人、用人的一个重要环节。从工会组织的功能来看，工会本身是一座大学校，在平常的工作中，工会组织还担负着组织劳动和技能竞赛、技术比武、岗位练兵、合理化建议活动以及各种文体活动。当组织开展这些活动时，其实就是给人才一个展示才华，表现自我，锻炼成长的平台和机会，让人才在实际中增长才干，提高能力。当然，人才培养的方式方法是多样的。除了给平台，委重任，在实践中加以锻炼之外，组织参观学习，对标挖潜，举办知识讲座，组织专题培训，鼓励在职自学，只要能提高人才的能力，有助人才成长，形式可以不拘一格。除此之外，基层工会主席还需对工会干部和各类人才给予关心和照顾，切实关心他们的衣食住行、健康冷暖，帮助他们解决工作、生活中遇到的困难，尤其要支持他们敢于为职工说话办事的勇气和行动，鼓励他们大胆工作，调动他们的积极性、主动性。

（2）工会人才的管理

对工会人才的管理方法和方式很多，从实践看，定期考核测评是较有代表性的方法。基层工会主席在负责对工会人才进行定期考核测评时需要注意以下几点：一是坚持民主测评与领导评鉴相结合，广泛听取工会会员的意见；二是考核内容要全面，一般应包括德、能、勤、绩、廉等方面内容；三是考核要有始有终，不搞形式，不走过场，不断健全考核制度；四是着眼提高素质，按考核结果不断完善用人机制。

工会组织对工会干部的管理主要是"协管"，即协助党组织对工会干部进行思想政治觉悟和业务素质的考核。

第二节　基层工会主席的基本权限

基层工会主席的权限，是指基层工会主席在具体的工会日常工作中的职责范围，负有的领导责任，享有领导和组织的权利。

根据基层工会主席的地位，结合当前企事业单位工会工作的实际，工会主席的基本权限主要包括以下方面。

第一，基层工会主席作为工会组织发挥代表、维护、参与监督及教育作用的组织者、指挥者享有的基本权利。这主要包括代表权、维护权、协商权、共决权、签约权、监督权和参与权。

第二，基层工会主席作为工会代表与党政各部门、职工之间关系的协调者享有的基本权利。这主要是指协调权与调解仲裁权。

第三，基层工会主席作为工会日常工作的主要负责人享有的基本权利。这主要是指工会工作的自主权、组织权、管理权。

第四，基层工会主席作为工会工作的主持者享有的基本权利。这主要是指主持日常工会工作中的相关权利。

在工会工作实践的过程中，工会主席的基本权限，包含了在法律范围内所享有的权力、权利和职权，这些权力、权利和职权，与工会组织的性质、职能和作用结成非常牢固的联系。因此，每一位工会主席尤其是基层工会主席，都应当正确地认识自己的基本权限。

基层工会主席合法权益受国家法律保护。《工会法》规定："工会主席、副主席任期未满时，不得随意调动其工作。因工作需要调动时，应当征得本级工会委员会和上一级工会的同意。""罢免工会主席、副主席必须召开会员大会或者会员代表大会讨论，非经会员大会全体会员或者会员代表人会全体代表过半数通过，不得罢免。""基层工会专职主席、副主席或者委员自任职之日起，其劳动合同期限自动延长，延长期限相当于其任职期间；非专职主席、副主席或者委员自任职之日起，其尚未履行的劳动合同期限短于任期的，劳动合同期限自动延长至任期期满。"

🤔 思考题

1.基层工会主席的基本职责是什么？

2.基层工会主席决策的重要性是什么？

3.基层工会主席如何做好组织协调工作？

4.做好工会人才选拔工作应采取什么主要措施？

5.基层工会主席的基本权限包括哪些方面？

 **案例1**

安徽蚌埠：让基层工会"建起来、转起来、活起来"

2021年6月2日 来源：中工网

真正让基层工会"建起来、转起来、活起来"。这是安徽省蚌埠市总工会坚持以职工为中心工作导向，深入实施"42101"目标任务，全面深化基层工会规范化建设、民主管理工作所取得的成效。

突出重点领域抓组建 推进基层工会"建起来"

全面深化"党建带工建、工建服务党建"，积极探索"三条路径"，织密基层工会组织网。对具备单独建立党组织和工会组织的非公企业和社会组织同步建立党、工组织；对已建立党组织但尚未建立工会组织的，充分发挥企业党组织的政治引领作用，帮助建立工会组织；对暂不具备建立党组织条件的非公企业，通过先成立工会组织，积极开展工会活动，培养积极分子，为建立党组织创造条件；对暂不具备单独建立党组织和工会组织条件的，创新组建形式，依托园区、商圈楼宇、行业协会、产业链等，统一建立区域性、行业性联合党组织工会组织。

2020年蚌埠市组建25人以上非公企业和社会组织工会415家、律师会计师税务师工会22家，通过先成立工会促成建立党组织的非公企业和社会组织137家。截至2020年底，全市工会组织已达5600余家，会员42万余人，其中八大群体工会组织530家，会员3.7万余人。基层工会组织和工会工作覆盖面进一步扩大。

突出有效运转抓规范 加速基层工会"转起来"

充分发挥工会优势，把"党工共建"作为长效机制，夯实基层工会组织基础，蚌埠市总工会与市委组织部、市委非公工委联合出台《关于在全市非公有制企业中开展"党工共建"工作的意见》，指导县区工会出台相关意见，为推进非公企业"党工共建"工作提供组织保证。大力推行基层工会"六有"建设，通过项目化运作、指标化考核等方式，支持鼓励基层工会在阵地建设、工作创新等方面办大事、出精品。重点打造百人以上非公企业党工共建活动阵地，指导广通公司等一批非公企业探索建立党工联席会议制度，围绕"组织发展共建、干部队伍共建、活动阵地共建、争创载体共建、特色工作共建"，实现党建、工建工作同频共振。规范非公有制企业工会组织建设，组织开展全市非公有制企业工会培育先进典型活动，并召开规范化建设现场推进会，总结推广经验做法。以街道改革为契机，全面深化乡镇（街道）工会规范化建设，推动落实乡街成立总工会，安徽五河经济开发区、怀远县荆山镇、固镇县任桥镇、禹会区马城镇、淮上区沫河口镇等一大批乡镇、开发区成立总工会，有效推进乡街、社区工会较好融入社会治理体系大格局。

通过加强党工共建工作，非公企业党组织和工会组织覆盖率实现有效提升，非公企业党建和工会工作更加充满生机。

突出机制建设抓活力　助力基层工会"活起来"

围绕十一个方面，制定《蚌埠市基层工会建家工作台账》，内容全面翔实，建立奖励机制，让工作有亮点、工作实绩突出、台账填写真实规范的基层工会组织参加蚌埠市职工最信赖的"娘家人"评选活动。持续深化厂务公开职代会星级创建活动，发挥星级单位示范引领作用，推进全市企事业单位健康发展。精心打造一支高素质的社会化工会工作者队伍，制定实施《蚌埠市总工会社会化工会工作者管理办法（试行）》，所有社会化工作者上岗前在市、县两级工会机关实训充电，有效补强基层工会建设人才短板。以机制激发基层活力，强化"小三级"基层基础，做大国企、非公企业工会结对共建"蛋糕"，不断丰富强带弱、大带小等共建新模式，连续三年组织72家国企、非公企业工会开展结对共建活动，促成一大批结对企业互惠双赢，健康发展。持续开展企业示范工会选树活动，获评全省基层工会规范化建设示范单位3个，全省非公企业示范工会72个，累计确认市级企业示范工会133个。2020年，获评全国、省模范"职工之家"7个、职工小家7个，全国"司机之家"1个，全国厂务公开民主管理示范单位1个，全国、省优秀工会工作者7名。

蚌埠市把加强基层工会组织建设作为工会工作的重点内容之一，今年还在"基层工会组织建设年""基层工会组织建设巩固拓展年"的基础上，组织开展了"基层工会组织建设提升年"活动，进一步促进基层工会组织规范化建设、企事业单位民主管理工作水平持续提升，努力推动基层工会工作出亮点、上水平、增活力。

（据《安徽工人日报》报道　王宝湖）

 **案例 2**

河南漯河基层工会组织建设跑出"加速度"

2021 年 11 月 8 日　来源：中工网

河南漯河公交集团职工餐厅出了名，600 余名公交车长吃上了"娘家人"配送的工作餐。色香味俱全的土豆鸡块、麻婆豆腐、冬瓜汤，香喷喷的大米饭……不仅让广大车长暖胃又暖心，还让不少单位慕名前来"取经"。105 路公交车车长秦邵雷说："我们自己职工餐厅配的餐种类多、味道好，而且干净，吃得很放心！"

漯河公交集团推进职工餐厅建设也是漯河市总工会带动全市"职工之家"提档升级的一个缩影。今年是漯河市基层工会组织建设提升年，从"25 人以上企事业单位建会专项行动"到"建会入会集中行动月"，从"基层工会组织规范化建设专项治理行动"到"模范职工之家建设项目"，再到"职工代表大会年度建制专项行动"，全市上下一盘棋，建会强会两手抓。目前，全市新建工会 275 家，货车司机、网约车司机、快递员、外卖配送员等新就业形态劳动者入会 2317 人，模范"职工之家"项目建设带动全市"职工之家"提档升级，企务公开民主管理建制率超过预期目标，基层工会组织建设跑出了"加速度"。

建会入会结出硕果

今年 4 月份，漯河市总工会下发《基层工会组织建设提升年实施方案》，将持续推进以八大群体为重点的新就业形态群体入会工作作为年度重点工作，开展建会入会专项行动。市总成立专项工作领导小组，先后组织召开 5 场相关单位负责同志座谈会，组织干部深入八大群体所在重点领域和主要行业企业调查，发放《漯河市工会组织工作资料汇编》2360 册。

7 月份，外卖骑手行业工会已被打造成集入会、维权、帮扶等功能于一体的一站式集成服务机构，员工入会率达 100%。为进一步扩大建会入会成果，10月份，漯河市总工会聚焦货车司机、网约车司机、快递员、外卖配送员等新就业形态劳动者，在全市开展"建会入会集中行动月"活动，积极倡导"服务与发展"的建会工作理念，加大普惠服务力度，直接促成建立货车司机、网约车司机、快递员、外卖配送员等新就业形态工会组织15家，入会会员2117人，建会入会取得可喜成果。

"职工之家"提档升级

10月份，国网舞阳供电公司工会会员评家满意率提升到了96.7%，这一显著进步得益于漯河市总工会模范"职工之家"项目建设带动全市"职工之家"提档升级行动。全国模范"职工之家"——国网漯河供电公司工会和贾湖酒业工会分别结对帮建国网舞阳供电公司工会、舞阳县人民医院工会，经过近一年的努力，被帮建的两家基层工会"职工之家"建设取得明显成效。

为进一步提升全市"职工之家"建设水平，8月以来，按照"工作项目化、项目目标化、目标责任化"的工作思路，以非公企业工会、八大群体工会为主，在全市选取11家具有先进性、示范性、代表性的"职工之家"，由市总领导分包、市总各部室参与、县区具体负责，通过一家一案、专项补助等方式，将其培育成为服务功能齐全、服务特点突出、辐射面广泛的模范"职工之家"，引领带动全市范围内的"职工之家"提档升级。

民主管理提质增效

4月起，漯河市总工会在全市范围内开展职工代表大会年度建制专项行动，市总党组成员、分管主席带队先后深入5个县区72家企业工会，就民主管理工作开展专项督导调研。今年6月，根据工作需要，调整全市企务公开民主管理工作领导小组，进一步加强组织领导，加大工作协调力度。在7月份组织的全省企务公开民主管理工作督导调研中，漯河企务公开民主管理工作获得督导组的一致赞誉。截至目前，全市企事业单位职代会建制率89.6%，企务公开建制率93.8%，超出年度预期目标。

（河南工人日报见习记者 魏惠 通讯员 孙兰兰 李静静）

第四章

基层工会组织工作

　　基层工会是工会的组织基础和工作基础。工会的全部工作最终必须落实到基层，并由基层工会组织来承担。基础不牢，地动山摇。基层工会在整个工会组织中所处的这种特殊地位，决定了基层工会组织建设是工会自身建设的一项重要的基础性工作。各级工会应树立大抓基层的鲜明导向，坚持眼睛向下，面向基层，重心下移，将力量配备、经费使用、培养培训等服务资源向基层倾斜，不断夯实基层基础。

第一节 基层工会的建立

一、建立基层工会的原则

（一）坚持党的领导的原则

工会是中国共产党领导的职工自愿结合的工人阶级群众组织。工会工作是党的群团工作、群众工作的重要组成部分。建立基层工会组织是党的群众工作的重要内容，是与党建工作紧密联系的，必须在党的领导下进行。只有坚持党的领导，坚持党建带工建的原则，才能保证基层工会组建工作的正确方向，才能保证基层工会组建工作的顺利开展。

（二）坚持哪里有职工，哪里就要建立工会组织的原则

根据《工会法》规定，在中国境内的企业、事业单位、机关、社会组织（以下统称用人单位）中以工资收入为主要生活来源的劳动者，不分民族、种族、性别、职业、宗教信仰、教育程度，都有依法参加和组织工会的权利，任何组织和个人不得阻挠和限制。不论用人单位所有制性质如何、规模大小、职工人数多少，只要开业投产、开始从事业务活动就要依法建立工会组织；不管职工在用人单位工作时间长短、身份如何，都有加入工会的资格，都应及时把他们吸收到工会组织中来。要认真落实"组织起来、切实维权"的工会工作方针，坚持哪里有职工哪里就要建立工会的原则，不断提高工会组建率和职工入会率，切实维护和保障广大职工参加和组织工会的权利。

（三）坚持依法建会的原则

依法建会是推进工会组建的基本原则。要严格按照《工会法》和《中国工会章程》的有关规定，依法建立基层工会组织，不断提高职工入会率和建会质量。未按照《工会法》《中国工会章程》的规定成立的组织，不

得称为工会组织。只有依法建立的工会，才能受到法律的保护。

（四）坚持依靠职工群众组建工会的原则

群众路线是工会工作的生命线和根本工作路线。建立基层工会组织必须牢固树立群众观念，坚持开门办会，依靠职工群众组建工会。基层工会组建过程中，要加强对职工群众的宣传教育，提高他们的工会意识、法律意识和依法维护自身政治权益的意识，只有在职工自愿基础上建立的工会，才能发挥工会应有的作用。上级工会有支持和指导帮助职工组建工会的权利和责任，但只能是支持、帮助而绝不是包办、代替。还要进一步推进会务公开，切实保障职工的知情权，使职工群众共同参与、共同协商、共同决策、共同管理工会事务。

（五）坚持报上一级工会批准的原则

《工会法》第 12 条第 1 款规定："基层工会、地方各级总工会、全国或者地方产业工会组织的建立，必须报上一级工会批准。"按照《中国工会章程》的有关规定，成立或者撤销工会组织，必须经会员大会或者会员代表大会通过，并报上一级工会批准。

二、基层工会建立的条件

《工会法》第 11 条第 1 款规定："用人单位有会员 25 人以上的，应当建立基层工会委员会；不足 25 人的，可以单独建立基层工会委员会，也可以由两个以上单位的会员联合建立基层工会委员会，也可以选举组织员 1人，组织会员开展活动。女职工人数较多的，可以建立工会女职工委员会，在同级工会领导下开展工作；女职工人数较少的，可以在工会委员会中设女职工委员。"《中国工会章程》第 25 条第 1、2 款规定："企业、事业单位、机关、社会组织等基层单位，应当依法建立工会组织。社区和行政村可以建立工会组织。从实际出发，建立区域性、行业性工会联合会，推进新经济组织、新社会组织工会组织建设。有会员 25 人以上的，应当成立基层工会委员会；不足 25 人的，可以单独建立基层工会委员会，也可以由两个以上单位的会员联合建立基层工会委员会，也可以选举组织员或者工会主席 1 人，主持基层工会工作。基层工会委员会有女会员 10 人以上的建立女职工委员会，不足 10 人的设女职工委员。"

基层工会委员会下设各类工作委员会，这些委员会是根据工作需要和工会业务活动的要求而设立的专门工作机构，一般由基层工会根据工作任务的状况自主确定，各类工作委员会的组成人选由基层工会委员会推选或聘任，其中多数成员为兼职。基层工会委员会工作委员会是基层工会组织结构中的重要组成部分，承担着基层工会主要的日常工作。在用人单位，基层工会工作委员会一般设立民主管理、组织宣传、劳动保护、生产生活、财务、女职工等委员会。这些委员会的主要任务是讨论和研究与本委员会有关的工作，组织职工开展有针对性的业务活动，处理有关建议、提案并检查、督促和协助行政有关部门贯彻基层工会委员会的有关决议，完成基层工会委员会交办的其他事项。

这里需要注意联合基层工会委员会与基层工会联合委员会的区别。联合基层工会委员会一般是指两个以上单位由于各自会员人数少，不足 25 人，不能单独建立基层工会委员会，而就近按地域或行业联合建立的基层工会委员会。而基层工会联合委员会是指由若干个用人单位，在各自成立基层工会组织并民主选举产生本单位工会委员会的基础上，在一定的区域或行业范围内，按联合制、代表制原则，建立的区域或行业性基层工会组织。

近年来，各地工会积极推进工会组织形式的创新，探索行业性、区域性、商务楼宇型、商圈市场型等工会组建形式，以便把大量分散、流动的职工特别是农民工组织到工会中来，为维护职工群众合法权益提供了组织保证。

基层工会委员会的委员，应当在会员或者会员代表充分酝酿协商的基础上选举产生；主席、副主席，可以由会员大会或者会员代表大会直接选举产生，也可以由基层工会委员会选举产生。大型企业、事业单位、社会组织的工会委员会，根据工作需要，经上级工会委员会批准，可以设立常务委员会。基层工会委员会、常务委员会和主席、副主席以及经费审查委员会的选举结果，报上一级工会批准。

基层工会委员会根据工作需要，可以在分厂、车间（科室）建立分厂、车间（科室）工会委员会。分厂、车间（科室）工会委员会由分厂、车间（科室）会员大会或者会员代表大会选举产生，任期和基层工会委员会相同。分厂、车间（科室）工会委员会在基层工会委员会领导下开展工作。基层工会委员会和分厂、车间（科室）工会委员会，可以根据需要设若干专门委员会或者专门小组。按照生产（行政）班组建立工会小组，民主选举工会小组长，积极开展工会小组活动。

三、建立基层工会的基本程序

（一）提出建会申请，成立建会筹备组

建立基层工会，必须报请同级党组织同意。党组织同意后，向上一级工会以书面形式提出建立工会组织的请示报告。在报告中应说明以下几项内容：（1）本基层单位的基本情况（企业成立时间、性质、职工人数、注册资本、流动资本、生产经营项目、党政领导人的配备等）；（2）所在单位的职工人数；（2）职工群众对于组建工会的意愿。申请落款应当写单位全称，加盖单位党组织印章；未建立党组织不能盖章的，或拟建立联合基层工会的；可以由牵头建立工会筹备组的所在地方党组织或者工会组织或其上一级工会组织予以盖章。

上一级工会对建立工会请示报告批复后，应立即成立建会筹备组。在同级党组织领导和上级工会组织指导下，选派公道正派、热心工会工作、在职工群众中有一定威信、工作能力强、符合工会干部条件的人员组成工会筹备组。根据基层单位职工数量、集中程度，一般由3~7人组成，规模较大、职工人数较多和工作场所较分散的，可以适当增加筹备组人数。根据各地实践情况，基层单位党组织健全的，由党组织牵头建立工会筹备组。基层单位未建立党组织的，可以由该单位所在地方的党组织或工会组织，或者其上一级工会组织牵头建立工会筹备组。

对于规模小、职工人数较少的基层单位，可以由两个或者两个以上单

位共同建立联合工会组织，其工会筹备组由联合建立工会单位的职工（会员）协商产生，也可以由所在地党组织或工会组织与联合建立工会单位的职工（会员）协商产生。

工会筹备组具体负责建会筹备期间的工作，在工会委员会选举产生之前暂时代行工会委员会职责。筹备组成员原来不是会员的，应先向上级工会申请入会，办理入会手续。工会筹备组经上一级工会审查同意后，即可开展工会组织的筹建工作。其主要任务包括：做好组建工会的宣传发动工作、发展工会会员（包括转入已是会员的会籍、恢复会籍）、建立工会小组或工会分会并选举会员代表、组织工会委员会和经费审查委员会委员候选人推荐以及大会筹备工作等。

（二）发展工会会员，建立工会小组

工会筹备组成立以后，首先要认真学习《工会法》和《中国工会章程》以及有关法律法规和工会知识，向职工群众广泛宣传工会组织的性质、职能、作用、任务以及工会会员的权利、义务，使职工进一步了解和熟悉工会组织，提高职工群众对工会组织的认识，增强工会意识，营造一个组建工会的良好氛围。在此基础上，做好发展会员工作，对在原工作单位已经加入工会组织的，应恢复其关系，认真细致地做好会员登记、会员证核查、会员关系转接等工作；没有加入工会组织的职工，由个人口头或者书面提出加入工会组织的申请，并填写《中华全国总工会入会申请书》和《工会会员登记表》。按照规定，经上级工会批准建立的工会筹备组可代行发展新会员的职权，待工会委员会正式选举产生后完备入会手续。因此，在严格把握入会条件和自愿入会的前提下，入会方式要方便职工，简单快捷，灵活机动。在此基础上，应做好单位内已有会员情况的统计，登记造册。工会筹备组应当采取多种形式公布会员名单。

发展会员后，可根据本单位会员人数的多少和分布情况，以行政班组或者科室为单位建立工会小组。人数较多的，在车间或者部门可以建立分工会组织，并按照有关规定，民主选举产生工会小组长或分工会委员会委员及主席、副主席，在工会筹备组的领导下开展建会相关工作，其任职期

限待基层工会委员会正式成立后确认。

（三）召开会员大会或者会员代表大会，进行民主选举

《工会法》第10条规定："各级工会委员会由会员大会或者会员代表大会民主选举产生。"《中国工会章程》第10条规定："工会各级代表大会的代表和委员会的产生，要充分体现选举人的意志。"在各项筹备工作基本就绪后，工会筹备组应积极准备召开基层工会会员大会或者会员代表大会。经同级党组织和上一级工会批准后，召开会员大会或者会员代表大会，按照民主程序选举产生首届工会委员会、经费审查委员会和女职工委员会，选举工会主席、副主席，经费审查委员会主任、副主任，女职工委员会主任、副主任。

（四）履行报批手续

工会会员大会或者会员代表大会召开后，对整个大会召开情况和选举产生的基层工会主席、副主席以及经费审查委员会和女职工委员会主任、副主任名单，工会各工作委员会分工情况等，应及时向上一级工会报告。在向上一级工会报告的同时，要向同级党组织报告，没有建立党组织的单位，只向上一级工会报告。

（五）公布工会成立

工会组建完成后，应向单位全体工会会员和全体职工正式公布本单位工会的成立，并公布工会主席、副主席以及经费审查委员会和女职工委员会的主任、副主任名单，工会各工作委员会的组成和分工等情况。

（六）刻制印章、制作标牌

基层工会组织建立后，应及时从上一级工会开具该单位建立工会组织的介绍信，到单位所在地公安部门登记，刻制工会印章，到银行申请建立工会经费账号。到工会正式建立时，要同时挂工会标牌。

第二节　基层工会会员大会或会员代表大会

一、基层工会会员大会或会员代表大会概述

《工会法》第17条规定："基层工会委员会定期召开会员大会或者会员代表大会，讨论决定工会工作的重大问题。经基层工会委员会或者1/3以上的工会会员提议，可以临时召开会员大会或者会员代表大会。"《中国工会章程》第26条规定："基层工会会员大会或者会员代表大会，每年至少召开1次。经基层工会委员会或者1/3以上的工会会员提议，可以临时召开会员大会或者会员代表大会。工会会员在100人以下的基层工会应当召开会员大会。"为完善基层工会会员代表大会制度，推进基层工会民主化、规范化、法治化建设，增强基层工会政治性、先进性、群众性，激发基层工会活力，发挥基层工会作用，2019年1月15日中华全国总工会发布了《基层工会会员代表大会条例》，对会员代表大会的组成和职权、会员代表的条件及职责、会员代表大会的召开等作了明确规定。

（一）召开会员代表大会的人数规定

《基层工会会员代表大会条例》第3条规定："会员不足100人的基层工会组织，应召开会员大会；会员100人以上的基层工会组织，应召开会员大会或会员代表大会。"

会员大会或会员代表大会的不同之处在于，实行会员大会制度的工会，其会员的民主权利是由全体工会会员直接行使的；实行会员代表大会制度的工会，其会员的民主权利是通过会员选出的代表来行使的。规定会员大会和会员代表大会这两种形式，主要在于基层工会会员人数和生产工作岗位分布情况差别较大，采用一种方式行使民主权利有诸多不便。有些基层单位会员多、分布广，召开会员大会比较困难，所以就需要通过会员

代表大会的方式来行使会员的民主权利。基层工会是召开会员大会还是会员代表大会，主要根据本单位会员人数多少和分布情况来定。会员人数不足100人的，应召开会员大会；会员人数100人以上的基层工会组织，应召开会员大会或会员代表大会。

（二）会员大会或会员代表大会的性质

基层工会会员大会或会员代表大会是基层工会的最高领导机构，讨论决定基层工会重大事项，选举基层工会领导机构，并对其进行监督。

（三）会员代表大会的任期

会员代表大会实行届期制，每届任期3年或5年，具体任期由会员代表大会决定。会员代表大会任期届满，应按期换届。遇有特殊情况，经上一级工会批准，可以提前或延期换届，延期时间一般不超过半年。会员代表大会每年至少召开1次，经基层工会委员会、1/3以上的会员或1/3以上的会员代表提议，可以临时召开会员大会或会员代表大会。

二、会员代表大会的代表的产生

《中国工会章程》第10条规定："工会各级代表大会的代表和委员会的产生，要充分体现选举人的意志。候选人名单，要反复酝酿，充分讨论。选举采用无记名投票方式，可以直接采用候选人数多于应选人数的差额选举办法进行正式选举，也可以先采用差额选举办法进行预选，产生候选人名单，然后进行正式选举。任何组织和个人，不得以任何方式强迫选举人选举或不选举某个人。"《基层工会会员代表大会条例》第13条规定："会员代表应由会员民主选举产生，不得指定会员代表。劳务派遣工会员民主权利的行使，如用人单位工会与用工单位工会有约定的，依照约定执行；如没有约定或约定不明确的，在劳务派遣工会员会籍所在工会行使。"

（一）会员代表的条件

根据全国总工会颁发的《基层工会会员代表大会条例》的规定，会员代表应具备以下条件：

1.工会会员，遵守工会章程，按期缴纳会费；

2.拥护党的领导，有较强的政治觉悟；

3.在生产、工作中起骨干作用，有议事能力；

4.热爱工会工作，密切联系职工群众，热心为职工群众说话办事；

5.在职工群众中有一定的威信，受到职工群众信赖。

在实践中，各基层单位结合本单位的实际情况，经过协商，还可以提出会员代表应当具备的其他条件。

(二) 会员代表的名额

根据全国总工会颁发的《基层工会会员代表大会条例》的规定，会员代表名额，按会员人数确定：

会员 100 至 200 人的，设代表 30 至 40 人；

会员 201 至 1000 人的，设代表 40 至 60 人；

会员 1001 至 5000 人的，设代表 60 至 90 人；

会员 5001 至 10000 人的，设代表 90 至 130 人；

会员 10001 至 50000 人的，设代表 130 至 180 人；

会员 50001 人以上的，设代表 180 至 240 人。

(三) 会员代表的组成

基层工会会员代表大会会员代表的组成应以一线职工为主，体现广泛性和代表性。中层正职以上管理人员和领导人员一般不得超过会员代表总数的20%。女职工、青年职工、劳动模范（先进工作者）等会员代表应占一定比例。

(四) 选举会员代表的程序

选举会员代表的程序一般包括如下几个方面。

1.代表名额的分配。由工会筹备组按照代表比例和会员构成情况，讨论确定各工会小组（车间、班组、科室）代表名额的数量。初步确定代表名额分配方案后，应当及时同各工会小组（车间、班组、科室）沟通，并向同级党组织和上一级工会组织汇报。

2.候选人提出。工会筹备组下达各工会小组会员代表名额数量后，由各工会小组长组织会员，按照代表条件讨论提出候选人名单；候选人名单应当报工会筹备组进行平衡。

3.民主选举。会员代表的选举，一般以下一级工会或工会小组为选举单位进行，两个以上会员人数较少的下一级工会或工会小组可作为一个选举单位。会员代表由选举单位会员大会选举产生。规模较大、管理层级较多的单位，会员代表可由下一级会员代表大会选举产生。选举单位按照基层工会确定的代表候选人名额和条件，组织会员讨论提出会员代表候选人，召开有2/3以上会员或会员代表参加的大会，采取无记名投票方式差额选举产生会员代表，差额率不低于15%。会员代表候选人，获得选举单位全体会员过半数赞成票时，方能当选；由下一级会员代表大会选举时，其代表候选人获得应到会代表人数过半数赞成票时，方能当选。

4.审查公布。各工会小组选举产生会员代表后，应当呈报基层工会委员会或工会筹备组，由基层工会委员会或工会筹备组，对会员代表人数及人员结构进行审核，并对会员代表进行资格审查。审查的内容包括：会员代表酝酿提名、选举产生的程序和方法是否符合规定；会员代表是否符合规定的条件。如发现不符合规定的，应当让原工会小组（车间、班组、科室）重新选举。符合条件的会员代表人数少于原定代表人数的，可以把剩余的名额再分配，进行补选，也可以在符合规定人数情况下减少代表名额。审查合格后，各工会小组应当张榜公布会员代表名单。

（五）会员代表的任期

会员代表实行常任制，任期与会员代表大会届期一致，会员代表可以连选连任。

（六）会员代表的职责

根据全国总工会颁发的《基层工会会员代表大会条例》的规定，会员代表的职责如下。

1.带头执行党的路线、方针、政策，自觉遵守国家法律法规和本单位的规章制度，努力完成生产、工作任务。

2.在广泛听取会员意见和建议的基础上，向会员代表大会提出提案。

3.参加会员代表大会，听取基层工会委员会和经费审查委员会的工作报告，讨论和审议代表大会的各项议题，提出审议意见和建议。

4.对基层工会委员会及代表大会各专门委员会（小组）的工作进行评议，提出批评、建议；对基层工会主席、副主席进行民主评议和民主测评，提出奖惩和任免建议。

5.保持与选举单位会员群众的密切联系，热心为会员说话办事，积极为做好工会各项工作献计献策。

6.积极宣传贯彻会员代表大会的决议精神，对工会委员会落实会员代表大会决议情况进行监督检查，团结和带动会员群众完成会员代表大会提出的各项任务。

（七）会员代表团（组）

选举单位可单独或联合组成代表团（组），推选团（组）长。团（组）长根据会员代表大会议程，组织会员代表参加大会各项活动；在会员代表大会闭会期间，按照基层工会的安排，组织会员代表开展日常工作。

基层工会讨论决定重要事项，可事先召开代表团（组）长会议征求意见，也可根据需要，邀请代表团（组）长列席会议。

（八）会员代表身份自然终止和罢免

1.会员代表身份自然终止

有下列情形之一的，会员代表身份自然终止：

（1）在任期内工作岗位跨选举单位变动的；

（2）与用人单位解除、终止劳动（工作）关系的；

（3）停薪留职、长期病事假、内退、外派超过1年，不能履行会员代表职责的。

2.会员代表的罢免

会员代表对选举单位会员负责，接受选举单位会员的监督。根据《基层工会会员代表大会条例》，会员代表有下列情形之一的，可以罢免：

（1）不履行会员代表职责的；

（2）严重违反劳动纪律或单位规章制度，对单位利益造成严重损害的；

（3）被依法追究刑事责任的；

（4）其他需要罢免的情形。

选举单位工会或 1/3 以上会员或会员代表有权提出罢免会员代表。会员或会员代表联名提出罢免的，选举单位工会应及时召开会员代表大会进行表决。

罢免会员代表，应经过选举单位全体会员过半数通过；由会员代表大会选举产生的代表，应经过会员代表大会应到会代表的过半数通过。

（九）会员代表的补选

会员代表出现缺额，原选举单位应及时补选。缺额超过会员代表总数 1/4 时，应在 3 个月内进行补选。补选会员代表应依照选举会员代表的程序，进行差额选举，差额率应按照《基层工会会员代表大会条例》第 16 条的规定执行。补选的会员代表应报基层工会委员会进行资格审查。

三、会员代表大会的职权

根据《基层工会会员代表大会条例》，会员代表大会的职权是：

（一）审议和批准基层工会委员会的工作报告；

（二）审议和批准基层工会委员会经费收支预算决算情况报告、经费审查委员会工作报告；

（三）开展会员评家，评议基层工会开展工作、建设"职工之家"情况，评议基层工会主席、副主席履行职责情况；

（四）选举和补选基层工会委员会和经费审查委员会组成人员；

（五）选举和补选出席上一级工会代表大会的代表；

（六）罢免其所选举的代表、基层工会委员会组成人员；

（七）讨论决定基层工会其他重大事项。

四、会员代表大会的召开

（一）向上一级工会组织报告

工会筹备组在征得同级党组织同意，并与行政方面进行沟通后，应向上一级工会组织提出书面报告。根据《基层工会会员代表大会条例》第31条规定，每届会员代表大会第一次会议召开前，应将会员代表大会的组织机构、会员代表的构成、会员代表大会主要议程等重要事项，向同级党组织和上一级工会书面报告。书面报告的具体内容包括3点。（1）单位基本情况，包括单位成立时间和性质、机构设置、职工人数及构成、上级主管单位、经营（主管）范围、地址、法人代表等。（2）组建基层工会组织的依据。主要是法律和政策依据以及职工建会的要求。对规模小、职工人数少，拟建立联合基层工会的，要说明情况。（3）筹备工作基本情况。包括已有会员情况、建立工会小组情况、会员代表选举情况、工会委员会和经费审查委员会、女职工委员会候选人协商情况等。

上一级工会接到报告后应于15日内批复。

（二）会员代表培训

为了保障会员代表大会质量，每届会员代表大会第一次会议召开前，基层工会委员会或工会筹备组应对会员代表进行专门培训，培训内容应包括工会基本知识、会员代表大会的性质和职能、会员代表的权利和义务、大会选举办法等。

（三）会员代表大会的会务准备工作

单位工会筹备组在接到上一级工会组织的批复后，一般应在1个月内完成召开会员代表大会的会务准备工作。主要工作如下。

1.会议文件。包括拟提交审议的各种报告、提案、选举办法、选票等起草、印制、分发工作。

2.根据参加会议人数，准备好会议场所（包括分组讨论的会场），制作会议会标和横幅，以及会场布置。

3.为不在召开会议地居住的会员代表，准备会议期间的住宿地，以及准备会议期间参加会议人员的餐饮。

4.与单位行政方协商调整参加会议代表和工作人员在会议期间的工作安排，确保会议代表和工作人员按时参加会议。

5.确定会议日常安排。

6.印制和发放会议通知，做好参加会议人员报到的准备工作。根据规定，召开会员代表大会，应提前 5 个工作日将会议日期、议程和提交会议讨论的事项通知会员代表。

7.印制会员代表名册和候选人情况介绍。

8.确定大会工作人员。提名选举监票人建议名单，并征求会员代表的意见。

9.会议的宣传报道准备工作。

10.邀请特邀代表和列席代表。

11.会员代表大会召开前，会员代表应充分听取会员意见建议，积极提出与会员切身利益和工会工作密切相关的提案，经基层工会委员会或工会筹备组审查后，决定是否列入大会议程。

12.完成筹备工作报告。报告的主要内容包括：（1）成立工会筹备组申请和批复情况；（2）发展会员和成立工会小组情况；（3）推荐代表大会代表情况；（4）代表资格审查情况，如代表的条件和要求、现有代表基本情况（性别、党派、男女比例、岗位比例）、工作部门分布情况、代表的代表性（比例数字）、审查情况以及结论；（5）推荐工会委员会和经费审查委员会候选人情况，以及酝酿后拟提交工会委员会提名的女职工委员会情况；（6）成立工会委员会及召开会员代表大会申请和批复情况；（7）应当出席会议的会员代表情况；（8）会议其他工作准备情况。

（四）基层工会会员代表大会议程

基层工会会员代表大会议程分为两种情况：一是新建工会组织的第一次会员代表大会；二是已建工会组织的换届会员代表大会。这两种情况，在大会议程和内容上是有差别的。

1.新建工会组织的第一次会员代表大会

大会的程序主要包括两个阶段。

（1）会员代表大会预备会议阶段

预备会议是在参会人员报到以后，正式会议召开之前举行的会议。主要是会议上有些事情需要提前告诉大家，有些事情需要统一思想，为开好正式会议做准备。《基层工会会员代表大会条例》第 36 条规定："每届会员代表大会第一次会议召开前，可举行预备会议，听取会议筹备情况的报告，审议通过关于会员代表资格审查情况的报告，讨论通过选举办法，通过大会议程和其他有关事项。"这一阶段主要包括以下工作步骤。

第一步，清点到会人数。在确认到会人数达到应到会人数的2/3以上，方可开会。

召开会员代表大会时，未当选会员代表的经费审查委员会委员、女职工委员会委员应列席会议，也可以邀请有关方面的负责人或代表列席会议。可以邀请获得荣誉称号的人员、曾经作出突出贡献的人员作为特邀代表参加会议。列席人员和特邀代表仅限本次会议，可以参加分组讨论，不承担具体工作，不享有选举权、表决权。

第二步，宣布上级工会《关于对××（单位名称）召开第一次会员代表大会暨建立第一届工会委员会请示的批复》。

第三步，代表大会设立主席团的，表决通过大会主席团。同时，先行召开第一次主席团会议，然后再进行以下各项议程。

基层工会会员代表大会主席团成员的名额，可根据大会的规模和代表的总数，由召集会员代表大会的上届工会委员会或工会筹备组确定。主席团成员应是本次会员代表大会的代表，一般包括上届工会主席、副主席，常务委员会委员，经费审查委员会主任，工会筹备组成员，新提名的主席、副主席候选人，各代表团团长，先进人物代表，一线职工代表和女职工代表等。大会主席团设主席1人，副主席若干人，秘书长1人。秘书长一般由负责大会筹备工作的工会副主席担任，大会根据工作需要可以设副秘书长，副秘书长一般由负责大会筹备工作的人员担任，副秘书长可以不是主席团成员。新建立工会的，会员代表大会的主席团名额和人选可由同级党组织、工会筹备组协商确定。

大会主席团的任务包括以下方面。

①按照大会预备会议通过的议程主持大会。

②审议通过代表资格审查报告，确认代表资格。

③组织代表讨论、审议和修改大会的有关报告。

④组织代表讨论、确定新一届工会委员会委员和经费审查委员会委员候选人建议人选。如需选举出席上一级工会代表大会的代表，还应组织讨

论、确定其代表候选人建议人选。

⑤主持大会选举。

⑥组织代表讨论大会的决议草案，提请大会审议通过。

⑦分别委托一名新当选的工会委员会委员和经费审查委员会委员主持本届委员会第一次全体会议。

⑧研究决定会议期间的其他重要事项。

第四步，明确工会筹备组主持大会。成立主席团的，应当明确由大会主席团主持大会。

第五步，工会筹备组负责人作大会代表资格审查结果的报告。审议通过大会代表资格审查结果的报告。

第六步，讨论通过选举办法。

第七步，通过大会议程和其他有关事项。

（2）正式大会阶段

第一步，宣布开会，唱国歌。

第二步，介绍参加大会的成员和嘉宾。

第三步，作筹备组建工会工作报告（可由筹备组负责人作报告；应安排会员代表讨论报告的时间；设立主席团的，召开第二次主席团会议）。

第四步，通过批准筹备组建工会工作报告的决议（草案）。

第五步，讨论通过《工会第一届委员会和经费审查委员会候选人建议名单》；讨论通过《总监票人和监票人建议名单》；通过工会委员会任期的决议（草案）。

第六步，大会选举（设立主席团的，召开第三次主席团会议）。

第七步，宣布选举结果。

第八步，新当选的工会主席（或者工会委员代表）讲话。

第九步，上级工会领导讲话。

第十步，本单位党政领导讲话。

第十一步，大会结束，唱国际歌。

2.已建工会组织的会员代表大会

已建工会组织的基层单位，一般在召开会员代表大会进行换届选举时，工作程序也包括两个阶段。

（1）会员代表大会预备会阶段

第一步，清点到会人数。在确认到会人数达到应到会人数的 2/3 以上，方可开会。

第二步，宣读上级工会《关于对××（单位名称）工会委员会进行换届选举请示的批复》（或关于对××（单位名称）工会委员会进行补选请示的批复）。

第三步，表决通过大会主席团。同时，先行召开第一次主席团会议，然后再进行以下各项议程。

第四步，审议通过大会代表资格审查结果的报告（进行届中补选时，因为会员代表大会代表实行常任制，所以没有此项议程）。

第五步，讨论通过选举办法。

第六步，通过大会议程和日常安排及其他事项。

（2）正式大会阶段

第一步，宣布开会，唱国歌。

第二步，介绍参加大会的成员和嘉宾。

第三步，作《工会委员会工作报告》和《经费审查委员会工作报告》及《工会财务工作报告》。

第四步，会员代表分代表团或代表组讨论上述各项工作报告，提出修改意见（设立主席团的，召开第二次主席团会议）。

第五步，通过批准各项工作报告的决议（草案）。

第六步，讨论通过《工会第×届委员会和经费审查委员会候选人建议名单》；讨论通过《总监票人和监票人建议名单》；讨论通过工会委员会任期的决议（草案）。

第七步，大会选举（设立主席团的，召开第三次主席团会议）。

第八步，宣布选举结果。

第九步，新当选的工会主席（或者工会委员代表）讲话。

第十步，上级工会领导讲话。

第十一步，本单位党政领导讲话。

第十二步，大会结束，唱国际歌。

规模较大、人数众多、工作地点分散、工作时间不一致，会员代表难以集中的基层工会，可以通过电视电话会议、网络视频会议等方式召开会员代表大会。不涉及无记名投票的事项，可以通过网络进行表决，如进行无记名投票的，可在分会场设立票箱，在规定时间内统一投票、统一计票。

第三节　基层工会组织的分会建设和工会小组工作

一、基层工会组织的分会建设

《中国工会章程》第 30 条规定："基层工会委员会根据工作需要，可以在分厂、车间（科室）建立分厂、车间（科室）工会委员会。分厂、车间（科室）工会委员会由分厂、车间（科室）会员大会或者会员代表大会选举产生，任期和基层工会委员会相同。"

分厂、车间（科室）工会的成立，可以先由筹备组负责发展会员，再由会员选举分厂、车间（科室）工会。也可以先由筹备组发展少数会员，成立临时分厂和车间（科室）工会，再由临时分厂和车间（科室）工会负责发展会员，最后由会员选举分厂和车间（科室）工会。

分厂、车间（科室）工会称工会分会。根据《工会法》《中国工会章程》等规定，将工会分会职权概括如下：

（一）有权依法保证分厂和车间（科室）、班组工会会员的民主权利，维护工会会员合法权益，代表工会会员向上级工会反映情况；

（二）有权负责分厂和车间（科室）及班组民主管理的日常工作，组织实施民主管理，其中，分厂和车间分工会是分厂和车间职工代表大会的工作机构；

（三）工会分会有权对本车间（科室）和班组职工的奖惩、奖金分配、聘用、解聘、辞退、处分等涉及职工切身利益的重大问题提出意见；

（四）有权组织职工开展有利于保证车间、班组生产工作任务完成和提高职工素质的各项群众性经济技术活动；

（五）有权按照上级工会要求和布置开展工会活动，完成上级工会提出的各项工作任务。

二、工会小组建设

工会小组依托生产（行政）班组建立，是工会组织中最小的单位，是工会会员学习、工作、活动的场所，是工会会员直接行使会员权利和履行会员义务的最基本单位。加强工会小组建设，使所有工会小组作用发挥好，企业工会才会有生机活力。因此，要做好以下一些工作。

（一）依照《中国工会章程》关于"按照生产（行政）班组建立工会小组，民主选举工会小组长，积极开展工会小组活动"的规定，建立健全工会小组，通过全体会员民主选举政治素质比较好，对班组生产（工作）比较熟悉，有一定组织领导能力，受到大家拥护和信赖的会员担任工会小组长，做到组织健全、工作有人管。

（二）从实际出发，制定工会小组工作制度。例如：学习制度、家访制度、民主生活会制度、民主管理制度，开展适合小组全体会员的工会活动，做到工作有制度，活动经常化。

（三）明确工会小组职责和任务，突出抓好重点，发挥好工会小组作用。从实践经验看，工会小组任务不宜太多，主要抓好4件事：围绕生产（工作）任务，开展劳动和技能竞赛、合理化建议和技术革新活动，加强安全生产检查，保证生产（工作）任务的完成；加强班组民主管理，做到生产任务、分配、奖罚等公开；组织政治和科学文化技术学习，提高职工的素质；开展生活互助，做到有事必访，有困难互帮互助，建立和谐友好的小组氛围。

（四）开展建设"职工小家"活动。建设"职工小家"目的是通过强化工会小组建设，活跃工会小组工作，密切工会同职工群众的联系，把工会工作与行政班组的工作结合起来，促进班组、科室建设，引导职工努力完成生产和各项工作任务。

三、加强基层工会干部队伍建设

基层工会干部队伍是基层工会赖以发挥作用的关键。要在同级党组织和上级工会的领导下，充分发扬民主，依法依规推进基层工会民主选举。按照积极稳妥、确保质量的要求，扎实推进基层工会主席（副主席）由会员大会或者会员代表大会直接选举产生。根据各地实际和工作需要，上级工会可以向基层工会推荐、选派工会主席候选人。积极争取公益性岗位，运用市场化、社会化方式聘用社会化工会工作者，建立完善社会化工会工作者选聘、使用、履职、考核、退出等机制。加强基层工会干部培训工作，切实增强政治意识、大局意识和服务意识，不断提高履职能力。基层工会主席上岗1年内应参加培训。

四、工会积极分子工作

工会积极分子是指由工会会员选举或被工会聘请，不脱离生产（工作）岗位担任工会某项工作的人员。工会积极分子是工会专兼职干部的助手。工会积极分子的特点体现在：有热情、有意愿、有专长、有威信等。对此，基层工会组织应注重和加强工会积极分子队伍建设，尤其应着力做好对工会积极分子的培养及工作上的关心与支持。

第四节　基层工会的组织制度与工会会员

一、基层工会的组织制度

（一）定期召开会员大会或会员代表大会制度

基层工会会员大会或会员代表大会是基层工会的最高领导机构。只有定期召开会员大会或会员代表大会，才能充分体现其作为基层工会最高领导机关的作用，才能更好地把党的中心任务以及对工会工作的要求深入广大会员群众的心中，才能切实加强和改善各级工会的领导，实现工会组织的群众化、民主化。

按照《中国工会章程》的规定，基层工会会员大会或者会员代表大会，每年至少召开1次。经基层工会委员会或者1/3以上的工会会员提议，可以临时召开会员大会或者会员代表大会。

基层工会委员会和经费审查委员会每届任期3年或者5年，具体任期由会员大会或者会员代表大会决定。任期届满，应当如期召开会议，进行换届选举。在特殊情况下，经上一级工会批准，可以提前或者延期举行。

会员代表大会的代表实行常任制，任期与本单位工会委员会相同。

(二) 基层工会委员会委员选举制度

根据《中国工会章程》的规定，基层工会委员会的委员，应当在会员或者会员代表充分酝酿协商的基础上选举产生；主席、副主席，可以由会员大会或者会员代表大会直接选举产生，也可以由基层工会委员会选举产生。大型企业、事业单位的工会委员会，根据工作需要，经上级工会委员会批准，可以设立常务委员会。基层工会委员会、常务委员会和主席、副主席以及经费审查委员会的选举结果，报上一级工会批准。

基层工会委员会的常务委员会委员、主席、副主席候选人可以由上届委员会根据所辖多数工会小组或车间（科室）工会的意见提出建议名单，报经同级党委和上级工会审查同意后提出；也可以由同级党委与上级工会协商提出建议名单，经工会小组或车间（科室）工会酝酿讨论后，由上届委员会根据多数工会小组或车间（科室）工会的意见提出。候选人提出后，召开会员大会或会员代表大会，选举基层工会委员会委员、主席、副主席。设主席团时，应由主席团选举出来的常务主席主持；不设主席团时，应由上届工会委员会主持。

选举前，应由选举单位工会组织或大会主席团将候选人的名单、简历及有关情况向选举人介绍。选举时，应设监票人，负责对选举全过程进行监督。监票人由全体会员或各代表团（组）从不是候选人的会员或会员代表中推选，经会员大会或会员代表大会表决通过。

选举采用无记名投票方式。获得过半数选票的候选人名额超过应选名额时，以得票多的当选。如遇票数相等不能确定当选人时，应就票数相等的候选人重新投票，得票多的当选。当选人数少于应选名额时，对不足的名额另行选举。如果接近应选名额，也可以由大会征得多数会员或会员代表的同意减少名额。

(三) 重大问题的民主决策制度

在基层企事业单位，从基层工会委员会到下属各分会和工会小组，涉及工会工作有关重大问题，都应经过集体讨论民主决策，使工会工作的各项决策和工作布置，符合广大会员群众的意愿和要求，并切合本单位工会工作实际。工会工作的各项决策只有建立在民主和倾听会员群众意见的基础上，工会的实际工作才能取得成效并得到会员群众的支持。相反，如果基层工会各项决策的制定缺乏民主的基础，少数工会领导人主观武断，就会导致工会工作脱离实际，工会工作的决策就会背离广大会员的意愿和要求。为了保证基层工会民主决策制度，基层工会委员会议事决策机构的组成人员，除工会主席、副主席和有关业务工作委员会负责人之外，应尽可能多地吸收基层工会分会（如车间、科室）负责人参加。同样，基层各分会议事决策机构，应尽可能吸收下属各分工会和工会小组负责人参加。在议事决策过程中，充分酝酿和听取各方面意见，工会主席或有关负责人最后将各种意见和看法加以集中。议事决策遵循的原则是少数服从多数。决策一经制定必须执行，个人应服从组织。

(四) 日常工作分工负责制度

工会工作的各项决策和工作布置经民主程序确定之后，基层工会各级组织和成员都应努力贯彻实施。在工会日常工作中，为了保证各项决策和工作部署落实到位，建立科学细密的分工负责制度是不可或缺的条件。实行分工负责制，就是按照决策意图和工作部署的统一要求，将具体工作加以分解，使工会各业务工作委员会和各分会明确分工，各司其职，各负其责，出色完成各自本职工作范围内的工会工作。各业务工作委员会和各分会工会工作负责人，对属于分内管理的各项工作全面负责，属于与有关部门交叉的工作，要主动协商积极配合。工作中不应推诿和玩忽职守，应当广泛团结下属和会员群众，共同做好工会工作。为了落实分工负责制，基层工会委员会应将工会日常工作层层分解，落实到人，并相应地制定严格的考核制度。

（五）会员监督评议制度

基层工会委员会各级干部和工会工作者，应自觉接受广大会员的监督。一方面，通过基层会员代表大会或会员大会，将工会各个时期确定的工作计划、打算和工作意向向群众交底，征求广大会员意见，采纳其中好的建议；另一方面，工会主席、副主席和各业务工作委员会负责人，应定期向会员大会或会员代表大会进行述职报告，介绍有关工作开展情况，包括工会经费使用情况，检讨工作中存在的不足。增强工会工作的透明度，为会员群众监督工会工作创造条件。对于不称职的工会干部，会员有权提议给予罢免，并实行会员民主评议制度。

会员民主评议制度主要包括两个方面：一是对工会工作情况的定期评议，二是在前项评议的基础上对个人进行评议。对工作的评议，主要是检查工作的落实情况，发扬成绩，总结经验，克服不足；对个人的评议，主要是检查个人对待工作的态度和本职工作的完成情况，表彰奖励先进，鼓励或批评后进。工会系统内的评议工作应经常化，并以群众评议为基础。评议工作要取得成效，必须同工会各项工作的考核指标紧密结合，这样才能使评议工作对工会工作产生实际推动作用。

二、工会会员

（一）劳动者有参加和组织工会的权利

《工会法》在宪法有关结社权规定的基础上，对劳动者参加和组建工会组织的结社权进一步作出具体规定，即中国境内的企业、事业单位、机关、社会组织中以工资收入为主要生活来源的劳动者，都有依法参加和组织工会的权利，任何组织和个人不得阻挠和限制。参加工会，是指劳动者可以依法申请加入已经成立于各企业、事业单位、机关、社会组织之内的基层工会委员会或者这些单位之外的基层工会联合会。组织工会，是指劳动者可以依法在各企业、事业单位、机关、社会组织中组建基层工会委员会或者可以在这些单位之外联合组建基层工会委员会。

在市场经济条件下，参加和组织工会，利用集体的力量争取自身合法、正当权益是劳动者最基本的权利之一，是宪法规定的结社权的具体体现。劳动者参加和组织工会的权利受国家法律保护，任何组织和个人不得阻挠和限制。违反工会法，侵犯劳动者参加和组织工会权利的，将依法追究其法律责任。《工会法》第 51 条规定："违反本法第 3 条、第 12 条规定，阻挠职工依法参加和组织工会或者阻挠上级工会帮助、指导职工筹建工会的，由劳动行政部门责令其改正；拒不改正的，由劳动行政部门提请县级以上人民政府处理；以暴力、威胁等手段阻挠造成严重后果，构成犯罪的，依法追究刑事责任。"

(二) 职工加入工会的条件

工会作为中国共产党领导的职工自愿结合的工人阶级群众组织，其成员必须具备一定的条件才可以加入。《工会法》第 3 条规定："在中国境内的企业、事业单位、机关、社会组织（以下统称用人单位）中以工资收入为主要生活来源的劳动者，不分民族、种族、性别、职业、宗教信仰、教育程度，都有依法参加和组织工会的权利。任何组织和个人不得阻挠和限制。"《中国工会章程》第 1 条规定："凡在中国境内的企业、事业单位、机关、社会组织中，以工资收入为主要生活来源或者与用人单位建立劳动关系的劳动者，不分民族、种族、性别、职业、宗教信仰、教育程度，承认工会章程，都可以加入工会为会员。"这些规定，明确了参加和组织工会是劳动者的权利，同时也明确了劳动者加入工会成为会员的必备条件，主要有以下 3 方面条件。

1.所有加入工会的会员，必须是在中国境内企业、事业单位、机关、社会组织中的劳动者

在我国境内，无论是中国的企业还是外国的企业，或者是外国企业在我国的办事机构、代表处、代理处，以及在我国从事其他活动的事业单位、机关、社会团体和各种类型的社会组织，只要在我国境内，都应依照

我国《工会法》及有关法律法规组建工会。

2.所有入会会员必须是以工资收入为主要生活来源

以工资收入为主要生活来源，这是职工加入工会的必要条件。以工资收入为主要生活来源，是指生活费用支出的大部分是依赖于个人的工资、津贴、奖金或者其他工资性收入。改革开放以来，我国职工获取劳动报酬的方式和用人单位的分配方式发生了深刻变化，除传统的计时、计件两种基本工资形式外，还有奖金、津贴和浮动工资等新的劳动报酬形式，这些仍属于职工工资性收入。工会是工人阶级的群众组织，加入工会必须是工人阶级的成员。因此，以工资收入为主要生活来源，就成为在企业、事业单位、机关、社会组织中的劳动者加入工会的必要条件。

3.所有入会会员都必须承认中国工会章程

承认工会章程，这是职工加入工会的前提条件。工会是工人阶级的群众组织，把众多的职工组织在一起，必须有一个共同遵守的章程。《中国工会章程》是中国工会全国代表大会通过的规定工会组织性质、指导思想、奋斗目标、组织原则、体制机制和工会会员的权利义务等工会重大问题的规章，是处理工会内部事务的基本准则。《中国工会章程》在根据《宪法》《工会法》及其他有关法律、法规的前提下，严格规定了中国工会组织的性质、指导思想、工作方针、组织制度和机构、工会会员的权利和义务、工会经费的收支及审查等各个方面的具体内容。因此，一方面，中国工会章程是中国工会各级组织和工会会员必须认真遵守的一项内部规章；另一方面，中国工会章程也必须根据实际情况的变化而进行修改，以使之更加完善。

申请加入工会的职工，必须首先承认中国工会章程，这样才能使全体会员为着共同的目标、共同的利益，努力形成共同的意志，采取一致的行动，使工会成为充满生机和活力的工人阶级群众组织。这是因为《中国工会章程》涉及的内容很多也很明确，如工会的性质、工会的指导思想、工会的职责任务、会员入会的条件和程序、会员的权利和义务、组织制度、组织体系、工会干部、工会的经费和财产，等等。加入工会的申请人对《中国工会章程》的所有规定都应当承认。承认区别于遵守和服从，它本质上是要求入会申请人对自愿加入工会有一个自觉的态度。会员承认工会章程，在现阶段就是要努力为全面建成社会主义现代化强国、实现第二个百年奋斗目标，以中国式现代化全面推进中华民族伟大复兴努力奋斗、建功立业，服从工会组织的领导，执行工会决议，参加工会组织生活，行使会员权利，履行会员义务，并按时缴纳会费等。

除了上述 3 个方面条件外，我国工会章程没有对申请加入工会的劳动者设置其他限制性条件，也没有设置国籍限制、民族限制、性别限制、年龄限制、文化程度限制、健康状况限制等，从而充分保障了劳动者参加和组织工会的权利。

（三）职工加入工会的程序

《中国工会章程》第 2 条规定："职工加入工会，由本人自愿申请，经基层工会委员会批准并发给会员证。"按照这一规定，凡是符合入会条件的职工，只有自愿申请，才可以加入工会成为工会会员。根据中华全国总工会印发的《工会会员会籍管理办法》规定，职工加入工会的基本程序如下。

1.本人自愿申请

凡是符合条件的职工，均可自愿申请加入工会。职工申请加入工会的方式主要有两种。

（1）口头或书面申请入会

即由职工本人通过口头或书面形式提出入会申请，填写《中华全国总工会入会申请书》和《工会会员登记表》，报基层工会委员会。

（2）网上申请入会

即由职工通过网站、微博、邮件等网络渠道，向工会组织提供相关信息，表达自己的入会愿望；工会按照线上申请、线下受理、分级审核、全程跟踪等程序，及时受理职工需求，办理相关审批手续。

2.基层工会委员会审核

基层工会委员会接到职工入会申请书后，应及时召开会议，研究审查接纳职工入会事项。审查的主要内容有：（1）申请人是否符合入会条件；

（2）是否自愿；（3）是否符合入会手续。符合条件和手续的，应当接纳入会，并在职工入会申请书上签署意见。

3.基层工会委员会批准并发给会员证

经基层工会委员会审核批准，即为中华全国总工会会员，发给《中华全国总工会会员证》（以下简称"会员证"），取得会员会籍，享有会员权利，履行会员义务。工会会员卡（以下简称"会员卡"）也可以作为会员身份凭证。

基层工会可以通过举行入会仪式、集体发放会员证或会员卡等形式，增强会员意识。

基层工会应当建立会员档案，实行会员实名制，动态管理会员信息，保障会员信息安全。

（四）新就业形态劳动者参加和组织工会的权利

《工会法》第3条第2款规定："工会适应企业组织形式、职工队伍结构、劳动关系、就业形态等方面的发展变化，维护劳动者参加和组织工会的权利。"这一规定，明确了新就业形态劳动者参加和组织工会的权利，为新就业形态劳动者参加和组织工会提供了重要法律保障。

新就业形态劳动者，是指伴随着互联网、大数据等现代信息科技进步，依托互联网平台实现就业，其就业方式有别于传统的稳定就业和灵活就业的劳动者。例如：网约配送员、网约车驾驶员、快递员、代驾司机、互联网营销师、淘宝店主等，都属于新就业形态劳动者。其中，既有建立劳动关系或符合确认为劳动关系的劳动者，也有在平台上灵活就业的劳动者；既有依托互联网平台通过提供劳动获取劳动报酬的劳动者，也有依托平台开展经营活动获取经营收入的劳动者；既有在平台上从事全职工作、作为其收入主要来源的劳动者，也有从事兼职工作以增加收入的劳动者。

与传统意义上的职工相比，新就业形态群体具有组织方式平台化、工作机会互联网化、工作时间碎片化、就业契约去劳动关系化及流动性强、组织程度偏低等特点，权益维护面临许多困难问题。工会作为职工自愿结合的工人阶级群众组织，维护职工合法权益、竭诚服务职工群众是工会的基本职责。新就业形态劳动者是职工队伍的重要组成部分，在推动经济社会高质量发展中发挥着重要作用，工会要把维护他们合法权益的大旗牢牢扛在肩上。组织他们入会是为其提供维权服务最基础的环节，必须放在突出重要的位置予以强调。

将职工群众组织起来，切实维护好他们的合法权益，是工会的法定职责，也是党交给工会的一项重大政治任务。2018年10月29日，习近平总书记在同全国总工会新一届领导班子成员集体谈话时指出，工会要通过多种有效方式，把快递员、送餐员、卡车司机等灵活就业群体、各类平台就业群体吸引过来、组织起来、稳固下来，使工会成为他们愿意依靠的组织。组织新就业形态劳动者加入工会是落实习近平总书记重要指示和党中央决策部署的必然要求，是工会组织向新兴领域新兴群体延伸、适应工会工作实践发展的现实任务，也是吸引凝聚职工、维护职工队伍团结稳定的迫切需要，对于扩大工会组织有效覆盖、密切工会与职工群众联系、巩固党执政的阶级基础和群众基础具有重要意义。对于平台企业而言，支持所属从业人员组建工会、加入工会，可以通过工会了解他们的意愿，代表他们反映诉求、与企业沟通协商，能够大幅降低企业管理成本，及时化解劳资矛盾，有效激发从业者劳动热情和创造力，不断助力企业可持续高质量发展。

《关于维护新就业形态劳动者劳动保障权益的指导意见》（人社部发〔2021〕56号）明确提出："各级工会组织要加强组织和工作有效覆盖，拓宽维权和服务范围，积极吸纳新就业形态劳动者加入工会。加强对劳动者的思想政治引领，引导劳动者理性合法维权。监督企业履行用工责任，维护好劳动者权益。积极与行业协会、头部企业或企业代表组织开展协商，签订行业集体合同或协议，推动制定行业劳动标准。"《关于切实维护新就业形态劳动者劳动保障权益的意见》（总工发〔2021〕12号）提出："加快推进建会入会。加强对新就业形态劳动者入会问题的研究，加快制定出台相关指导性文件，对建立平台企业工会组织和新就业形态劳动者入会予以引导和规范。强化分类指导，明确时间节点，集中推动重点行业企业特别是头部企业及其下属企业、关联企业依法普遍建立工会组织，积极探索适应货车司机、网约车司机、快递员、外卖配送员等不同职业特点的建会入会方式，通过单独建会、联合建会、行业建会、区域建会等多种方式扩大工会组织覆盖面，最大限度吸引新就业形态劳动者加入工会。保持高度政治责任感和敏锐性，切实维护工人阶级和工会组织的团结统一。"

（五）劳务派遣工、农民工、灵活就业人员和外籍职工参加和组织工会的规定

1.劳务派遣工

劳务派遣工是我国工人阶级的重要组成部分，有权依法参加和组织工会。根据《劳动合同法》第64条规定，被派遣劳动者有权在劳务派遣单位或者用工单位依法参加或者组织工会，维护自身的合法权益。被派遣劳动者无论是在劳务派遣单位，还是在用工单位都可以有依法参加和组织工会的权利。劳务派遣工参加工会的情况比较特殊，劳务派遣单位由于将职工都派遣出去了，职工很分散，所处的环境又不同，因此很少有组建工会的，即使组建了，工会工作也很难开展。同时，劳务派遣工尽管在接受单位工作，但不是接受单位的职工，且涉及工会会费等问题，因此劳务派遣工一般也不被允许参加接受单位的工会。正是考虑到这些特殊情况，《劳动合同法》明确规定了劳务派遣工参加和组织工会的权利，以维护自身的合法权益。至于是参加劳务派遣单位的工会，还是参加用工单位的工会，可以根据实际情况而定。

为最大限度地把包括劳务派遣工在内的广大职工组织到工会中来，切实维护其合法权益，根据《工会法》《中国工会章程》的相关规定，2009年4月30日，中华全国总工会发布了《关于组织劳务派遣工加入工会的规定》（总工发〔2009〕21号），对组织劳务派遣工加入工会作出了明确规定，主要包括以下内容。

（1）劳务派遣单位和用工单位都应当依法建立工会组织，吸收劳务派遣工加入工会，任何组织和个人不得阻挠和限制。劳务派遣工应首先选择参加劳务派遣单位工会，劳务派遣单位工会委员会中应有相应比例的劳务派遣工会员作为委员会成员。劳务派遣单位没有建立工会组织的，劳务派遣工直接参加用工单位工会。

（2）在劳务派遣工会员接受派遣期间，劳务派遣单位工会可以委托用工单位工会代管。劳务派遣单位工会与用工单位工会签订委托管理协议，明确双方对会员组织活动、权益维护等的责任与义务。

（3）劳务派遣工的工会经费应由用工单位按劳务派遣工工资总额的2%提取并拨付劳务派遣单位工会，属于应上缴上级工会的经费，由劳务派遣单位工会按规定比例上缴。用工单位工会接受委托管理劳务派遣工会员的，工会经费留用部分由用工单位工会使用或由劳务派遣单位工会和用工单位工会协商确定。

（4）劳务派遣工会员人数由会籍所在单位统计。加入劳务派遣单位工会的，包括委托用工单位管理的劳务派遣工会员，由劳务派遣单位工会统计，直接加入用工单位工会的由用工单位工会统计。

（5）劳务派遣单位工会牵头、由使用其劳务派遣工的跨区域的用工单位工会建立的基层工会联合会，不符合建立区域性、行业性基层会联合会的规定，应予纠正。

（6）上级工会应加强督促检查，切实指导和帮助劳务派遣单位和用工单位工会做好劳务派遣工加入工会和维护权益工作。

2.农民工

农民工也是以工资收入为主要生活来源的劳动者，农民工有加入工会组织的权利，任何组织和个人不得阻挠和限制。《国务院关于解决农民工问题的若干意见》第30条指出，用人单位要依法保障农民工参加工会的权利。

凡是以工资收入为主要生活来源的农民工，不论户籍所在、用工形式如何、工作时间长短，都要依法把他们组织到工会中来。任何单位和个人，不得以任何理由拒绝农民工加入工会组织的要求。

要逐步完善农民工"源头入会、凭证接转、属地管理"机制，健全城乡一体的农民工会员管理及流转服务工作制度。探索建立包括农民工会员在内的工会会员会籍信息化、动态化管理制度，增强会员统计和管理工作的准确性和实效性。

3.灵活就业人员

根据2016年全国总工会印发的《工会会员会籍管理办法》的规定，

非全日制等形式灵活就业的职工，可以申请加入所在单位工会，也可以申请加入所在地的乡镇（街道）、开发区（工业园区）、村（社区）工会和区域内、行业性工会联合会等。

4.外籍职工

外籍职工是指具有外国国籍的职工。根据我国《出入境管理办法》的规定，外国人在中国境内工作，应当按照规定取得工作许可和工作类居留证件，未按照规定取得就业证件的外籍人士（包括持有就业证件的外籍人士的配偶）在华就业，都属于"非法就业"。

（六）积极推行工会会员实名制管理

工会会员实名制管理，主要是指依托互联网，建立工会会员实名制管理数据库，搭建会员信息统计平台，借助信息技术手段实现对会员会籍管理的规范化、及时化、动态化、便捷化和智能化，实现动态统计分析工会组织和会员情况，为部署指导工作需要提供方便快捷的基层工会和会员信息数据服务。

三、工会会员的权利和义务

（一）工会会员的权利

根据《中国工会章程》第3条的规定，工会会员享有的权利主要包括以下几方面。

1.选举权、被选举权和表决权。

2.对工会工作进行监督，提出意见和建议，要求撤换或者罢免不称职的工会工作人员。

3.对国家和社会生活问题及本单位工作提出批评与建议，要求工会组织向有关方面如实反映。

4.在合法权益受到侵犯时，要求工会给予保护。

5.工会提供的文化、教育、体育、旅游、疗休养、互助保障、生活救助、法律服务、就业服务等优惠待遇；工会给予的各种奖励。

6.在工会会议和工会媒体上，参加关于工会工作和职工关心问题的讨论。

（二）工会会员的义务

1.认真学习贯彻习近平新时代中国特色社会主义思想，学习政治、经济、文化、法律、科技和工会基本知识等。

2.积极参加民主管理，努力完成生产和工作任务，立足本职岗位建功立业。

3.遵守宪法和法律，践行社会主义核心价值观，弘扬中华民族传统美德，恪守社会公德、职业道德、家庭美德、个人品德，遵守劳动纪律。

4.正确处理国家、集体、个人三者利益关系，向危害国家、社会利益的行为作斗争。

5.维护中国工人阶级和工会组织的团结统一，发扬阶级友爱，搞好互助互济。

6.遵守工会章程，执行工会决议，参加工会活动，按月交纳会费。

第五节　增强基层工会活力

基层工会是工会组织体系中重要的组成部分和最基本的组织单位，是落实工会各项工作的组织者、推动者和实践者，是工会系统的"神经末梢"。基层工会离职工最近，联系职工最直接，服务职工最具体，是工会的组织基础和工作基础。基础不牢，地动山摇。做实做强基层工会是全部工会工作的根本，只有把基层工会真正做实做强，把工作落实到基层，把工作做到职工群众之中，进一步增强基层工会活力，工会才能更好地行使法定权利和履行法定义务，才能真正发挥作用、体现价值，才能真正赢得职工群众的信赖和支持。各级工会要统一思想，坚定信念，充分认识加强基层工会组织建设的重要性和紧迫性，切实增强责任感和使命感，以职工为中心，树立大抓基层的鲜明导向，以职工满意不满意、工会作用发挥充分不充分为标尺，全面加强基层工会建设，努力开创基层工会工作新局面。

基层工会活力的主要标志是：在基层党组织的领导下，遵循党的基本路线，围绕基层单位的中心任务，根据职工群众的意愿，依照法律和章程独立自主地、创造性地开展工作，敢于维护职工的合法权益，竭诚服务职工群众，善于吸引、团结和教育职工，在实现本单位的发展和改革目标中，充分发挥主人翁作用，并在这个过程中，保持和增强工会组织的政治性、先进性、群众性，努力实现工会组织的群众化、民主化、法治化，赢得职工群众的信赖和支持。

一、创新基层工会组织形式和入会方式，有效扩大工会组织覆盖面

增强基层工会活力，需建立健全基层工会组织。要坚持党建带工建，把工建纳入党建工作总体部署。主动适应经济社会发展、企业组织形式和职工就业方式的新变化，持之以恒推进工会组建和会员发展工作，创新组织形式，拓展建会领域，形成完善的组织体系，最大限度地把职工群众组织到工会中来，巩固党执政的阶级基础和群众基础。

（一）大力推进非公有制经济组织、社会组织组建工会。在巩固已有组织基础的同时，通过工会组织形式的创新，加快新领域新阶层工会组织建设，促进工会组织不断向非公有制经济组织和社会组织延伸，进一步扩大工会组织覆盖面。

（二）切实加强乡镇（街道）、开发区（工业园区）、自由贸易区工会建设。依法推进乡镇（街道）、开发区（工业园区）工会组织建设。承担地方工会和基层工会双重职责，充分发挥其承上启下、指导基层和促进区域劳动关系稳定的作用。

（三）规范建立区域（行业）基层工会联合会。根据产业体系、职工队伍的发展变化，按照地域相近、行业相同的原则，推进区域（行业）基层工会联合会建设，实现对中小微企业的全覆盖。按照联合制、代表制原则，规范联合会组织架构，使所辖多数基层工会主席进入联合会委员会，增强联合会的代表性。

（四）着力做好新就业形态劳动者和农民工入会工作。

新就业形态劳动者是工人阶级的重要组成部分，他们依法享有参加和

组织工会的权利。最大限度地把新就业形态劳动者组织到工会中来，已成为当前和今后一个时期各级工会的重要任务。为了推动新就业形态劳动者入会工作，2021年全国总工会办公厅印发了《关于推进新就业形态劳动者入会工作的若干意见（试行）》，从夯实新就业形态劳动者入会组织基础、明确入会路径、创新入会及管理方式、深化维权服务工作、强化工作经费保障等方面作出明确规定。

大力开展农民工入会集中行动，继续把开发区（工业园区）、建筑项目、物流（快递）业、家庭服务业、农民专业合作组织等领域作为重点，把解决劳务公司建会难作为重要突破口，根据各地实际，积极拓展农民工入会领域。创新农民工入会方式，通过网上申请入会、在农民工集聚地设立流动服务窗口等多种形式，方便、快捷地组织农民工入会。加强农民工输出地和输入地工会之间的协调配合。最大限度地把农民工吸收到工会组织中来，使他们成为工人阶级坚定可靠的新生力量。

（五）改革创新会员发展和会籍管理工作。积极探索职工入会新途径。打通职工入会"最后一公里"，把科技工作者、青年职工、农民工、劳务派遣工、灵活就业人员等最大限度地组织到工会中来。按照属地区域就近或行业就近原则，发挥区域（行业）基层工会联合会、乡镇（街道）、村（社区）工会的作用，吸收所辖区域（行业）内未建会单位职工加入工会，会员达到一定人数再建立单位工会。开辟职工网上申请入会渠道，建立线上申请、线下办理的工作流程，为职工入会提供便捷服务。加强会员会籍管理，建立会员实名制数据库，实行动态管理，逐步实现会员会籍管理制度化、规范化、信息化。按照劳动（工作）关系在哪里、会员会籍就在哪里的原则，健全会员档案，规范会员关系接转，实行"一次入会、动态接转"。逐步建立城乡一体的会员管理和流转服务工作机制。

二、创新基层工会活动方式和工作方法，增强工会组织的吸引力凝聚力战斗力

（一）合力打造工会网上工作平台。主动适应信息化和新媒体广泛应用的新趋势，积极整合工会系统网络资源，搭建网上工作平台，开展网上

工会工作，让职工群众在网上找到工会组织、参加工会活动、表达利益诉求，形成网上网下深度融合、互联互动的工会工作格局。

（二）大力实施"互联网+"工会普惠性服务。推动互联网时代工会工作转型升级，创新服务职工的理念和方式，以会员实名制为基础，打造"互联网+"工会普惠性服务互动平台，向工会会员发放服务卡，围绕职工医疗、职工就业、职业培训、法律援助、困难帮扶、职工文化等设立服务项目，使服务卡成为广大职工看得见、用得着、信得过的"连心卡"。着力扩大工作覆盖面和服务受众范围，实现工会服务职工从特惠到普惠的转变，实现服务对象全覆盖、服务时间全天候。

（三）切实改进服务职工的方式方法。坚持统一性服务和差异化服务相结合，充实服务内容，改进服务方式，满足不同职工群体的多样化需求。按照职工的"生物钟"运转工作，开启"错峰服务"模式，在直接服务职工的工会工作站（点）实行错时上下班制度。把工会组织的服务延伸到 8 小时之外。

（四）充分发挥工会枢纽型组织的作用。加强对劳动关系领域社会组织的政治引领、示范带动和联系服务，发挥桥梁纽带作用。培育孵化工会直接领导的职工服务类社会组织和志愿者队伍，接长工作手臂，拓展服务链条。探索与共青团、妇联等群团基层组织合作建立社会组织，增强群众工作合力。

（五）做实叫响工会工作品牌。大力弘扬劳模精神、劳动精神、工匠精神。团结动员广大职工为全面建成社会主义现代化强国、实现第二个百年奋斗目标，以中国式现代化全面推进中华民族伟大复兴建功立业。把为困难职工送温暖、五一劳动奖、大国工匠、工人先锋号、职工书屋等一批有影响的全国性工作品牌深深植根于基层，支持和鼓励各级工会努力创造职工欢迎、富有成效的新品牌，吸引职工群众参与活动设计和工作部署，提高职工群众的参与率和受益度。

三、打造绝对忠诚党的事业、竭诚服务职工群众的工会干部队伍，提升基层工会干部履职能力

坚持德才兼备、以德为先，全面加强工会干部队伍建设。把绝对忠诚

党的事业、竭诚服务职工群众作为工会干部的价值追求，打开眼界、打开思路、打开胸襟，强化服务意识，提高维权能力，使广大工会干部真正成为党的全心全意为人民服务宗旨的忠实践行者、党的群众路线的坚定执行者、党的群众工作的行家里手。

（一）选优配强基层工会主席。选优配强基层工会带头人，是有效发挥基层工会作用的基础和关键。加强对基层工会选举工作的组织领导，始终坚持党的领导，坚持民主集中制，遵循依法规范、公开公正的原则，严格把握候选人产生环节，规范基层工会民主选举程序，真正把政治素质好，知职工、懂职工、爱职工的人选到工会主席岗位上来。强化激励机制，关心爱护基层工会主席，让他们在政治上有地位、经济上有补贴、履职上有保障、职业上有发展，不断增强工作积极性和职业荣誉感。

（二）优化基层工会干部队伍结构。建设一支专职、兼职、挂职相结合的基层工会干部队伍，不断壮大基层工会工作力量。按照《中国工会章程》的有关规定，配备专职工会主席和工会专职工作人员。推动和指导基层工会通过新增兼职、挂职副主席和工会干部的方式，优化基层工会干部队伍结构。切实发挥兼职、挂职工会干部作用，健全议事规则，明确职责任务，使兼职、挂职工会干部组织上有身份、工作上有任务、肩膀上有责任。

（三）建设工会社会工作专业人才队伍。按照社会化运作、契约化管理、专业化培训、职业化发展的思路，整合、优化、提升、发展现有的社会化工会工作者队伍，推动纳入国家社会工作专业人才队伍范围。积极争取政府有关部门的支持，明确工会社会工作专业人才的岗位设置，建立工会社会工作专业人才薪酬保障机制、评价激励制度和人才培养体系，促进工会社会工作专业人才队伍向专业化职业化方向发展，更好地满足职工群众多样化的社会服务需求。

（四）强化工会干部培训工作。改进培训的方式方法，综合运用讲授式、研讨式、案例式、模拟式、体验式等教学方法，实现教学相长、学学相长。用好大数据、"互联网+"等技术手段，把实体培训和网络培训有机结合起来，为广大工会干部特别是基层工会干部提供优质的培训。

四、建设"职工之家"

建设"职工之家"活动，是发挥基层工会作用的重要平台，是增强基层工会活力的有效手段，是全面提升基层工会工作水平的综合性载体。新时代开展建设"职工之家"活动，就是要以习近平新时代中国特色社会主义思想为指导，贯彻落实习近平总书记系列重要讲话精神，特别是关于工人阶级和工会工作重要指示精神，适应工会依法履行维权服务的基本职责要求，以改革创新精神加强"职工之家"建设，努力把基层工会建设成为组织健全、维权到位、工作规范、作用明显、职工信赖的"职工之家"，把广大基层工会干部锤炼成为听党话、跟党走、职工群众信赖的"娘家人"。

(一) 开展建设"职工之家"活动的指导思想

开展建设"职工之家"活动的指导思想是各级工会组织开展建设"职工之家"活动的理论体系和理论基础。

(二) 建设"职工之家"活动的原则和目标

1.开展建家活动的原则。（1）服务大局的原则。围绕中心，服务大局，促进发展，正确把握开展建家活动与推进企业、事业单位和机关建设的关系，把广大职工的智慧和力量凝聚到为搞好企业、事业单位和机关建设上来。（2）突出维权服务的原则。围绕工会履行维护职工合法权益、竭诚服务职工群众的基本职责，把推进工会重点工作的落实，作为建家活动的重要内容。（3）依靠群众的原则。突出职工群众在建家活动中的主体地位，充分依靠职工群众开展建家活动，把职工和会员群众是否满意作为衡量建家活动成效的主要标准。（4）创新发展的原则。建家活动要体现时代性、把握规律性、富于创造性，尊重基层的实践，不断赋予建家新内容，拓展新领域，注入新活力。（5）齐抓共建的原则。努力形成党组织统一领导、行政积极支持、工会具体实施、职工热情参与的合力建家工作格局。

2.开展建家活动的目标。新时代深入开展建家活动的目标是：适应工会依法履行维护职工合法权益、竭诚服务职工群众基本职责的要求，着力加强调整劳动关系机制建设，突出抓好为职工群众办实事，大力推进基层工会的群众化、民主化、法治化，努力把基层工会建设成为组织健全、维权到位、工作规范、作用明显、职工信赖的"职工之家"。

（三）建设"职工之家"的基本要求

进一步加强建家工作，要坚持在继承的基础上不断创新，与时俱进地赋予新内容，努力把基层工会建设成为名副其实的"职工之家"。

1.健全组织体系。基层工会委员会、经费审查委员会、女职工委员会组织健全，按时换届选举，单独设置工会工作机构，依法独立自主开展工作；依法进行工会法人资格或工会法人代表变更登记；工会主席（副主席）的产生、配备符合有关规定，职工200人以上的单位依法配备专职工会主席；按不低于职工人数3‰的比例配备专职工会干部；加强工会积极分子队伍建设；加强会员会籍管理，职工（含农民工、劳务派遣工）入会率达85%以上。

2.促进科学发展。围绕加快经济发展方式转变、全面建成社会主义现代化强国，深入开展多种形式的争先创优、建功立业活动，持续形成劳动和技能竞赛热潮；深入开展以增强自主创新能力为重点，以合理化建议、"五小"活动为内容的职工技术创新活动和"中国梦·劳动美""我为节能减排作贡献"活动，推动企事业单位高质量发展；加强劳动模范（先进工作者）的培养、评选、表彰、宣传和管理服务，激励职工立足岗位、勇创佳绩。

3.履行维权服务职责。建立和完善以职工（教工）代表大会为基本形式的民主管理制度，推行厂务（院务、校务）公开，公司制企业依照有关规定选举职工代表进入董事会和监事会，参与企业管理；建立平等协商和签订集体合同制度，协商解决涉及职工切身利益的重大问题；指导和帮助职工签订劳动合同，依法妥善处理劳动争议纠纷，提供法律援助，帮扶救助，构建和谐劳动关系；协助和督促企事业落实国家各项涉及职工权益的法律法规，遵守劳动安全卫生等规定，安全生产无事故；维护女职工的特殊权益。

4.提高职工素质。落实《全国职工素质建设工程五年规划（2021-

2025）》，深入开展"共筑理想信念、共促科学发展"主题教育，弘扬中国工人阶级伟大品格，用社会主义核心价值体系引领职工群众；开展"创建学习型组织，争做知识型职工"活动，培育"四有"职工队伍；开展群众性精神文明创建和文化体育活动，满足职工群众精神文化需求，推动职工文化和企业文化建设。

5.服务职工群众。以职工最关心、最直接、最现实的利益为重点，认真倾听职工呼声，积极反映职工意愿，提出政策建议和主张；关心职工生产生活问题，指导帮助职工就业，进一步叫响做实"职工有困难找工会"，努力为职工办实事、做好事、解难事；开展"送温暖""金秋助学"等活动，履行帮扶困难职工"第一知情人""第一报告人""第一协调人""第一监督人"的职责。

6.加强自身建设。坚持民主集中制，密切联系群众，廉洁自律；健全各项组织制度、民主制度、工作制度，基础资料齐全；坚持会员（代表）大会制度，完善会员代表常任制，实行会务公开，接受会员群众民主评议和监督，保障会员民主权利；开展"创建学习型工会，争做知识型工会干部"活动，加强思想、作风、能力建设，提高工会自身建设科学化水平，建设学习型、服务型、创新型工会；建立单独工会财务账号，独立使用工会经费，收好管好用好工会经费，保护好工会资产；工会工作有创新、有特色。

（四）建设"职工之家"的主要方法

1.建立完整、规范的工作体系。建家要有一套工作标准和工作要求，有一套考核办法，基层工会要根据新的形势和新的要求，制订建家工作计划，调整工作部署。建家规划在兼顾全面工作的同时要突出重点，考核内容和标准不求全、不求高，每年或每个阶段都要有新的重点、亮点，与时俱进，富有新鲜感。

2.形成党政工齐抓共建格局。基层工会要主动取得党组织的领导，把建家活动纳入党组织的重要议事日程；积极争取行政支持，为开展建家创造条件；工会内部要建立由领导负责有关部门参加的建家工作领导机构，充实建家工作力量，真正形成党政工齐抓共建格局。围绕发展这个第一要务，树立建家就是建企业、就是促进劳动关系和谐发展、就是提高工会工作整体水平的思想，把基层的难点、热点作为建家活动的重点，使建家成为党政工工作的一个结合点，形成合力抓建家的工作氛围。

3.建立会员评家机制。建立会员评家机制是推动建家活动深入开展的重要举措。基层工会要以职工群众是否认可和满意作为考核建家成效的重要标准，建立健全会员评家机制，依靠会员群众建家、评家、管家，不断提高广大会员参与基层工会建设的能力与水平，增强工会组织的凝聚力和吸引力。会员评家主要通过会员大会或会员代表大会进行。由工会主席报告开展工会工作及建家活动情况，由会员或会员代表对建家情况进行评议，对所获"职工之家"称号是否认可作出表决，促进建家水平不断提高。

4.建立激励表彰机制。要建立激励机制，充分调动基层工会开展建家活动的积极性。评选先进"职工之家"、模范"职工之家"是表彰基层工会工作的综合荣誉称号，应与评选优秀工会工作者、评选文明单位结合起来，要实行精神奖励和物质奖励相结合，逐步提高和扩大其社会影响。要加强舆论宣传，形成建家良好氛围，引导会员和职工群众积极参与建家活动，增强吸引力和凝聚力。要及时总结推广先进经验，发挥典型示范作用，树立品牌形象，形成学先进、赶先进、超先进的热潮。

5.分类指导、提高水平。要根据各种类型工会的特点，提出不同的建家标准，突出针对性，不搞一个模式。国有企业、集体企业工会要认真对照标准，查找差距，把工作重点放在提高建家水平和增强工会活力上；改制企业工会要着力抓好工会组织的整顿和重建工作，发挥职代会作用，切实维护职工合法权益；非公有制企业工会要适应企业特点，打好基础、规范起步，切实提高规范建家水平。

6.突出重点、拓展领域。各级工会要把非公有制企业作为建家工作的重点，向各类基层工会拓展，开展区域性、行业性工会联合会建家活动，不断扩大建家工作覆盖面。积极探索非公有制企业工会建家的新形式，正确处理硬件建设、软件建设、自身建设的关系，把工作重点放在维护职工最关心、最直接、最现实的利益上，认真解决自身建设中存在的突出问题，不断提高建家工作质量和工会工作水平。

7.加强建家管理工作。"职工之家"分别设有"合格职工之家""先进职工之家"和"模范职工之家"3种荣誉称号。各层次"职工之家"的考核条件都应尽量细化、量化，使之便于操作和考核。评选表彰各级模范、先进"职工之家"，创建合格"职工之家"，要坚持建家标准，不搞终身制，严格进行复查验收。

 思考题

1.基层工会组建的条件是什么？

2.基层工会会员代表大会代表的条件、名额、组成有什么规定？

3.基层工会会员代表大会代表的职责是什么？

4.基层工会会员代表大会的职权有哪些？

5.基层工会的组织制度有哪些？

6.工会会员有哪些权利和义务？

7.建设"职工之家"的原则是什么？

8.建设"职工之家"的基本要求是什么？

 案例

浙江省全面深化新就业形态劳动者工会工作

2022年3月16日　来源：中工网

3月14日，浙江省总工会发出通知，部署开展"强组建、优服务、促共富"全面深化新就业形态劳动者工会工作集中行动，要求全省各级工会广泛开展思想教育，持续深化建会入会，同步跟进维权服务，最大限度把新就业形态劳动者组织到工会中来，部署了全面走访摸排、强化思想引领、组建扩面提质、开展技能比武、提升阵地效能、开展工资协商、提供特色服务等七项举措，让新就业形态劳动者"有家有爱"，彰显了工会组织的担当和情怀。

树立"一家人"理念，在推进组建中实现扩面提质

省委、省政府高度重视新就业形态劳动者组织建设和权益保障工作，省委书记要求各级工会把新就业形态劳动者作为工会重要工作对象，在深入调研、深度谋划的基础上有力有效开展工作。

为让更多新就业形态劳动者找到"娘家"，省总工会全面贯彻落实省委高质量发展建设共同富裕示范区推进大会、全国推进新就业形态劳动者工会工作会议精神，强化顶层设计，成立推进新业态新就业群体工会工作领导小组，以专班运作方式开展统筹和督导工作，探索"头部企业重点建、依托协会行业建、区域工会兜底建"等建会模式，全力推动新就业形态劳动者加入工会组织。

发挥头部企业的示范引领作用，是推进新就业形态劳动者建会入会的关键。杭州市拱墅区总工会以"职工多、网点广、影响力大"的浙江顺丰速运为试点，通过组建工会，涵盖杭州、绍兴、嘉兴、湖州各区域基层网点417个，1.1万余名快递员成为工会会员。

提升新就业形态劳动者建会入会吸引力、覆盖率，各地积极探索、创新实践。湖州市吴兴区总工会探索"抓大、盖小、归类"立体化建会模式，推进新就业形态劳动者集中建会入会攻坚行动；义乌市总工会推行"三联""三建""三+"模式，实现新业态企业应建未建"全销号"；天台县总工会聚焦重点区域、重点行业、重点对象，推动新业态企业工会组建全覆盖……

扩面提质是新就业形态劳动者建会入会工作的必然要求。在此次集中行动中，省总工会提出新的工作目标：全年新建新就业形态劳动者基层工会不少于800家、新发展会员不少于10万人，不断扩大新就业形态劳动者工会组织覆盖面。同时，探索推进已建新就业形态劳动者基层工会规范化建设，拟在全省选择100家左右模范"职工之家"，结对100家左右新就业形态基层工会，开展"同携手、促规范、共发展"为主题的共建活动，实现新就业形态基层工会"建起来、转起来、强起来"。

秉持"一盘棋"思路，在坚持党建带工建中强化思想引领

坚持党建带工建，推进新就业形态劳动者建会入会，强化新就业形态劳动者思想引领，这是浙江省工会始终秉持的"一盘棋"思路。

近年来，浙江省大力推动新就业形态工会工作纳入当地党建工作大局和考核内容，广泛开展工会"推优入党"，依托快递物流行业、互联网企业党组织，借势借力，有力带动新就业形态工会组建工作。

强化思想引领，团结凝聚职工，是工会组织肩负的政治责任。嘉兴市总工会通过深入开展"红船精神"进企业主题教育实践活动，结合党史学习教育巡回宣讲、工会主席上党课，组织青年职工宣讲团、劳模工匠宣讲团走进新业态企业，面向新就业形态劳动者生动讲好党的故事，积极传播党的声音，奏响"我心向党"最强音。临海市总工会实施"红色力量"牵引行动，在新业态企业中通过"党员双报到"引导、"示范先锋岗"引路等载体，使思想引领见人见事见精神。

让新就业形态劳动者真切体会到荣誉感、自豪感，来自江西萍乡的"快递小哥"童秋召深有感触。2020 年，在顺丰速运快递收派员岗位上辛勤耕耘了 16 年的他荣获宁波市五一劳动奖章。"只要干得好，同样可以得到认可，获得荣誉。"童秋召的这枚奖章如同一部无形的教材，激励着新就业形态劳动者奋斗进取。

大力实施思想教育引领，是此次集中行动的一项重要内容。今年，省总工会将组织引导新就业形态劳动者参与"中国梦·劳动美——劳动创造幸福、勤劳创新致富"宣传教育、劳模工匠理论宣讲等活动；在新业态头部企业"产改"试点单位组织开展"守好红色根脉·班前十分钟"活动；在新时代浙江工匠和"最美浙江人·最美工匠"选树活动中，积极培育、选树新就业形态劳动者中的优秀典型，讲好新就业形态劳动者典型故事，不断提升其社会影响力。

深化"一体化"举措，在服务保障中走好共富之路

让新就业形态劳动者增强获得感、幸福感、安全感、认同感，是工会"娘家人"的责任和担当。去年以来，全省各级工会以广泛开展"工会进万家·新就业形态劳动者温暖行动"服务月活动为抓手，广泛开展困难帮扶、高温慰问、职工疗养、相亲交友、就业培训、法律服务、技能比武、工资清欠等服务，尽工会所能推动解决新就业形态劳动者急难愁盼问题。

"你守护城市，我守护你"，去年 6 月 2 日，央视"焦点访谈"专题报道了位于平湖市当湖街道的"金平湖"职工服务驿站，点赞小小驿站温暖

了无数人的心窝。在浙江，各级工会目前已建起了6000余家户外劳动者服务站、57家"司机之家"、5400余家"妈咪暖心小屋"，向新就业形态劳动者传递"娘家人"的温暖。

"你有烦心事，我为你撑腰"，在宁波，精准服务新就业形态劳动者的"鄞州行动"为200余名职工追回经济补偿金、高温费、加班费等25万元，新就业形态劳动者权益得到有力保障。

"你想学技能，我来圆你梦"，杭州市西湖区西溪街道新就业形态群体联合工会与浙江开放大学合作，为新就业形态劳动者量身打造"小哥学院"，设置红色思政研修课、学历技能提升课、个性优化成长课和基层治理实践课等"四时课堂"，服务职工成长成才。

在实现共同富裕的新征程上，为不断满足新就业形态劳动者的诉求，保障和发展好他们的权益，省总工会专门列出了任务清单，其中包括：不断提升阵地服务效能，新建工会户外劳动者服务站点500个，丰富拓展站点服务项目；有序推行工资集体协商，实现已建会新业态企业60%以上开展集体协商工作，培育新业态领域专项集体协商示范企业10家；有效提供各类特色服务，精准实施帮扶救助，试点推行新就业形态劳动者参与医疗互助，为新就业形态劳动者提供就业服务，组织新就业形态劳动者参加一线职工疗休养，大力开展各类法律援助服务，动员新就业形态劳动者参与"求学圆梦计划"、农民工"学历与能力提升行动"……

"一体化"的服务举措精准对接新就业形态劳动者成长发展诉求，传递着工会组织携手广大新就业形态劳动者一起向未来、奔赴共富路的美好愿景和坚定信念。

（据浙江工人日报消息 浙江工人日报记者 阮向民）

第五章

基层工会宣传教育工作

　　基层工会宣传教育工作是基层工会工作的重要组成部分，也是党的宣传思想工作的重要组成部分。工会宣传教育工作包括对职工进行思想政治教育，组织职工学习文化、科技和业务知识，开展健康的文化体育活动，等等。

第一节　工会宣传教育工作概述

一、工会宣传教育工作的指导思想

工会宣传教育工作是党的宣传思想工作的重要组成部分，也是工会工作的重要组成部分。工会宣传教育工作应服务于党和国家工作大局、服务于职工群众、服务于工运事业。深入学习贯彻习近平总书记关于工人阶级和工会工作的重要论述，紧紧围绕全党全国工作大局，坚持走中国特色社会主义工会发展道路，推动党的全心全意依靠工人阶级根本指导方针的贯彻落实，解放思想、实事求是，与时俱进，改革创新，以科学的理论武装职工，以正确的舆论引导职工，以高尚的精神塑造职工，以优秀的作品鼓舞职工，使工会宣传教育工作贴近实际、贴近生活、贴近职工。

二、工会宣传教育工作的作用

做好工会宣传教育工作，对于团结动员广大职工在全面建成社会主义现代化强国、实现中华民族伟大复兴的中国梦中充分发挥主力军作用有着非常重要的意义。具体来说，工会宣传教育工作的作用主要如下。

（一）有利于加强对职工群众的思想政治引领，强化和改进职工思想政治工作，引导职工坚定不移听党话、跟党走，巩固党执政的阶级基础和群众基础。

（二）有利于坚定广大职工的马克思主义信仰和建设中国特色社会主义的信念，巩固职工队伍在党的方针政策指导下团结奋斗的共同思想基础。

（三）有利于更好地保持和发展工人阶级先进性，充分发挥工人阶级主力军作用，推动党的全心全意依靠工人阶级指导方针的贯彻落实。

（四）有利于进一步贯彻落实新发展理念，深入开展劳动和技能竞赛等群众性经济技术创新活动，大力弘扬劳模精神、劳动精神、工匠精神，团结动员广大职工为全面建成社会主义现代化强国、实现第二个百年奋斗目标，以中国式现代化全面推进中华民族伟大复兴贡献力量。

（五）有利于更好地履行维权服务基本职责，切实为职工做好事办实事解难事，把职工群众合法权益实现好、维护好、发展好。

（六）有利于加强工会自身建设与改革，保持和增强工会组织的政治性、先进性、群众性，激发工会组织的活力和凝聚力，把工会建设成为职工群众最可信赖的"职工之家"。

三、加强职工思想政治引领，团结引导职工坚定不移听党话、跟党走

（一）以习近平新时代中国特色社会主义思想武装职工

建立健全职工思想政治工作的领导体制和工作机制，完善党的创新理论和工会理论下基层长效机制，落实基层联系点、送教到基层等制度，建立健全企业班组常态化学习制度，组织专家、学者、先进人物等广泛开展有特色、接地气、入人心的宣传宣讲活动，推动习近平新时代中国特色社会主义思想进企业、进车间、进班组、进学校、进教材、进头脑，打牢广大职工团结奋斗的思想基础。

（二）以理想信念教育职工

深化中国特色社会主义和中国梦宣传教育，加强爱国主义、集体主义、社会主义教育，弘扬党和人民在各个历史时期奋斗中形成的伟大精神，深入开展"永远跟党走""党旗在基层一线高高飘扬"等系列主题宣传教育活动，在广大职工中唱响共产党好、社会主义好、改革开放好、伟大祖国好、各族人民好的时代主旋律。广泛开展党史学习教育，高质量完成学习教育各项任务，引领广大职工学史明理、学史增信、学史崇德、学史力行。深入开展党史、新中国史、改革开放史、社会主义发展史宣传教育，引导广大职工群众深刻认识中国共产党为什么能、马克思主义为什么

行、中国特色社会主义为什么好，增强听党话、跟党走的思想自觉和行动自觉。推动理想信念教育常态化制度化，通过劳模宣讲、演讲比赛、知识竞赛、读书诵读等方式，运用"学习强国"、职工书屋等学习平台，引导广大职工紧跟共产党、奋进新时代。

（三）以社会主义核心价值观引领职工

坚持把社会主义核心价值观融入职工生产生活，内化为职工的情感认同和行为习惯。深入开展以劳动创造幸福为主题的宣传教育，推动建立健全新时代劳动教育理论和实践体系。深化以职业道德为重点的社会公德、职业道德、家庭美德、个人品德等"四德"建设，组织开展全国职工职业道德建设评选表彰。积极参与群众性精神文明创建活动，推进家庭、家教、家风建设，广泛开展学雷锋志愿活动，展示新时代职工文明形象。

（四）以先进职工文化感染职工

推动建立健全党委领导、行政支持、工会运作、职工参与的职工文化共建共享机制。丰富职工文化产品供给。打造"中国梦·劳动美"系列职工文化品牌，每年举办"中国梦·劳动美"——庆祝"五一"国际劳动节特别节目，广泛组织开展职工运动会、职工文艺展演、职工艺术节等全国性、区域性、行业性职工文体活动。加强职工文化阵地建设。推动在街道社区、产业园区、商圈楼宇等职工聚集区建设职工文化场馆，构建立体化、多元化职工文化服务网络。建好、管好、用好职工书屋。创新文化服务方式。搭建"互联网+职工文化"平台，推动职工文化网络化传播，为职工提供"菜单式""订单式"文化服务；持续开展"阅读经典好书　争当时代工匠""玫瑰书香"等主题阅读活动。加强职工文化人才队伍建设，打造一支专业化、社团化、志愿化相结合的职工文化人才队伍，培育一批德艺双馨、具有一定社会影响力的职工文化建设领军人才，创作一批思想性强、艺术性高、社会影响大、群众口碑好的精品力作。

第二节　推进产业工人队伍建设改革

我国产业工人主要是指在第一产业的农场、林场，第二产业的采矿业、制造业、建筑业和电力、热气、燃气及水生产和供应业，以及第三产业的交通运输、仓储及邮政业和信息传输、软件和信息技术服务业等行业中从事集体生产劳动，以工资收入为生活来源的工人。

我国是工人阶级领导的、以工农联盟为基础的人民民主专政的社会主义国家，工人阶级是国家的领导阶级，而产业工人是工人阶级中发挥支撑作用的主体力量，是创造社会财富的中坚力量，是创新驱动发展的骨干力量，是实施制造强国战略的有生力量。

2017年2月6日，习近平总书记主持召开中央全面深化改革领导小组第三十二次会议审议通过《新时期产业工人队伍建设改革方案》，会议指出，工人阶级是我国的领导阶级，产业工人是工人阶级的主体力量。要从巩固党的执政基础的高度，从促进我国经济社会持续健康发展的高度，加快产业工人队伍建设改革，坚持全心全意依靠工人阶级的方针，按照"政治上保证、制度上落实、素质上提高、权益上维护"的总体思路，针对影响产业工人队伍发展的突出问题，创新体制机制，提高产业工人素质，畅通发展通道，依法保障权益，造就一支有理想守信念、懂技术会创新、敢担当讲奉献的宏大的产业工人队伍。

《工会法》第8条规定："工会推动产业工人队伍建设改革，提高产业工人队伍整体素质，发挥产业工人骨干作用，维护产业工人合法权益，保障产业工人主人翁地位，造就一支有理想守信念、懂技术会创新、敢担当讲奉献的宏大产业工人队伍。"

一、加强和改进产业工人队伍思想政治建设

（一）强化和创新产业工人队伍党建工作

要在产业工人队伍中加大发展党员力度，进一步加强党在产业工人中的工作，对在产业工人中发展新党员给予适当政策倾斜，及时把产业工人队伍中的优秀分子吸收到党组织中来，尤其重视从技术能手、青年专家、优秀工人中发展党员，提高工人党员比例。同时，各级党组织要适应新技术新业态新模式发展，探索不同类型企业党建工作方式方法，推进在非公有制企业、社会组织及小微企业就业的工人中发展党员的工作，充分发挥车间班组党组织的战斗堡垒作用和工人党员的先锋模范作用。注重推进"两学一做"学习教育常态化制度化，严格落实"三会一课"等党的组织生活制度，加强党员日常教育管理，引导工人党员进一步坚定理想信念，勇于担当作为，争做"四讲四有"合格党员，不断增强产业工人先进性。

（二）突出产业工人思想政治引领

突出思想政治引领，就是要求认真学习贯彻习近平总书记系列重要讲话精神特别是关于工人阶级的重要论述，用中国梦和社会主义核心价值观凝聚共识、汇聚力量，把广大产业工人更加紧密地团结在以习近平同志为核心的党中央周围。

（三）健全保证产业工人主人翁地位的制度

在政治安排上贯彻落实全心全意依靠工人阶级方针的体现形式之一，就是提高产业工人参政议政代表比例。要从源头抓起，通过健全协调劳动关系三方机制、政府与工会联席（联系）会议制度等，组织和代表产业工人参与涉及自身权益法律法规政策的制定与实施。进一步落实和完善以职工代表大会为基本形式的民主管理制度，丰富民主参与形式，畅通民主参与渠道。针对不同所有制企业，探索符合各自特点的职工代表大会形式、权限和职能，在中小企业集中的地方建立区域性、行业性职工代表大会，依法保障产业工人的知情权、参与权、表达权、监督权。

（四）创新面向产业工人的工会工作

更好地面向产业工人开展工会工作，要保持和增强工会工作和工会组

织的政治性、先进性、群众性。要创新组织体制、运行机制、活动方式、工作方法，推动工会工作再上新台阶。

二、构建产业工人技能形成体系

素质是立身之基，技能是立业之本。《新时期产业工人队伍建设改革方案》（以下简称《改革方案》）提出"构建产业工人技能形成体系"，着力提升产业工人的技能素质。

《改革方案》围绕构建产业工人技能形成体系提出6大举措：一是完善现代职业教育制度，加强职业教育、继续教育、普通教育的有机衔接，坚持产教融合、校企合作、工学结合、知行合一，创新各层次各类型职业教育模式；二是改革职业技能培训制度，推进职业技能培训市场化、社会化、多元化改革，建立各类培训主体平等竞争、产业工人自主参加、政府购买服务的技能培训机制；三是统筹发展职业学校教育和职业培训，建立覆盖广泛、形式多样、运作规范，行业、企业、院校、社会力量共同参与的职业教育培训体系，促进学历与非学历教育纵向衔接连通、横向互通互认；四是改进产业工人技能评价方式，优化职业技能等级标准，完善职业技能等级认定政策，引导和支持企业、行业组织和社会组织自主开展技能评价；五是实施国家高技能人才振兴计划，创新协同培育模式，依托大型骨干企业建设示范性高技能人才培训基地，打造更多高技能人才；六是促进农民工融入城市、稳定就业，深入实施农民工学历与能力提升行动计划、农民工职业技能提升计划。

三、创新产业工人发展制度　打通成长成才的绿色通道

职业发展通道狭窄，已影响到产业工人队伍建设，必须创新产业工人发展制度。《改革方案》主要从6个方面加以推进：一是拓宽产业工人发展空间，改革企业人事管理和工人劳动管理相区分的双轨管理体制；二是畅通产业工人流动渠道，健全公共就业服务体系，提高人力资源配置效率；三是创新技能导向的激励机制，建立健全培养、考核、使用、待遇相

统一的激励机制，实现多劳者多得、技高者多得。建立技术工人创新成果按要素参与分配的制度，增加产业工人在劳动模范和先进代表等评选中的名额比例；四是改进劳动和技能竞赛体系，建立以企业岗位练兵和技术比武为基础、以国家和行业职业技能竞赛为主体、国内竞赛与国际竞赛赛项相衔接的劳动和技能竞赛机制；五是加大对产业工人创新创效扶持力度，深化群众性技术创新活动，开展先进操作法总结、命名和推广，推动具备条件的行业企业建立职工创新工作室、劳模创新工作室和技能大师工作室；六是组织产业工人积极参与实施走出去战略和"一带一路"建设，加强产业工人技能国际交流与合作。

四、产业工人队伍建设的支撑保障体系

推进产业工人队伍建设改革是一项系统工程，必须建立健全支撑保障体系。《改革方案》提出：要加强有关产业工人队伍建设的法治保障，完善财政投入机制，建立社会多元投入机制，完善产业工人劳动经济权益保障机制，深化产业工人队伍建设理论政策研究，营造尊重劳动、崇尚技能、鼓励创造的社会氛围。

五、不断深化产业工人队伍建设改革

（一）促进产业工人队伍建设改革走深走实

按照政治上保证、制度上落实、素质上提高、权益上维护的总体思路，围绕造就一支有理想守信念、懂技术会创新、敢担当讲奉献的宏大的产业工人队伍，聚焦产业工人思想引领、建功立业、素质提升、地位提高、队伍壮大等重点任务，总结推进产业工人队伍建设改革以来取得的经验，查找存在的问题与不足，推动产业工人队伍建设改革向纵深发展、向基层延伸。坚持党委统一领导，政府有关部门各司其职，工会、行业协会、企业代表组织充分发挥作用，统筹社会组织的协同力量，完善合力推进产业工人队伍建设改革的工作格局。充分发挥产业工人队伍建设改革协调小组作用，强化贯彻落实协调机制，履行工会宏观指导、政策协调、组

织推进、督促检查的职责，每年制定产业工人队伍建设改革要点，压实部门责任，强化分类指导，增强改革的系统性、整体性、协同性。健全产业工人队伍建设改革情况监督检查和信息反馈制度，推动各地将产业工人队伍建设改革纳入各级党委和政府目标考核体系，建立党委和政府联合督查督办工作机制。建立产业工人队伍建设改革效能评估机制，开展改革情况绩效评估，探索实行第三方评估，确保改革举措落地见效。

（二）推动构建产业工人全面发展制度体系

健全保障产业工人主人翁地位制度体系，完善产业工人参政议政制度，提高产业工人在各级党组织、人大、政协、群团组织代表大会代表和委员会委员中的比例；探索实行产业工人在群团组织挂职和兼职制度。健全产业工人技能形成制度体系，重点推动完善现代职业教育制度、职工技能培训制度、高技能人才培养机制、"互联网+"培训机制等，畅通技术工人成长成才通道；实施高技能领军人才和优秀产业技术紧缺人才境外培训计划；构建"互联网+职工素质建设工程"模式，完善中国职工经济技术信息化服务平台，做大做精做强全国产业工人学习社区，加强"技能强国——全国产业工人技能学习平台"建设，推进技能实训基地建设，拓展工会职业培训空间。健全产业工人发展制度体系，推动完善职业技能评价制度、体现技能价值激励导向的工资分配制度、个人学习账号和学分累计制度等，促进学历、非学历教育与职业培训衔接互认，搭建产业工人成长平台。健全产业工人队伍建设支撑保障制度体系，推动完善财政和社会多元投入机制，发挥工会职工创新补助资金作用，加大对产业工人创新创效扶持力度。

第三节　工会新闻宣传工作

一、工会宣传工作与新闻工作

工会新闻宣传工作既是党的工运事业的重要组成部分，也是党的新闻宣传工作的重要组成部分。工会宣传工作与新闻工作既有区别又有联系。我国各级工会拥有不同形式的从事新闻工作的媒介平台，从而为工会宣传工作的开展提供了有利条件。实践中，只有正确地把握好宣传工作的思想导向性与新闻工作的客观真实性之间相互关系，才能使工会宣传工作取得应有成效。

二、工会宣传工作概述

（一）工会宣传工作的原则与要求

在工会各项工作中，宣传工作发挥着不可替代的思想政治引领、理想信念教育，弘扬社会主义核心价值观，塑造职工群体特色文化等重要作用。这些作用紧紧围绕着引导职工、影响职工、宣传职工，把职工群众紧密团结在以习近平同志为核心的党中央周围，以高尚的精神、崇高的理想、伟大的事业不断激励各族职工以巨大热情和创造才能投身党和国家的工作大局。

工会宣传工作的原则是：以马列主义、毛泽东思想、邓小平理论、"三个代表"重要思想、科学发展观、习近平新时代中国特色社会主义思想为指导，认真学习宣传习近平总书记关于工人阶级和工会工作的重要论述，学习宣传贯彻党的二十大精神，以"中国梦·劳动美"为主旨，坚定不移地走中国特色社会主义工会发展道路，推动落实党的全心全意依靠工人阶级根本指导方针，解放思想，实事求是，与时俱进，以高度的道路自信、理论自信、制度自信、文化自信，用科学的思想影响职工，用正确的宣传引领职工，用崇高的信仰鼓舞职工，以优秀的作品感染职工，坚持"团结、稳定、鼓劲和正面宣传为主"的方针，切实遵循宣传工作贴近实际、贴近生活、贴近群众的"三贴近"原则。

工会宣传工作的要求主要是：坚持和贯彻党的路线、方针和政策；大力弘扬劳模精神、劳动精神、工匠精神，大力弘扬先进企业文化与职工文化；引导职工增强法治观念，提高依法办事的自觉性；广泛宣传和提倡热爱党、热爱社会主义、热爱本职工作的"三热爱"精神，在全社会弘扬劳动神圣、创造伟大的时代风尚。

(二) 工会宣传工作的职责与特点

工会宣传工作的职责主要如下。

1.引导广大职工积极践行社会主义核心价值观，汇聚为实现中国梦奋斗的正能量，使职工能够自觉把个人愿望与中国梦紧密联系在一起，以领跑者的风貌解读中国梦、以劳动者的佳绩共创中国梦、以创新者的姿态拥抱中国梦。

2.着力壮大新时代主流思想舆论，大力宣传工人阶级和工会工作，深入做好新就业形态劳动者宣传引导工作，做好"最美职工""大国工匠"等宣传品牌，提升工会网上舆论引导能力，坚决维护劳动领域意识形态安全。

3.创新职工宣传思想工作形式，把宣传工作与帮扶和解决职工切身利益问题和实际困难结合起来。

4.加强法治宣传，培养职工树立自尊自信、理性平和、积极向上的社会心态以及应有的社会公德、职业道德、家庭美德和个人品德。

5.以全新的宣传形式激发广大职工创造活力，为全面深化改革、推动高质量发展、全面建成社会主义现代化强国建功立业，唱响"劳动光荣、工人伟大"的时代主旋律，让劳动最光荣、劳动最崇高、劳动最伟大、劳动最美丽在全社会蔚然成风。

6.大力促进广大职工精神生活共同富裕，把提升职工队伍整体素质作为战略任务来抓，打造健康文明、昂扬向上、全员参与的职工文化，打造"工"字系列职工文化特色品牌，发挥好各类职工文化阵地作用。

7.始终把群众路线作为宣传工作的根本路线，牢固树立群众观点，坚持以职工为本，宣传职工、服务职工、引导职工自觉做坚持中国道路的实践者、弘扬中国精神的承载者、凝聚中国力量的主力军。

8.加强工会意识形态工作。落实意识形态工作责任制，加强阵地建设和管理，严把政治方向关、舆论导向关、价值取向关，牢牢掌握工会意识形态工作领导权。

9.要坚持党对工会宣传教育工作的全面领导，建强工会宣传教育干部人才队伍，构建工会大宣传工作格局。

10.创新方式方法增强工作实效，不断提升工会宣传教育工作质量水平，努力在潜移默化中强化引导、在润物无声中成风化人。

工会新闻宣传工作的特点主要表现在以下4点：一是围绕工会的基本职责来开展，把握正确舆论导向，全面、准确、及时地表达广大职工的意愿与诉求；二是始终聚焦主题，突出热点，直面难点，打造亮点，重点关注职工群众关心的问题；三是拓宽渠道、创新方式，丰富宣传媒介形式，展现工会宣传工作的正能量；四是以人为本，强化宣传工作的针对性、实效性、吸引力和感染力。

（三）工会宣传工作与媒介传播

工会新闻宣传工作应当有效借助工会自有媒介和社会公共媒介，并通过二者的有机结合推阐自己的宣传理念、导向和主张，以期起到教育职工、影响职工、团结职工和鼓舞职工的社会作用。

三、工会宣传工作的主要途径

（一）舆论

舆论是公众关于现实社会以及社会中的各种现象、问题所表达的信念、态度、意见和情绪表现的总和。坚持正确的舆论引导，是推动经济社会发展的一项极其重要的任务。舆论是工会宣传工作的重要途径，其特点是工会针对特定的问题或社会现象，通过公开表达某种意见、主张、呼声或态度来反映自己的立场。一般而言，舆论的表达对受众并没有强制性，而是由受众通过对舆论表达是非曲直的客观判断形成自己的看法、评价或观点。

（二）纸媒体与影视媒体

纸媒体是以纸张为载体发布新闻或者资讯的媒体，如报纸、杂志等。影视媒体是科学技术与艺术发展的结晶，有很强兼容性，是一种以视觉形象为主，时空兼备，声画结合的媒体。长期以来，传统纸媒体始终是工会宣传工作媒介选择的主要途径之一，然而伴随现代传媒科技的发展，影视

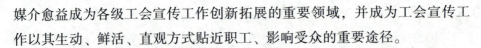

媒介愈益成为各级工会宣传工作创新拓展的重要领域，并成为工会宣传工作以其生动、鲜活、直观方式贴近职工、影响受众的重要途径。

（三）网络媒体

网络媒体和传统的电视、报纸、杂志、广播等媒体一样，都是传播信息的渠道，是交流、传播信息的工具，信息载体。其特点是，信息量大、传播范围广、保留时间长、开放性强、交互性沟通性强、实效性强，而且成本低、效率高。在互联网时代，伴随着网络媒体的深度发展，自媒体又称公民媒体应运而生，其特点是公民个人参与度高，成为普通大众经由数字科技与全球知识体系相连后，获得或分享传播者亲历的事实、新闻等信息的便捷途径。在这种背景下，客观上就要求工会的宣传工作能够紧随时代步伐，树立重视使用网络媒体的理念，建设工会网络媒体运行的长效机制，建设工会网络媒体的工会宣传队伍，建设科学高效的工会网络媒体运行模式，使工会宣传的内容更加理性、客观和公正，更加贴近职工群众的需求，进一步提高工会工作的影响力。

四、工会宣传工作的组织保障

（一）加强工会宣传工作组织建设

主要包括以下几个方面：

1.高度重视工会宣传工作，不仅应认识到位、目标明确，而且要措施得力、组织健全；

2.应始终关注媒介传播的发展变化，积极主动地应对新传播媒介的挑战；

3.加强对工会宣传工作专兼职干部的教育培训，提高工会宣教干部的政治素养、业务能力、新闻宣传工作能力，建设讲政治、顾大局、善学习、勤思考、精业务的工会宣教队伍。

（二）做好工会宣传工作的策划

主要包括：

1.科学制订工会宣传工作日常计划，诸如年度、季度、月度工作计划并把握好彼此衔接；

2.为推动完成某项工作而周密地做好配套的宣传工作策划；

3.以创新举措和务实方式设计出内容新颖、针对性强、形式独特、广受欢迎的策划方案，等等。

（三）健全完善工会宣传工作考核标准

健全完善考核标准应把握以下原则：

1.工会宣传工作应具有针对性且达到预期目标；

2.工会宣传工作能够为广大职工受众所喜爱、所接受；

3.工会宣传工作能够与党和国家整体宣传工作的基本要求保持一致；

4.工会宣传工作能够同工会其他工作相融合，并为工会整体工作推进营造有利条件。

第四节　工会职工文化体育工作

一、职工文化概述

（一）职工文化的概念

在社会主义文化大发展大繁荣和实现中华民族伟大复兴中国梦的时代背景下，职工文化写进了《中国工会章程》。

职工文化是中国特色社会主义文化的重要组成部分，是强化思想政治引领、凝聚职工奋斗力量的重要内容。职工文化的内容主要包括团队精神、职工道德风尚、职工文化素质、职工文化阵地建设、职工文化体育活动等方面。

文化的本质功能是以文化人。职工文化建设是全面提高职工素质、丰富职工精神文化生活、激发职工劳动热情和创造活力的重要载体。加强职工文化建设，对维护职工精神文化权益、促进劳动关系和谐稳定发展、推动社会主义文化大发展大繁荣具有十分重要的意义。2018 年 10 月 29 日，习近平总书记同中华全国总工会新一届领导班子成员集体谈话时强调，要坚持以社会主义核心价值观引领职工，深化"中国梦·劳动美"主题教育，打造健康文明、昂扬向上、全员参与的职工文化。

全国总工会办公厅于 2020 年 11 月印发了《中华全国总工会关于加强新时代职工文化建设的指导意见》（以下简称《意见》），对新时代职工文化建设的指导思想、基本原则、任务目标、重大举措等提出了明确要求。

（二）职工文化的特点

1.职工文化的本质是"文化"，职工文化是由先进职工群体创造的；

2.职工文化具有先进性，即以劳模为代表的先进职工群体的先进价值理念是职工文化的灵魂；

3.职工文化具有有效性，是培养和塑造先进职工群体的一种有效手段；

4.职工文化具有管理属性，是在企业认同和支持下开展的职工群众自我教育、自我管理和自我提升的一种方式；

5.职工文化是由工会提炼和塑造的，是工会宣传教育工作的核心内容；

6.职工文化是职工群众的文化，源于职工、作用于职工。

（三）职工文化建设的主要内容

1.塑造职工价值理念

职工价值理念是指职工群众的人生目标、伦理观念、理想信念、个人信仰和审美情趣等价值观念的总和。其主要特点表现在：

（1）内生性，即职工价值理念是先进职工群体在长期的成功实践中自然形成的；

（2）实用性，即职工价值理念对提升职工群众整体素质具有较强的指导意义和实用价值；

（3）有个性，即职工价值理念是不同职工群体间差异的本质特征。

职工价值理念的内容主要涉及职工的责任、职工理想和职工信念等方面。

2.形成职工行为规范

职工行为规范是将职工价值理念具体化为职工群众日常行为应遵循的

相关制度和规范。推动形成职工行为规范应把握的主要原则有：

（1）发挥职工价值理念的指导作用；

（2）营造良好的职工文化氛围；

（3）体现职工群众的主体作用；

（4）明确职工行为规范的内容。

3.展示职工精神风貌

职工精神风貌是指职工群众的行为风格、精神气质、道德修养、心理状态、生活志趣、业余爱好、身心素质的总和。

塑造职工精神风貌应遵循的原则主要包括：

（1）以铸魂为核心；

（2）以素质提升为手段；

（3）以化人为目标。

在上述原则指导下，职工精神风貌的内容主要涉及：职工行为习惯、职工道德品质、职工文体特长等。

（四）职工文化与企业文化的关系

1.地位对等

企业的发展寓于职工文化和企业文化相互结合与转换之中。也就是说，职工文化包含着企业文化的内容，同样企业文化也包含着职工文化的内容。这是因为，职工是企业的，企业也是职工的；职工离不开企业，企业更离不开职工。因此，职工文化与企业文化是并列关系，二者地位对等。

2.内容互补

职工文化建设是职工提高职业技能素质、丰富精神文化生活、激发劳动热情和创造活力的重要载体，企业文化建设是体现企业形象特点、增强凝聚力、提高竞争力的必要手段。可见，职工文化建设提高职工素质的核心在于为职工立魂，引导职工实现其人生追求和展现其应有的精神风貌；企业文化建设提高企业核心竞争力的关键则在于为企业立心，描绘企业蓝图和统一职工的思想观念。

3.相得益彰

实践表明，企业文化历百年而不衰的“长寿”基因不仅在于企业文化，还在于职工文化。职工文化是企业"长寿"基因的基石，企业文化是企业"长寿"基因的动因。职工文化助职工成功，企业文化促企业成功，只有二者共同成长、协调发展、相得益彰，企业方能保持可持续发展。

4.目标一致

两种文化在发展重点上各有侧重，分别以提升企业职工群众整体素质和提高企业市场竞争力为战略重点，但二者在终极目标上是一致的，都是为了实现企业高质量发展。

二、工会在职工文化建设中的主要任务与活动方式

（一）工会在职工文化建设中的主要任务

1.加强职工思想政治引领；

2.发现、选树、表彰和培养劳动模范和先进典型人物；

3.挖掘和提炼先进职工文化；

4.宣传和推广先进职工文化；

5.推动实施和建设先进职工文化。

（二）工会在职工文化建设中的活动方式

1.活动平台，诸如组织职工群众开展融学习、创新、娱乐于一体的知识竞赛、演讲比赛、体育比赛、文艺演出等多种文体活动；

2.阵地平台，诸如工人文化宫、俱乐部、职工书屋、体育馆、健身房等职工文化活动阵地；

3.品牌平台，努力打造"工"字品牌，诸如发挥职工文化基地的示范作用，实施职工素质建设工程，举办各种健康向上的职工艺术节、职工运动会、职工书屋等以培育各具特色的职工文化品牌；

4.人才平台，诸如培养和扶持职工群众中涌现出的各类职工文化人才和积极分子，形成专业文化工作者和职工文化积极分子专兼结合的职工文化建设队伍。

三、加强新时代职工文化建设

（一）基本原则

1.坚持党的领导。各级工会党组织要切实担负起政治责任，加强对职工文化建设的政治领导、思想领导、组织领导。

2.坚持正确导向。职工文化建设必须始终把坚持正确方向、价值取向和艺术导向放在首位，充分发挥思想政治引领作用，促进广大职工在理想信念、价值理念、道德观念上紧紧团结在一起。

3.坚持公益性方向。职工文化阵地是国家公共文化服务体系的有机组成部分。要始终坚持把社会效益放在首位，推动建立政府、工会、企业、社会等多渠道的资金保障体系，使其充分履行公益性服务职能。

4.坚持共建共享。坚持党委领导、行政支持、工会运作、职工参与的职工文化共建机制，坚持力量和资源向基层倾斜，使发展成果惠及更多职工。

5.坚持改革创新。适应新时代的发展和要求，充分运用互联网技术，推进职工文化建设理念思路、内容形式、方法手段改革创新，提升职工文化感召力和影响力。

（二）任务目标

根据全国总工会《意见》精神，新时代职工文化建设的任务目标是：坚持中国特色社会主义文化发展道路，坚持弘扬中华优秀传统文化、革命文化和社会主义先进文化，加强职工思想政治引领，培育践行社会主义核心价值观，积极推进职业道德建设，繁荣发展职工文艺，团结带领广大职工听党话跟党走。推动党委领导、行政支持、工会运作、职工参与的职工文化共建机制不断健全，布局合理、契合需求、作用突出、公益彰显的职工文化阵地管理、运行和保障机制日趋完善，特色鲜明、思想性艺术性俱佳的职工文化品牌和精品不断涌现，专业化、社团化、志愿化相结合的职工文化人才队伍优化壮大，职工群众文化获得感显著增强，经过 5 年的努力，推出一批职工文化阵地建设示范典型，打造一批职工文化创作培训基地，培育一批德艺双馨、具有一定社会影响力的职工文化建设领军人才，创作一批思想性强、艺术性高、社会影响大、群众口碑好的精品力作。

（三）重大举措

1.坚持正确导向。坚持用习近平新时代中国特色社会主义思想教育引导职工，通过接地气、易于被职工接受的方式推动党的创新理论进企业、进车间、进班组，引导广大职工坚定理想信念，树立正确的国家观、历史观、民族观、文化观和人生观、价值观，增强"四个意识"，坚定"四个自信"，做到"两个维护"。

2.着力打造"中国梦·劳动美"系列职工文化品牌。持续深化"中国梦·劳动美"品牌内涵，创新载体和形式，广泛开展"中国梦·劳动美"主题全国职工演讲比赛、知识竞赛、摄影、视频和书画大赛、全健排舞比赛以及各类群众性健身活动，不断提升吸引力和感染力。

3.鼓励地方广泛开展"工"字特色职工文化活动。探索项目制培育创作带有"工"字特征、体现"工"字内涵、彰显"工"字精神的优秀职工文化活动和作品。

4.丰富职工文化产品供给。把满足职工精神文化需求作为职工文化建设的出发点和落脚点，因地制宜、因时制宜，采用职工群众喜闻乐见的方式，提供丰富多样的文化服务。

5.加强职工文化阵地建设。深入落实《中华人民共和国公共文化服务保障法》，落实《关于加强和规范工人文化宫管理的意见（试行）》等文件精神，推进工人文化宫、职工书屋等职工文化阵地建设，积极争取当地政府将工人文化宫、职工书屋建设纳入地方公共文化服务体系建设范围，在建设资金、场地、税费减免等方面给予优惠扶持，以购买服务、项目补贴、定向资助、贷款贴息等方式，对工人文化宫、职工书屋提供公共文化服务给予支持。

6.构建面向社区园区便利化、普惠化的文化设施网络。着力优化职工文化阵地布局，聚焦中小企业和农民工、新就业形态职工，积极争取政府部门支持，发挥企业积极性，在街道社区、产业园区、商圈楼宇等职工聚集区建设职工文化场馆、职工书屋等，构建"企业—产业园区—社区—镇街—楼宇"圈层式文化服务网络，打造布局合理、覆盖广泛、资源集成、服务共享的职工文化服务体系，让职工就近、便捷、高效地得到文化服务。

7.提升职工文化阵地管理和服务水平。工人文化宫、职工书屋等各类职工文体活动场馆，以及职工文艺院团、文化团体是意识形态的重要阵地，各级工会要严格落实意识形态工作责任制，按照谁主管谁负责和属地管理原则，管好导向、管好阵地、管好队伍，做到守土有责、守土担责、守土尽责。

8.推动职工文化与新技术、新模式、新媒体有机融合，提高网络文化产品制作和供给能力。

9.推动职工文体活动线上线下齐头并进。推广健康文明的网络文体活动，广泛开展网上健步走比赛、工间操网络展播，以及网上摄影书画展、文艺汇演、微视频展播、"随手拍"、云上演出等线上线下并行的灵活多样、趣味便利、大众化文体活动。

四、职工体育工作

体育是社会发展与人类文明进步的一个标志，体育事业发展水平是一个国家综合国力和社会文明程度的重要体现。职工体育是在企业、事业单位、机关、社会组织等单位职工中开展的体育锻炼活动。职工体育是国家群众体育的重要组成部分，是职工群众广泛参与的体育活动。职工体育以职工喜闻乐见的运动项目和适合职业岗位劳动特点的各种有益于健身和娱乐的锻炼项目为主。目的是提高职工健康水平，调节情绪，增强对各种环境的适应能力和防止职业病。

（一）职工体育工作的主要任务

1.制订职工体育工作的发展规划，充分调动职工群众参与体育活动的积极性，最大限度地满足广大职工体育健身需求，提高职工身体素质，达到全民健身的目标。

2.改善职工体育健身的条件与环境，为职工群众参加体育健身活动提供必要的设施和良好的服务。

3.依托各级职工文化体育协会，推进职工体育工作机制创新，健全职工体育活动组织。

(二) 职工体育工作的途径和方式

1.以中国职工文化体育协会为龙头，健全完善职工文化体育工作体系。

2.开展不同层次、不同类型、丰富多彩的职工文体活动。

3.通过评比表彰，选树职工文体工作优秀单位，促进工会文体工作整体水平不断提高。

思考题

1.工会宣传教育工作主要作用有哪些？

2.如何加强和改进产业工人队伍思想政治建设？

3.如何构建产业工人技能形成体系？

4.工会宣传工作的职责与特点是什么？

5.职工文化有哪些特点？

6.加强新时代职工文化建设的基本原则和任务目标是什么？

7.如何加强新时代职工文化建设？

 ## 案例1

锻造"技能湘军"，淬炼"湖湘工匠"

——湖南省产业工人队伍建设改革五年回眸

2023年5月31日　来源：中工网

在湘潭钢铁集团有限公司，73岁的艾爱国仍战斗在生产科研第一线；中车株洲车辆有限公司内，电焊"花木兰"易冉正对深熔焊工艺技术优化创新发起攻关；中国建筑五局总承包公司项目质量总监邹彬忙着在工地上指导砌墙、砌筑样墙……3位劳模工匠的成长之路也是湖南工会引导和培养高素质产业工人的生动写照。

助"工"成"匠"，凝聚起千万湖湘产业工人力量。近年来，湖南省构建起党委统一领导、政府有关部门各司其职、企业积极参与、各级工会牵头负责与行业协会协同发力的新时代产业工人队伍建设改革工作格局，围绕产改"五大任务"，建立发挥企业推进产业工人队伍建设改革主体作用机制，锻造"技能湘军"，淬炼"湖湘工匠"。

唱好匠心逐梦"奋进曲"

"职工在哪里，思想引领就跟进到哪里，工会宣传教育就做到哪里。"省总工会负责人表示，用新时代党的创新理论武装职工头脑，全省工会不断创新，以职工喜闻乐见、易于接受的方式，推动习近平新时代中国特色社会主义思想进基层、进企业、进车间、进班组。

据统计，湖南省县以上工会累计开展党建宣传宣讲近3000场次。省总工会举办了学习贯彻党的二十大精神、中国工会十七大精神等专题培训班，推动全省工会干部和职工群众学习教育往深里走、往实里走、往心里走。

2021年4月，湖南省举办首届"大国工匠·湖湘论坛"暨2021湖湘工匠年度人物颁奖典礼活动，11位大国工匠赴湘演讲、传技，"湖湘工匠"10名年度人物和20名提名奖受到高规格的奖励。"大国工匠"艾爱国、易冉和航空精英"当代庖丁"邓元山、"工人发明家"徐仲维、以世界为高度首创"湖南创造"的宁滁如等一大批"湖湘工匠"的励志故事感染了许多人。

湖南培育能工巧匠，叫响做实"大国工匠"品牌持续升温。2022年9月2日，首届大国工匠论坛在长沙举行，这是我国第一次为"工匠"举办的全国性论坛。56名"大国工匠"从全国各地"湘"约"湘"聚，分享匠心逐梦奋斗故事，解读工匠精神深刻内涵。作为论坛的重要组成部分，首届"湖湘劳模工匠创新成果展"同步展出，共展示各级劳模和工匠代表200余位，各类实物和模型展品1200余件、职工创新成果300多项，让观众得以近距离领略以湖湘工匠为代表的广大职工的精湛技能和创新成果。

以"技能论英雄"的高潮在湖湘大地掀起。长沙市总工会举行万名师徒结对传匠心暨劳模大讲坛宣讲活动，用三大精神激励职工勇担当、敢争先；郴州市总工会推动劳模精神宣讲纳入党校培训课程，用工人阶级先进性激发党员干部干事创业热情；中联重科工会开展"党课快闪直达车间"活动，车间工人利用工余时间参加党课学习；湖湘劳模工匠馆接待参观游客达2万多人；水口山工人运动纪念馆成为游客的热门打卡地……

铺好职工发展"长赛道"

夏日的午后，走进湘钢厂区内的"艾爱国焊接实验室"，焊弧闪亮，焊花四溅。45 岁的欧勇正聚精会神地进行焊接。欧勇是"大国工匠"艾爱国的徒弟，从业 20 多年，先后参与俄罗斯亚马尔天然气、港珠澳大桥等国际大工程。欧勇不仅将湖南与世界"焊"接得越来越紧密，还先后"焊"出了湘钢焊工首席技师、湖南省劳动模范、全国五一劳动奖章等一个又一个荣誉，完成了职业道路上的"多级跳"。

湘钢充分发挥艾爱国师徒传承作用，实施"金蓝领培训"项目，开辟了四条职业发展通道，让技术工人既有"里子"又有"面子"，创新创效的劲头空前高涨。记者了解到，湘潭市已经连续 9 年组织开展的"金蓝领"培训工程，为湘潭市各类企业培育了千余名高级工、技师和高级技师，成为全省高技能人才培训的标杆之一。

在中车株洲电力机车有限公司，国务院政府特殊津贴、全国五一劳动奖章获得者、铁路机车电工谢光明长年奔波在全国各地，讲授机车维修、保养知识，现场解决机车故障"癌症"级难题，并出现在职业技术学院的讲台上……2020 年，谢光明获评高级工程师，这不仅是待遇上的提升，更多的是打破高技能人才与工程技术人才职称评定的壁垒。谢光明也成为中车株机的 6 名"双师型"人才之一。

中车株机以"产改"赋能锻造，培育"大国工匠""双师型"人才、复合型技能人才。企业为产业工人建立层级认定、技能等级认定建立绿色通道，让产业工人不仅"能参评"，还能"评得上""评得快"，开通了产业工人职业发展"快车道"。

目前，落实湖湘工匠人才引领计划，培育湖湘工匠"百千万"工程成为湖南产改的标志性抓手，引领更多的湖南产业工人提升技能素质，为湖南打造全国先进制造业高地提供强有力的技能人才支撑。

架好产业升级"登云梯"

顺应产业升级，湖南各级工会构建全链条赋智赋能体系，紧扣"产业链"，立足"人才链"，激活"创新链"，全力推进产业工人队伍建设改革走深走实。

长沙市牵住职工技能竞赛这个"牛鼻子"，以"赛"选匠为产业工人成长注入新动能。长沙市各级工会连续 4 年在 1000 多个省市重点建设项目上全面启动劳动竞赛，连续 5 年组织"十行百优"技能竞赛，率先发起长株潭三市"融城杯"职工职业技能擂台赛。各项技能竞赛覆盖工种超 100 个，参与人数超百万人……

岳阳各级工会构建职业培训平台，在产业链上做文章，大力推进"一户一产业工人"培养工程。产业链建立后，更注重打通专业链和人才培训链，培养更多专业的能工巧匠。平江县依托县职业技术学校等，开设"辣条班"等，培养具有本地特色的技能人才；汨罗市内企业积极与职教中心合办"定向班"，实行"车间课堂化、课堂车间化"订单式培养技术工人……

52 岁的省劳模肖伟松是水口山集团精铅稀贵厂生产技术主管，与徒弟钟文伟 8 年前结成对子。在师傅的"传帮带"下，当年只是初级工的钟文伟，现在是车间技术主管，独当一面。肖伟松和钟文伟还共同完成了一系列技术攻关项目和工艺技术试验，累计为企业创效近千万元。

让每一个职工都有出彩机会。水口山集团广泛搭建劳动和技能竞赛舞台，完善职工成长成才体系。像肖伟松和他的团队一样的广大产业工人队伍，正不断以科技创新推动产业链，不断催生新发展动能，助力企业迈上高质量发展新征程。

近年来，湖南省劳模创新工作室不断发挥新引领作用，将一个个技术难点变为创新亮点，一个个职工锻造成为技能人才，劳模创新工作室已成为企业发展的"助推器"、技术难题的"攻坚室"、创新成果的"转化站"，也是人才培育的"蓄水池"。目前，全省已建立示范性劳模和工匠人才创新工作室省级 166 个、市级 759 个、县区级 1235 个。

踏上新征程，一支有理想守信念、懂技术会创新、敢担当讲奉献的宏大产业工人队伍正在汇聚起高质量发展的磅礴力量，助力湖南制造向湖南智造飞跃。

（湖南工人报全媒体记者　钟晓敏）

案例2

沧州市总工会全面推进职工文化建设，打造职工文化家园

2022年12月19日　来源：中工网

信念凝聚力量，使命催人奋进。沧州市总工会紧紧围绕向海图强、向海发展，加快建设沿海经济强市发展战略，着力加强文体活动、文化宣传、文化阵地建设、文明建设，汇聚全市职工群众的智慧和力量，奋力谱写中国式现代化河北场景工会行动新篇章。

丰富文体活动，提升文化凝聚力。"送万福　进万家"书法公益活动、冬奥手势舞微视频大赛、"我们的节日——元宵节"猜灯谜活动、"众志成城　抗击疫情"第九套广播体操云展播活动……沧州市总工会通过抓好主题活动和重点活动，满足全市职工精神文化需求。

抓好主题活动。由沧州市总工会与沧州广播电视台特别策划的，以工人、工会、工厂为主题的"喜迎二十大　建功新时代——迎七一·颂党恩"职工诵读展演活动隆重举行。在展演现场，沧州交通发展（集团）有限责任公司工会干部张琳激动地说："看到我们公司表演的节目《竹林深处》，大伙都很激动，一个劲儿地鼓掌，故事来源于真实的生产生活，表演的主角是我们普通的职工，大家都觉得非常有意义。"

抓重点活动。由沧州市总工会、沧州市体育局联合举办的沧州市第四届职工羽毛球比赛吸引了来自该市的47支队伍、近500名选手参赛。参赛选手纷纷表示，该市总工会举办的羽毛球比赛不仅为广大职工提供了一个交流、切磋球技的平台，更满足了大家健身活动需求。

突出文化宣传，扩大工会影响力。历时四十余天的沧州市"中国梦·劳动美·运河情"线上职工书法绘画摄影展成功举办，职工群众用笔锋、镜头表达了为实现中华民族伟大复兴的中国梦踔厉奋发的精神风貌。稍早的"喜迎二十大　建功新时代"主题文学创作征文评选活动，及当下的"学习二十大　建功新时代"劳模工匠宣传片展播等活动，用职工群众的优秀品格和感人事迹影响带动了全社会。

重视文化阵地建设，强化文化引领力。沧州市总工会高度重视职工书

屋建设，一手抓职工书屋标准化建设，严格验收挂牌程序；一手抓职工书屋规范化管理，出台了《沧州市工会职工书屋建设管理办法》，切实发挥职工书屋主阵地作用，保障了广大职工特别是一线职工的基本文化权益。职工书屋书香弥漫，各级工会组织借助职工书屋阵地开展了形式多样的阅读分享会等活动，真正让职工书屋转起来、活起来。

推进文明建设，形成文明风尚。文化建设的提升带动文明建设进程的加快。沧州市总工会下发《关于开展"我是文明市民、要为城市争光，我是燕赵儿女、要为河北争气"活动实施方案》，在助力文明城市创建中，有力展示了该市职工群众的新担当新作为。

切实保障广大职工的基本文化权益，不仅是中国式现代化的内在要求，也是调动广大职工全面建设社会主义现代化国家积极性的重要方面。当前沧州市职工文化建设已形成党委领导、行政支持、工会运作、职工参与的工作新格局，职工群众的文化获得感不断增强，职工群众的智慧和力量正在凝聚到加快建设沿海经济强市的征程中来。

（河北工人报记者　张胜国　通讯员　田莹　刘建建）

第六章

基层工会维权服务工作

　　基层工会维权服务工作是基层工会的一项重要工作。做好工会维权服务工作，对更好地开展基层工会工作，充分发挥基层工会作用，增强基层工会组织吸引力、凝聚力具有十分重要的意义，必须高度重视，认真做好。

第一节　维护职工合法权益、竭诚服务
职工群众是工会的基本职责

《工会法》明确规定："维护职工合法权益、竭诚服务职工群众是工会的基本职责。工会在维护全国人民总体利益的同时，代表和维护职工的合法权益。"维护职工合法权益、竭诚服务职工群众是坚持走中国特色社会主义工会发展道路的关键，这体现了中国工会的性质和宗旨，反映了党的要求和职工群众的愿望，凸显了维权服务在工会发展道路中的基础地位。坚持走中国特色社会主义工会发展道路，必须充分发挥中国工会的特色和优势，切实维护职工合法权益、竭诚服务职工群众。

维护职工合法权益、竭诚服务职工群众作为工会的基本职责，是由工会的性质和特点所决定的。工会是中国共产党领导的职工自愿结合的工人阶级群众组织。职工群众主要是为了自身利益不受侵犯而参加和组织工会的。维护职工合法权益、竭诚服务职工群众是工会产生和发展的客观需要，离开对职工群众合法权益的维护和对职工群众的服务，工会就没有存在的必要，也存在不下去，职工群众更不可能参加和组织工会。

维护职工合法权益、竭诚服务职工群众作为工会的基本职责，是法律赋予工会组织的神圣使命。我国法律对工会的职责做了明确规定。1994 年颁布的《劳动法》规定，工会代表和维护劳动者的合法权益，依法独立自主地开展活动。2021 年 12 月 24 日第十三届全国人民代表大会常务委员会第三十二次会议通过的《关于修改〈中华人民共和国工会法〉的决定》，将工会的基本职责由"维护职工合法权益"扩展为"维护职工合法权益、竭诚服务职工群众"。这些都为工会履行维权服务的基本职责提供了有力的法律依据和保障。

维护职工合法权益、竭诚服务职工群众作为工会的基本职责，是实践以人为本思想的重要体现。以人为本，是科学发展观的核心，是中国共产

党人坚持全心全意为人民服务的党的根本宗旨的体现。以人为本就是要尊重人、理解人、关心人，就是要把不断满足人的全面需求、促进人的全面发展，作为发展的根本出发点。中国工会是党领导的工人阶级群众组织，是党联系职工群众的桥梁和纽带，坚持和发扬党的全心全意为人民服务的宗旨，实践好以人为本思想，要求工会必须依法坚决履行好维护职工合法权益、竭诚服务职工群众的基本职责。

维护职工合法权益、竭诚服务职工群众作为工会的基本职责，是工会服从和服务于党和国家工作大局的根本基点。工会必须把维护职工合法权益、竭诚服务职工群众贯穿到推动改革、促进发展、积极参与、大力帮扶的全过程；必须真正深入职工群众之中，倾听他们的呼声，反映他们的意愿和要求，努力为他们说话办事，进一步密切与职工群众的联系；必须保护、调动和发挥广大职工的积极性、创造性，并把这种积极性、创造性引导和凝聚到全面建成社会主义现代化强国各项工作中。

维护职工合法权益、竭诚服务职工群众作为工会的基本职责，是我国劳动关系日益复杂多变的现实对工会提出的迫切要求。工会要适应不断发展变化的经济关系与劳动关系，认真履行维权服务的基本职责，切实把职工合法权益实现好、维护好、发展好。

工会要赢得职工群众信任和支持，必须高举维权服务的旗帜，扎扎实实解决好职工群众最操心最忧虑最急迫的实际问题，使改革发展成果更多更公平惠及职工群众；要坚持职工利益无小事的理念，顺应职工对美好生活的新期待，把工作重心放在广大职工身上，从大处着眼、小处着手，满腔热情做好服务职工工作，不断提升维权服务的质量和水平，切实提升职工群众的获得感、幸福感、安全感。2018 年 10 月 29 日，习近平同志在同中华全国总工会新一届领导班子成员集体谈话时指出，工会要坚持以职工为中心的工作导向，抓住职工群众最关心最直接最现实的利益问题，认真履行维护职工合法权益、竭诚服务职工群众的基本职责，把群众观念牢牢根植于心中，哪里的职工合法权益受到侵害，哪里的工会就要站出来说话。我国工会始终将维护职工合法权益的大旗牢牢掌握在手中，把竭诚服务职工群众作为一切工作的出发点和落脚点。事实证明，只有维护职工合法权益、竭诚服务职工群众，工会才能密切联系职工群众，把广大职工群众团结、凝聚在党的周围。

第二节　工会维权服务的主要内容和维权服务机制

一、明确工会维权服务的主要内容

工会维权的主要内容如下：

（一）职工的经济权利，包括劳动就业权、休息休假权、劳动报酬权、劳动保护权、社会保险权等；

（二）职工的政治权利，包括依法参加和组织工会的权利、依法参加民主管理的权利等；

（三）职工的文化权利，包括职业培训权，参加文化体育活动权等；

（四）职工的社会权利，包括社会保障权、社会参与权、社会福利权等；

（五）职工的生态文明权利，主要指职工的环境权，为职工创造良好的工作生活环境。

服务职工群众的主要内容如下。要认真总结城市困难职工解困脱困工作经验，建立健全困难职工家庭常态化帮扶机制，防止相对困难、意外致困职工家庭返贫。推进送温暖常态化，强化工会职工服务中心（困难职工帮扶中心）服务功能，培育一批职工群众受益面广、改善职工生活品质明显的工会品牌服务项目和社会资源。深入实施送温暖工程、金秋助学、农民工平安返乡、职工法律援助等品牌；继续实施职工健康促进工程。积极开展劳模和职工疗休养工作。支持开展职工互助保障活动。推进工会联系引导社会组织为职工提供专业化服务。开展创建学习型组织、争当知识型职工活动，开展健康活泼的职工文体活动。加强女职工休息哺乳室建设、工会爱心托管服务、"会聚良缘"工会婚恋服务、爱心驿站等工作。

当前要特别关注、维护新就业形态劳动者的合法权益。维护新就业形态劳动者劳动保障权益的重点如下。（1）落实公平就业制度，消除就业歧视。（2）健全最低工资和支付保障制度，推动将不完全符合确立劳动关系情形的新就业形态劳动者纳入制度保障范围。（3）完善休息制度，推动行业明确劳动定员定额标准，科学确定劳动者工作量和劳动强度。督促企业按规定合理确定休息办法，在法定节假日支付高于正常工作时间劳动报酬的合理报酬。（4）健全并落实劳动安全卫生责任制，严格执行国家劳动安全卫生保护标准。（5）完善基本养老保险、医疗保险相关政策。组织未参加职工基本养老、职工基本医疗保险的灵活就业人员，按规定参加城乡居民基本养老保险、城乡居民基本医疗保险，做到应保尽保。（6）强化职业伤害保障，以出行、外卖、即时配送、同城货运等行业的平台企业为重点，组织开展平台灵活就业人员职业伤害保障试点，平台企业应当按规定参加。（7）督促企业制定修订平台进入退出、订单分配、计件单价、抽成比例、报酬构成及支付、工作时间、奖惩等直接涉及劳动者权益的制度规则和平台算法，充分听取工会或劳动者代表的意见建议，将结果公示并告知劳动者。

二、不断完善工会的维权服务机制

维权服务机制是工会履行基本职责、做好维权服务工作的基本保障。根据《工会法》规定，工会维护职工合法权益、竭诚服务职工群众的相关制度和工作机制主要包括以下内容。

1.劳动合同制度。劳动合同是确立劳动关系的依据，是劳动者权利义务的主要载体。工会应当帮助、指导职工与用人单位签订劳动合同。用人单位单方面解除职工劳动合同时，应当事先将理由通知工会，工会认为用人单位违反法律、法规和有关合同，要求重新研究处理时，用人单位应当研究工会的意见，并将处理结果书面通知工会。

2.平等协商与集体合同制度。《工会法》第 6 条第 2 款规定："工会通过平等协商和集体合同制度等，推动健全劳动关系协调机制，维护职工劳动权益，构建和谐劳动关系。"

3.职工民主管理制度。工会要依照法律规定通过职工代表大会或者其他形式，组织职工参与本单位的民主选举、民主协商、民主决策、民主管理和民主监督。

4.劳动法律监督制度。工会要依法对用人单位执行劳动法律法规的情况进行监督，用人单位违反劳动法律法规规定，侵犯职工劳动权益的，工会应当代表职工与用人单位进行交涉，要求采取措施予以改正。

5.劳动争议调处制度。工会要积极参加企业的劳动争议调解工作。地方劳动争议仲裁组织应当有同级工会代表参加。职工认为用人单位侵犯其劳动权益而申请劳动争议仲裁或者向人民法院提起诉讼的，工会应当给予支持和帮助。

6.建立联系广泛、服务职工的工会工作体系。《工会法》第6条第4款规定："工会建立联系广泛、服务职工的工会工作体系，密切联系职工，听取和反映职工的意见和要求，关心职工的生活，帮助职工解决困难，全心全意为职工服务。"

多年来，在维权服务机制建设中，各级工会进行了有益的探索，基本框架已经形成，基本机制已初步建立，作用也得到了一定的发挥。但问题也是不容忽视的。有的地方在维权服务机制建设中，重数量，轻质量；重形式，轻内容；重建立，轻落实，工会维权服务机制还没有有效地运转起来。有的地方集体合同签订率很高，但履约率很低。有的单位建立了职工代表大会制度，但职代会的职权落实不了，使维权服务机制成了"花架子"。为了提高工会维权服务成效，切实把职工合法权益实现好、维护好、发展好，必须不断完善工会维权服务机制。

完善工会维权服务机制，要做到与时俱进，不断创新。随着经济的发展和社会的进步，随着经济结构、就业结构、劳动关系和职工队伍的不断变化，工会维权服务机制的形式、内容、体制不能一成不变，要不断创新，不断发展，不断开辟新的路径，不断采用新的手段，把握规律性，体现时代性，始终保持工会维权服务机制的活力和生命力，适应工会维权工作的需要。要实事求是，从实际出发。经济发展没有统一的模式，工会维权服务机制也不可能千篇一律。基层工会应结合本地区、本部门、本单位的实际，因地制宜、因企制宜，按照突出重点、不断创新的原则，创造富有特色且行之有效、形式多样的维权服务机制，切忌照抄照搬。要重质量，讲实效。工会维权服务机制建设，既要有量上的要求，更要有质上的标准。建设维权服务机制不是为了应付上级检查，而是为了发挥在维护职工合法权益、服务职工群众方面的作用。所以，要把作用大小和实际效果如何作为衡量维权机制建设质量高低的主要标准，坚决克服形式主义，防止走过场。要实现维权服务机制规范化。加强工会维权服务机制的制度建设，把重要的、成熟的维权服务机制和有效的做法，通过制定规章制度使之制度化、规范化，依法予以规范。同时，工会要建立健全工会内部相关的规章制度，明确维权服务机制建设的操作流程和实施办法，做到有法可依、有章可循。要建立科学的评价体系。工会建立的维权服务机制是否完善，是否管用，应当有一个科学、合理的评价体系，不仅要看形式、看数量，而且要看在维权服务方面能否真的发挥作用，能否取得实效；不仅要听汇报、看材料，而且要实地考察，听取职工群众的意见，了解维权服务的真实情况。特别应当建立职工群众评价机制。职工群众是工会维权服务的对象，是工会维权服务的受益者，他们最了解情况，最有发言权，应当定期组织职工对工会的维权效果进行评议或者测评，以他们的满意度作为最主要的评价依据。

新时代新起点，工会维权服务的途径、平台、形式、内容可能在变，但用心用情、担当作为的底色不变。只有忠诚履职、奋力作为，切实加大对职工群众的维权服务力度，工会组织才能成为名副其实的"职工之家"，工会干部才能真正成为职工群众信赖的娘家人、贴心人。

第三节　牢固树立中国特色社会主义工会维权观

中国特色社会主义工会维权观是中国特色社会主义工会发展道路的重要组成部分，是中国工会坚持和发展马克思主义关于工人阶级和工会思想理论的崭新认识。中国特色社会主义工会维权观强调以职工为本，主动依法科学维权，从根本上回答了为何维权、为谁维权的问题，是新形势下工会维权的重要指导思想和科学理念。它包括以下6方面内容和精神。

一、中国特色社会主义工会维权观的核心是以职工为本

中国特色社会主义工会维权观的核心是以职工为本。这就从根本上回答了为谁维权、为何维权的问题。以职工为本，就是要坚持工人阶级始终是推动我国先进生产力发展和社会全面进步的根本力量，是社会主义经济、政治、文化建设与和谐社会建设的主力军；就是要以实现职工的全面发展为目标，不断满足广大职工日益增长的美好生活的需要，切实保障职工群众的政治、经济、文化、社会和生态文明权益；就是要依靠职工群众共建和谐社会并共享和谐成果，"共建共享"；就是要把竭诚为职工群众服务作为工会一切工作的出发点和落脚点。以职工为本，是党的全心全意为人民服务宗旨在工会维权工作中的具体体现。

二、中国特色社会主义工会维权观是一个有机整体，其本质要求是主动、依法、科学维权

主动维权，就是要增强责任意识，有超前的预见和积极的作为，主动了解职工群众的实际困难和问题，反映诉求、化解矛盾，改变事后介入的被动维护，努力做到提前参与和主动维护。

依法维权，就是要增强法治观念，善于运用法律手段和途径，通过理性合法的途径和方式，依法规范维权行为，更好地适应社会经济关系和劳动关系的深刻变化，参与涉及职工利益的法律法规和政策措施的研究制定，建立和完善维护职工合法权益的有效机制和制度。

科学维权，就是要依据国情和时代特点，掌握工会维权的规律性，用科学理论来指导，用科学态度来协调，用科学方法来推进，更好地做到推进改革开放、促进企事业发展和实现职工利益相统一，使工会维权工作沿着正确的方向不断前进。

维权观作为一个思想体系，组成部分之间必然要有内在联系，也必然要有本质要求。主动、依法、科学维权三者是从三个不同方面对工会维权工作提出的本质要求，三者之间相互联系、相辅相成，不可分割，统一于工会维权工作的全过程。

三、中国特色社会主义工会维权观强调要坚持两个维护相统一的维权原则

在维护全国人民总体利益的同时，更好地代表和维护职工群众的具体利益。两个维护相统一，具体到基层企事业就是"促进企事业发展，维护职工权益"原则。党领导的建设中国特色社会主义事业，集中代表了包括职工群众在内的全国人民的总体利益。离开全国人民总体利益的实现，职工群众的具体利益无法从根本上得到维护。同时，总体利益是由各方面具体利益构成的，离开对职工具体利益的维护，总体利益也无法有效实现。促进经济发展和社会进步是实现总体利益的必然要求，又为企事业职工具体利益提供保障。

确定两个维护相统一的原则，首先是现阶段我国基本经济制度、政治制度运行的客观要求。其次也是和谐社会构建的需要。和谐社会基础是和谐劳动关系，两个维护相统一，才能建立和谐劳动关系。

坚持中国特色社会主义工会维权观，要求工会必须坚持两个维护相统一的原则，既要旗帜鲜明地支持改革，教育引导职工理解和投身改革，正确处理个人利益与集体利益、局部利益与整体利益、眼前利益与长远利益的关系，最大限度地保护、调动、发挥职工群众的积极性创造性，又要旗帜鲜明地维护职工合法权益，促进职工群众的具体利益不断得到实现和保障，确保职工群众共享经济社会发展的成果。

四、中国特色社会主义工会维权观要求树立"和谐发展、互利共赢"的重要理念

"和谐发展、互利共赢"的维权理念，是适应社会主义新型劳动关系

的本质特征的新型维权理念。它倡导和谐理念，培育和谐精神，畅通职工利益诉求渠道，通过协商、调解等手段，运用经济、法律、行政等手段，解决劳动关系领域的矛盾和问题。

我国社会主义市场经济条件下的劳动关系产生的矛盾，从本质上、总体上讲是人民内部矛盾，是非对抗性的。劳动关系双方虽然在具体利益上存在差别和矛盾，但二者在根本利益上却是一致的，双方是紧密相连的利益共同体。劳动关系矛盾的这类性质和特点，客观上决定了我们在处理劳动关系矛盾时，要从我国的国情出发，总结和汲取发达市场经济国家的经验教训，选择既适合当今世界潮流又符合我国国情及政治、经济制度和工会实际，具有中国传统文化特点的调解劳动关系的新模式。"和谐发展、互利共赢"正是这样一种理念和模式。具体到企事业工会工作中，一方面要积极促进企事业发展，引导广大职工履行自己的义务，爱岗敬业、勤奋工作，加强学习、提高素质，促进企事业高质量发展。另一方面要加大协调劳动关系的力度，开展创建劳动关系和谐企业活动，维护好职工的劳动经济权益、民主政治权利和精神文化需求。

五、中国特色社会主义工会维权观要求坚持统筹兼顾、突出重点的维权方法

这主要是为适应我国职工队伍在具体利益需求上出现的多层次、多样化特征。我国的职工队伍与过去相比，在构成上发生了重大变化。一是队伍规模宏大，结构复杂。二是收入差距有所拉大。三是农民工已经成为我国产业工人的主体，数量上已远远超过有城镇户籍的职工。这些变化必然使职工队伍在利益诉求上出现具有利益需求多层次、多样化的特征。四是新就业形态劳动者在我国已经成为一个规模庞大的新生就业群体，成为工会维权服务的重要对象。因此，维权服务工作必须统筹兼顾、突出重点，既突出维护困难职工、下岗失业人员、农民工和新就业形态劳动者等群体的合法权益，又注意维护其他职工群体的合法权益；既突出维护职工的劳动经济权益，又注意维护职工的民主政治权利、精神文化需求和社会权利；既突出为职工群众解决实际困难和问题，搞好具体维护，又注意发挥

我国的政治优势，搞好源头参与、宏观维护，建立健全维权工作的长效机制；既突出做好国内维权工作，又注意在国际工运舞台上高举和平、发展、合作的旗帜，维护国家利益和职工权益。

六、树立和落实中国特色社会主义工会维权观要坚持党政主导、工会运作的维权格局

自觉接受党的领导，是工会维权工作沿着正确方向发展的根本保证；坚持在党的领导下独立自主、创造性地开展工作，是维护职工具体利益的必然要求。工会组织的维权工作是党和政府主导的维护群众权益工作的重要组成部分。要把坚持党政的主导性与发挥工会的主动性统一起来，加强与社会各方面的沟通、联系和配合，努力形成党委领导、政府支持、社会配合、工会运作、职工参与的维权格局，确保维权工作取得实实在在的成效。

第四节　做好工会生活保障工作

一、做好工会生活保障工作的意义

工会生活保障工作涉及职工的劳动就业、劳动工资、社会保险、生活福利、困难帮扶，关系到职工群众的切身利益。工会生活保障工作的实质就是维护职工的劳动经济权益。做好工会生活保障工作，对于工会切实履行自己的基本职责，维护职工队伍和社会的稳定，促进经济社会高质量发展，推动社会主义和谐社会建设，都具有重要的意义。

（一）做好工会生活保障工作，有利于职工合法权益的实现

在劳动者的合法权益中，劳动经济权益是最基本的权益，是劳动者获得政治民主权益和精神文化权益实现的前提和基础。职工的劳动经济权益

得到保障，有利于政治民主权益和精神文化权益的实现。

（二）做好工会生活保障工作，有利于构建和谐劳动关系

劳动关系是生产关系的重要组成部分，是最基本、最重要的社会关系之一。劳动关系是否和谐，事关广大职工和企事业的切身利益，事关经济发展与社会和谐。做好工会保障工作，努力保障和促进职工最关心的劳动经济权益的实现，对于实现劳动关系双方的和谐，有效地化解和减少劳动关系双方的矛盾和冲突，推动建立和谐劳动关系，无疑具有十分重要的意义。

（三）做好工会生活保障工作，有利于形成稳定和谐的经济社会发展环境

目前，劳动就业、收入分配、生活福利、社会保障是广大职工最关心、最直接、最现实的利益问题，也是党和政府高度重视和关注的经济社会问题。这些问题如果解决不好，将会直接影响到经济的发展和社会的稳定。因此，做好工会生活保障工作，努力维护好职工在就业、分配、生活福利和社会保障等方面的劳动经济权益，有利于形成一个稳定和谐的经济社会发展环境，有利于充分调动广大职工的积极性、主动性、创造性，为我国经济社会高质量发展创造良好的条件并提供强大的动力。

二、工会生活保障工作的地位和作用

工会生活保障工作是工会工作的重要组成部分，在整个工会维权工作中处在首要和基础的地位。工会生活保障工作对促进国家社会保障制度的完善和落实，维护和实现职工合法权益，推动建立和谐劳动关系都发挥着极其重要的作用。

三、工会生活保障工作的职责和任务

（一）工会生活保障工作的基本职责

工会生活保障工作的基本职责是维护职工的劳动经济权益。职工劳动经济权益是职工在社会生产过程中作为劳动者所应享受的劳动就业、收入

分配和社会保障等方面权益的总称。因此工会生活保障工作的职责，具体地说，就是要维护好、实现好、发展好广大职工的劳动就业权、劳动报酬权、生活福利权和社会保障权等各项劳动经济权益，促使广大职工共享经济社会发展成果，从而充分调动广大职工的积极性、主动性和创造性，共建社会主义和谐社会，也就是说在共建中共享、在共享中共建。

（二）工会生活保障工作的任务

1.综合研究国民经济和社会发展过程中与职工劳动经济权益密切相关的问题，研究工会生活保障工作的有关理论和政策，制定和提出工会生活保障工作的总体规划、工作目标和工作任务，总结推广典型经验，更好地开展工会生活保障工作。

2.参与政府有关职工劳动就业、收入分配、社会保险、社会救助、社会福利以及涉及职工切身利益等方面的政策法规的研究与制订，充分反映职工的意见、要求和建议，从源头上维护广大职工的劳动经济权益。

3.开展调查研究，推动并监督有关职工劳动、工资、社会保险、社会救助、社会福利等方面政策法规的贯彻执行，并及时了解和掌握职工群众相关权益的实现和保障状况，提出相应的对策和建议。

4.发挥工会自身优势，通过多种形式和途径，组织开展困难职工帮扶工作，努力为广大职工办实事做好事，帮助职工解决在劳动就业、收入分配、社会保险、子女教育、家庭住房以及基本生活保障等方面的突出困难，协助党和政府解决困难职工的生产生活问题。

5.工会协助用人单位办好职工集体福利事业，做好工资、劳动安全卫生和社会保险工作。

四、工会生活保障工作的内容

工会生活保障工作主要有劳动就业、劳动工资、生活福利和社会保险等4方面内容。

（一）劳动就业工作

劳动就业是指具有劳动能力的公民在法定劳动年龄内自愿从事有一定

劳动报酬或者经营收入的社会劳动。劳动就业是劳动者的基本权利，是最基本的民生，是国家发展的基石。

工会劳动就业工作是工会生活保障工作的重要内容。做好劳动就业工作，对于维护劳动者合法权益、促进经济社会发展具有非常重要的意义。随着社会主义市场经济的深入发展和国家法治建设的不断完善，工会劳动就业工作的地位和作用更加突出，内容更加明晰，工会劳动就业工作的方式和手段也将更加趋向法治化、制度化。同时，根据新时代我国的基本就业形势和劳动关系的发展变化，工会劳动就业工作也面临诸多方面的新问题、新挑战，需要在开拓中不断发展、不断创新。

目前，工会劳动就业工作的主要任务如下。

1.加大源头参与，落实制度保障。在社会主义市场经济条件下，国家实行"劳动者自主择业，市场调节就业，政府促进就业"的方针，市场在调节和配置劳动力资源方面起着决定性作用，劳动市场在调节就业和劳动力市场价格方面起主导作用，大多数劳动者按照国家劳动法律与用人单位之间结成市场化的劳动关系，实现自己的就业权。工会作为职工利益的代表者、维护者和发展者，代表职工参与劳动法律法规和政策的制定，监督相关法律法规和政策的落实，这是工会的法定权利和重大职责。工会要主动参与政府主导的就业工作协调机制，把促进职工就业、维护职工劳动经济权益作为重中之重。积极参与促进就业创业相关政策制定落实，搞好调查研究，掌握职工的意愿，反映职工的意见，从源头上维护劳动者就业权。基层工会要做好监督相关法律法规和政策在企事业的贯彻落实，维护好职工的劳动就业权。

2.强化技能培训，推动稳定就业。工会要按照国家提出的"大规模开展职业技能培训，注重解决结构性就业矛盾"的要求，发挥工会就业培训阵地作用，主动对接社会资源，以工会技能培训促进就业行动为抓手，为下岗转岗职工、农民工、困难职工家庭高校毕业生等群体开展订单式、定向式培训，增强职工就业能力、岗位适应能力，提高职工就业稳定性。

3.大力发展工会就业服务体系，为劳动者特别是就业困难群体提供就业服务和就业援助。工会兴办的就业服务机构也是我国公共就业服务体系的组成部分。工会要把促进就业工作纳入工会的重点工作，充分发挥困难职工帮扶中心（服务中心）作用，为职工提供求职登记、职业介绍、政策咨询等常态性就业服务。通过组织专场招聘、区域招聘会等活动，为重点就业群体提供精准性就业服务。搭建网站、微信、APP 等多种形式的互联网就业信息平台，为职工提供普惠性就业服务。工会要积极响应"大众创业、万众创新"号召，协助政府加大创业培训、创业孵化和创业指导工作力度，协同银行、保险公司等社会资源，为有创业意愿和能力的职工提供创业培训、创业指导、创业孵化、小额信贷创业扶持。通过征集创业项目、举办创业项目推介会、向自主创业者提供工会小额无息借款等形式扶持自主创业带动就业。

（二）劳动工资工作

工资是作为职工主要的劳动报酬形式，是职工及其家庭生活的主要经济来源。工资直接涉及每个职工及其家庭的切身利益，在职工利益中占据最基本、最首要的位置。工会维护职工的合法权益，首要的就是要维护好职工的劳动经济权益，以确保职工的劳动经济利益来调动职工的积极性主动性，促进企事业高质量发展，促进劳动关系和谐。目前，工会劳动工资工作的主要任务如下。

1.积极参与有关工资法律法规和政策的制定与监督落实，从源头上维护职工的劳动工资权益。劳动工资是劳动关系的核心，是职工最关心的切身利益问题。工会要深入实际，搞好调查研究，代表和反映职工的意愿，提出工会的建议，积极参与政府有关职工收入分配政策和法律法规的制定，从源头上维护职工的劳动工资权益。要充分运用国家法律法规赋予的权力，帮助和推动企事业建立有关内部分配的民主参与、民主监督机制，对企事业的收入分配进行全过程、全方位的参与和监督。要积极配合政府劳动行政部门进行工资政策法规贯彻执行情况的监督检查工作。

2.开展工资集体协商，签订工资集体协议。通过开展工资集体协商，签订工资集体协议，建立工资支付保障机制和工资正常增长机制，是工会维护职工工资权益的有效机制。工会开展好工资集体协商工作，必须遵循合法、平等、利益兼顾和保持稳定等原则，做好相关数据及资料收集和研究工作，严格遵守工资集体协商的程序，不断提高工资集体协商的质量，发挥工资集体协商的作用。

3.推动政府有关部门建立和完善最低工资保障机制，监督企事业严格执行最低工资标准。最低工资保障机制的建立，对于保障劳动者的合法权益、规范用人单位工资支付行为、促进经济社会发展，具有十分重要的意义。最低工资标准是在考虑职工及赡养人口的最低生活费用、城镇居民消费价格指数、职工个人缴纳社会保险费、住房公积金、职工平均工资、经济发展水平、就业状况等因素来确定的。所以工会要研究这些因素，参与最低工资标准调整方案的制订，推动政府每两年调整1次最低工资标准。要监督企事业执行最低工资标准，杜绝以计件工资为由拒绝执行最低工资标准或通过提高劳动定额变相降低工资和将最低工资标准作为标准工资执行现象的发生。

（三）生活福利工作

工会生活福利工作，是工会组织通过各种途径和形式，对在生活方面遇到困难和问题的职工给予帮扶，使他们尽快摆脱困境的一项重要工作，是工会直接联系和服务职工的一项基础性工作，是中国特色社会保障制度的有效补充，是社会救助体系的重要组成部分。工会送温暖工程和职工服务中心（困难职工帮扶中心）是工会生活保障工作的两个重要平台和载体。工会通过这两个平台，为困难职工群众做了大量的好事和实事，解决了许多难事，为职工队伍稳定，构建和谐社会、促进经济发展，发挥了重要的作用。目前工会生活保障工作的主要任务如下。

1.参与有关社会救助、社会福利方面的法律法规和政策的研究与制定。工会要在政府出台涉及职工基本生活保障、生活福利、社会保险、住房等切身利益的政策出台时，代表职工提出工会的意见和建议，从源头上维护困难职工的生活保障权益。在政府出台涉及职工切身利益的政策出台时，工会要代表职工提出工会的主张和意见，有效地维护职工，特别是困难职工的利益。作为基层工会要在企事业单位出台和调整涉及职工利益的规定和方案时，反映职工的意见，提出工会的建议，要通过职工代表大会讨论通过。

2.监督和推动各项社会救助、社会福利法规政策的贯彻落实。工会要履行对社会救助、社会福利政策的群众监督职责，要通过与政府联席会、在人大和政协的参政议政、与政府有关部门的联合监察活动等渠道，积极开展有关职工生活保障政策法规贯彻落实情况的监督检查工作，推动困难职工进入各项社会救助政策覆盖范围，维护职工的基本生活等方面的合法权益。做好相关政策的宣传工作，搞好政策贯彻落实情况的调查研究，及时反映执行中存在的问题，为政府制定政策和完善政策提供依据。

3.深入开展困难职工帮扶活动。在推动政府社会救助制度出台和完善的同时，工会要积极开展困难职工帮扶工作，充分发挥工会在社会救助大格局中的拾遗补阙作用。按照全总的部署和要求，重大节日开展大规模的送温暖活动，日常开展救助帮扶工作。建立职工服务中心（困难职工帮扶中心），为困难职工提供生活救助、职业介绍、技能培训、法律援助、信访接待等多功能一站式服务，形成工会困难职工帮扶网络化。要积极参与社会救助制度顶层设计，促进困难职工帮扶与社会救助体系相衔接。巩固拓展解困脱困工作成果，健全困难职工家庭生活状况监测预警机制和常态化帮扶机制。积极争取各级财政、社会资源、工会经费等多渠道投入帮扶资金，对深度困难、相对困难、意外致困等不同困难类型的困难职工家庭精准帮扶、分类施策，形成层次清晰、各有侧重、有机衔接的梯度帮扶工作格局。要引入公益慈善、爱心企业、志愿服务、专业机构等各类社会资源，推进困难职工帮扶与政府救助、公益慈善力量有机结合。推进"以工代赈"式救助帮扶，强化物质帮扶与扶志、扶智相结合，有效激发困难职工家庭解困脱困的内生动力。

要把"精准"贯穿困难职工解困脱困工作全过程，明确工作目标、突出工作重点、抓住关键环节，精准聚焦、持续发力，做到底数精准、原因精准、措施精准、解困脱困精准，既要帮助困难职工解决眼前困难，做到无基本生活之忧，又要帮助他们脱困，走上致富之路。

4.实施提升职工生活品质行动。以精准服务为导向，以满足职工美好生活需要为目标，制订实施工会提升职工生活品质行动方案，推行工会服务职工工作项目清单制度；建立工会帮扶工作智能化平台，健全工会服务职工满意度评价机制。开展帮扶中心赋能增效和幸福企业建设试点工作，提升职工服务中心（困难职工帮扶中心）综合服务职工功能，深入推进职工生活幸福型企业建设工作，精准对接社会资源与职工需求，培育一批服务项目，引导企业改善职工生产生活条件。

（四）社会保险工作

社会保险是社会保障制度的核心内容，积极参与和推动社会保险制度的建立和运行，并促使其发挥应有作用，是工会保障工作的重要组成部分。工会要推动完善职工社会保险制度和分层分类社会救助体系，健全覆盖全民、统筹城乡、公平统一、可持续的多层次社会保障体系。目前工会社会保险工作的主要任务如下。

1.代表职工参与有关社会保险法律法规政策的研究和制定。工会作为职工利益的代表者、维护者和发展者，参与社会保险法律法规和政策的制定是法定的权利和义不容辞的责任。工会在参与政府有关社会保险法律法规和政策的研究制定过程中，要充分反映职工的意愿和呼声，提出工会的意见建议和政策主张，从源头上维护职工的合法权益。

2.监督社会保险法律法规政策的贯彻落实和社会保险基金的管理使用。工会要通过参与人大、政协以及政府有关部门的联合监察组、社会保险监督委员会、职工代表大会、厂务公开等渠道，积极开展社会保险监督检查工作。地方总工会要重点参与社会保险基金管理和使用的监督检查工作，基层工会要重点监督用人单位是否参加社会保险并按时足额为职工缴纳社会保险费，以保障职工的社会保险权益不受侵犯。

3.构筑职工互助保障，建立多层次社会保障体系。职工互助保障是职工自愿参加、资金以职工个人缴费为主、职工互助互济性质的一种保障形式。它是在国家法定社会保障制度之外，在参保职工发生生老病死、伤残或其他意外等特殊困难时给予职工的物质帮扶，是对国家法定社会保障待遇的一种补充形式。

职工互助保障组织是指依托各级工会组织，以互助互济方式为职工提供保障服务的非营利性法人组织。职工互助保障组织应当坚持服务职工的公益属性，坚持互助的组织特色，坚持发挥对社会保障的补充作用。遵循依法独立承担责任，成本、风险可控的原则，切实维护职工和会员权益。职工互助保障组织开展职工互助保障活动，必须遵守法律、法规及《职工互助保障组织监督管理办法》的规定，接受本级和上级监管部门（机构）监督。职工互助保障组织不得以职工互助保障活动为由从事营利性活动。

第五节　认真做好农民工和新就业形态劳动者维权服务工作

一、做好农民工维权服务工作

工会要把维护农民工合法权益作为维权工作的重要内容，帮助农民工改善劳动和生活条件，督促用人单位做好农民工工资发放工作，加大对工会维护农民工合法权益工作的宣传力度，为农民工办实事办好事。基层工会组织和广大工会干部要增强做好维护农民工合法权益工作的责任感和使命感，切实把农民工合法权益实现好、维护好、发展好。

（一）做好维护农民工合法权益工作的重要性

1.做好维护农民工合法权益工作，是贯彻新发展理念的内在要求。创新、协调、绿色、开放、共享的新发展理念，深刻揭示了实现更高质量、更有效率、更加公平、更可持续发展的必由之路，是关系我国发展全局的一场深刻变革。坚持共享发展，就是必须坚持发展为了人民、发展依靠人民、发展成果由人民共享，作出更有效的制度安排，使全体人民在共建共享发展中有更多获得感，增强发展动力，增进人民团结，朝着共同富裕方向稳步前进。做好农民工工作，切实把农民工利益实现好、维护好、发展好，充分体现了共享发展的要求，意义重大而深远，任务光荣而艰巨。工会组织只有切实做好维护农民工合法权益工作，充分调动广大农民工的积极性主动性，才能在推动经济社会发展中发挥自己的作用，才能在深入贯彻新发展理念，服务于党和政府的工作大局中展示自己的作为。

2.做好维护农民工合法权益工作，是构建和谐社会的现实需要。工会作为劳动关系中劳动者合法权益的代表者和维护者，只有在协调劳动关系中切实维护好包括农民工在内的广大职工的合法权益，才能更好地协调劳动关系，促进社会和谐稳定。

3.做好维护农民工合法权益工作，是推动新农村建设的重要举措。农民工进城务工，不仅为改变城乡二元结构，解决"三农"问题闯出了一条新路，而且他们返乡带回资金、技术和市场经济观念，推进新农村建设，促进乡村全面振兴。当前工会组织服务新农村建设的着力点，就是要做好维护农民工合法权益工作，切实帮助农民工解决最现实、最直接、最关心的问题，使广大农民工在劳动就业、收入分配、社会保障、安全卫生、民主参与等方面依法享有的合法权益得到有效保障。工会把这些工作做好了，就是对新农村建设、促进乡村振兴最实际、最有效的支持。这既是党和政府对工会组织提出的要求和寄予的希望，也是广大农民工对工会组织的殷切期盼。

4.做好维护农民工合法权益工作，是工会组织的重要责任。农民工作为工人阶级队伍的新成员，已成为工会工作的重要对象。各级工会要认真贯彻"组织起来，切实维权"的工作方针，进一步采取切实有效的措施，最大限度地把广大农民工组织到工会中来，在全社会叫响"农民工有困难找工会"的口号，立足当前，着眼长远，推动建立维护农民工合法权益的长效机制，使农民工真正感受到工会作为"职工之家"的温暖，体会到党和政府的关怀。

（二）深入扎实地做好农民工维权服务工作

1.最大限度地把广大农民工吸收到工会中来，为维护农民工合法权益提供组织保证。要增强把农民工组织到工会中来的政治责任感和紧迫感，切实维护农民工依法参加和组织工会的权利。要深入到农民工中去，加强对农民工的宣传教育，使农民工了解工会、认知工会，增强农民工依法自觉建会、主动入会的内在动力；要创新组织形式，抓住农民工在输出地加入工会这个源头，进一步简化农民工入会、转会手续。要以非公有制企业为重点单位，以建筑、采掘、商贸、餐饮等为重点行业，打破务工时间长短等一切限制农民工入会的框框，采取农民工集体登记入会、开设农民工入会窗口等形式，及时快捷地把农民工吸纳到工会中来。

2.叫响"农民工有困难找工会"的口号，努力为农民工办实事做好事解难事。叫响"农民工有困难找工会"的口号，不是说工会要包揽所有工作，由工会解决农民工所有的困难，而是让有困难的农民工有反映问题和倾诉呼声的渠道，不能让遇到困难的农民工投诉无门。凡是农民工向工会反映和投诉的问题，工会要承担起知情人、帮助人、报告人、协调人、监督人的职责。对工会能够办到的事，要尽心竭力去办；对属于政府职能范围内解决的事，工会要及时向党委、政府及有关方面反映，并协助和督促有关部门解决；对于暂时无法解决的困难，工会要耐心倾听农民工的诉求，做好说服解释工作。要把农民工纳入送温暖的重点对象，积极开展走访慰问活动，把因经济原因上不起学的农民工子女纳入金秋助学活动范围。

3.协助政府和有关部门，突出解决好拖欠农民工工资问题。农民工有按时足额获得工资的权利。任何单位和个人不得拖欠农民工工资。要按照国务院《保障农民工工资支付条例》以及《关于进一步做好根治拖欠农民工工资工作的通知》《关于开展农民工工资支付情况专项检查的通知》要求，加强与有关部门的协调配合，重点对劳动密集型企业进行检查监督，发现拖欠农民工工资的，要督促用人单位及时足额支付拖欠的工资。要在进一步健全完善建筑行业工资保证金制度的基础上，重点向交通、水利、铁路工程行业推广。要积极推动政府和企事业单位建立农民工工资合理增长机制，进一步建立和完善工资集体协商制度、工资监控制度，确保用人单位支付农民工工资不低于当地最低工资标准，依法按时足额支付农民工工资。农民工的加班工资要监督用人单位按规定发放，不得利用提高劳动定额变相降低工资水平。要加强对纺织、服装加工企业的检查监督，重点检查工资支付、超时加班等情况。工会依法维护农民工工资权益，对用人单位工资支付情况进行监督；发现拖欠农民工工资的，可以要求用人单位改正，拒不改正的，可以请求人力资源社会保障行政部门和其他有关部门依法处理。工会法律援助机构要积极帮助农民工通过劳动争议仲裁和诉讼等法律手段解决欠薪问题，免费代理因欠薪引发的劳动争议仲裁和诉讼案件。

4.推动健全劳动合同制度，不断规范农民工劳动管理。劳动合同制度是市场经济条件下用人单位和劳动者确立劳动关系的法律制度，是维护农民工权益的重要法律手段，在协调劳动关系上发挥着基础性作用。工会要通过各种形式向农民工宣传国家有关的法律法规和政策规定，教育和引导农民工关注劳动合同，关注自我权益的维护，增强农民工签订劳动合同的意识。要指导和帮助农民工签订劳动合同，对不规范的劳动合同要督促企事业重新签订。要将劳动合同执行情况作为工会劳动监督的重点，建立和完善监督检查机制，督促用人单位认真履行劳动合同。要配合劳动行政部门以建筑、交通、水利、铁路、餐饮服务、服装加工等使用农民工较多的行业为重点，搞好劳动用工大检查，督促用人单位依法签订、履行劳动合同。

5.加强工会劳动安全卫生群众监督，切实维护农民工生命健康权益。要加强对农民工的安全生产、劳动保护教育，增强农民工的自我保护意识和能力。进一步完善群众性劳动保护监督制度，建立健全群众性安全生产监督网络，督促企业按规定配备安全生产和职业病防护设施，发挥安全监督员作用，特别要做好农民工比较集中的矿山、建筑等高危行业的劳动安全卫生保护工作，尽力避免和减少重大职业危害和生产安全事故。要积极推动政府和企事业开展农民工生产生活环境标准化管理，改善农民工的生产和生活环境，搞好职业危害防治。要协助有关部门做好安全检查工作，严格高危行业和特种作业持证上岗制度，督促用人单位加强对农民工特种设备操作技能培训，杜绝无证上岗现象。要切实做好女性农民工和未成年工特殊权益保护工作，会同有关部门严厉查处雇用童工和侵犯女职工权益的行为。

6.推动农民工依法参加社会保险，努力维护农民工社会保障权益。工伤保险和医疗保险是当前多数农民工最紧迫的需求。工会要积极配合有关部门，贯彻"广覆盖、保基本、多层次、可持续"的社会保险方针，坚持分类指导、稳步推进，优先解决农民工工伤保险和大病医疗保险问题，逐步解决养老保险、失业保险问题。积极开展适合农民工特点的职工医疗互助工作，帮助农民工解决看病难问题。当前要尽快推动解决农民工养老保险关系转移问题，为农民工转移保险关系提供政策和制度保证。

7.加强对农民工的技能培训，全面提高农民工素质。农民工自身素质的高低，不仅直接关系到企事业单位效益的提高和经济社会的发展水平，而且关系到他们自身利益的实现。各级工会要把提高农民工素质作为发展工人阶级先进性、维护职工合法权益的重要内容，摆到更加突出的位置。要深入实施农民工学历与能力提升行动计划，深化农民工"求学圆梦行动"。要引导和组织农民工自觉接受培训，接受职业技术教育，提高科学技术文化水平和就业创业能力。要在农民工中大力开展社会主义核心价值观、职业道德和社会公德教育，引导他们爱岗敬业、诚实守信，遵守职业行为准则和社会公共道德。要通过开展精神文明创建活动，引导农民工遵守城市公共秩序和管理规定，爱护公共环境，讲究文明礼貌，培养科学文明健康的生活方式。

8.重视农民工的民主参与意识和精神文化需求，努力维护好他们的民主政治权利和精神文化权益。基层工会要积极推进用人单位建立健全保障农民工民主权利的各项制度，在农民工较多的企事业单位职工（代表）大会、工会会员（代表）大会中要有农民工代表，保障农民工的选举权、知情权、参与权和监督权，使他们更好地参与本单位民主选举、民主协商、民主决策、民主管理和民主监督。要依法保障农民工人身自由和人格尊严，严禁打骂、侮辱农民工的非法行为。畅通农民工利益诉求渠道，积极反映农民工合理要求，健全农民工维权举报投诉制度，维护农民工的民主政治权利。要不断改善农民工的精神文化生活，工人文化宫、俱乐部、职工书屋等工会文化活动阵地要主动适应农民工的娱乐倾向、求知需求和消费水平，为他们创造良好的学习和娱乐环境。在农民工相对集中的企业和工地，建立文化活动室、图书角，广泛开展送图书、送电影、送文艺节目等多种形式的活动，吸纳农民工参加用人单位、社区组织的各种文体活动，丰富农民工的业余文化生活，促进农民工与城市居民的交往，为农民工融入城市生活创造环境和条件。

9.深入开展"尊法守法·携手筑梦"服务农民工公益法律服务行动，健全农民工法律援助服务网络，开辟农民工劳动争议案件"绿色通道"。

二、切实做好新就业形态劳动者维权服务工作

近年来，以货车司机、网约车司机、快递员、外卖配送员等为代表的新就业形态劳动者大量涌现，已经成为我国劳动大军的重要组成部分。实现对新就业形态劳动者组织覆盖、工作覆盖、服务覆盖，有效将货车司机等新就业形态劳动者吸引过来、组织起来、稳固下来，意义重大、刻不容缓。做好新就业形态劳动者服务工作事关广大劳动者的切身利益，事关经济社会稳定发展大局，是当前工会工作新的着力点，是工会践行以人民为中心的发展思想、落实群众路线的具体体现。做好新就业形态劳动者服务工作，必须讲政治、带感情、出实招。为了支持和规范发展新就业形态，切实维护新就业形态劳动者劳动保障权益，促进平台经济规范健康持续发展，2021年7月6日，人力资源社会保障部等8部委联合印发《关于维护新就业形态劳动者劳动保障权益的指导意见》（人社部发〔2021〕56号）。2021年7月28日，全国总工会发布了《关于切实维护新就业形态劳动者劳动保障权益的意见》（总工发〔2021〕12号）。

（一）维护新就业形态劳动者劳动保障权益的重要意义

新就业形态劳动者在我国经济社会发展中发挥着不可或缺的重要作用，解决好他们在劳动报酬、社会保障、劳动保护、职业培训、组织建设、民主参与和精神文化需求等方面面临的困难和问题，是落实习近平总书记重要指示和党中央决策部署的必然要求，是促进平台经济长期健康发展的必然要求，是工会履行好维权服务基本职责的必然要求，有利于扎实推动包括新就业形态劳动者在内的全体人民共同富裕，进一步引导他们听党话、跟党走，不断夯实党执政的阶级基础和群众基础，凝聚起亿万职工共同奋斗的磅礴伟力。工会组织要充分认识维护新就业形态劳动者劳动保障权益的重要性紧迫性，强化责任担当，积极开拓创新，做实做细各项工作。

（二）切实维护新就业形态劳动者劳动保障权益

1.强化思想政治引领。切实履行好工会组织的政治责任，坚持不懈用

习近平新时代中国特色社会主义思想教育引导新就业形态劳动者，增强他们对中国特色社会主义和社会主义核心价值观的思想认同、情感认同，更加紧密地团结在以习近平同志为核心的党中央周围。深入新就业形态劳动者群体，广泛宣传党的路线方针政策和保障新就业形态劳动者群体权益的政策举措，将党的关怀和温暖及时送达。深入了解新就业形态劳动者群体的思想状况、工作实际、生活需求，引导他们依法理性表达利益诉求。关心关爱新就业形态劳动者，以多样性服务项目实效打动人心、温暖人心、影响人心、凝聚人心，团结引导他们坚定不移听党话、跟党走。

2.加快推进建会入会。强化分类指导，明确时间节点，集中推动重点行业企业特别是头部企业及其下属企业、关联企业依法普遍建立工会组织，积极探索适应货车司机、网约车司机、快递员、外卖配送员等不同职业特点的建会入会方式，通过单独建会、联合建会、行业建会、区域建会等多种方式扩大工会组织覆盖面，最大限度吸引新就业形态劳动者加入工会。要不断拓宽入会渠道，积极推行网上入会、"扫码"入会等新途径，通过流动窗口、职工沟通会等形式，提供便捷、通畅的入会渠道，努力实现想入能入、应入尽入。要保持高度政治责任感和敏锐性，切实维护工人阶级和工会组织的团结统一。

3.切实维护合法权益。发挥产业工会作用，积极与行业协会、头部企业或企业代表组织就行业计件单价、订单分配、抽成比例、劳动定额、报酬支付办法、进入退出平台规则、工作时间、休息休假、职业安全保障、奖惩制度等开展协商，维护新就业形态劳动者的劳动经济权益。督促平台企业在规章制度制定及算法等重大事项确定中严格遵守法律法规要求，通过职工代表大会、劳资恳谈会等民主管理形式听取劳动者意见诉求，保障好劳动者的知情权、参与权、表达权、监督权等民主政治权利。督促平台企业履行社会责任，促进新就业形态劳动者体面劳动、舒心工作、全面发展。加强工会劳动法律监督，配合政府及其有关部门监察执法，针对重大典型违法行为及时发声，真正做到哪里有职工，哪里就应该有工会组织，哪里的职工合法权益受到侵害，哪里的工会就要站出来说话。

4.及时提供优质服务。深入开展"尊法守法·携手筑梦"服务农民工公益法律服务行动和劳动用工"法律体检"活动，广泛宣传相关劳动法律法规及政策规定，督促企业合法用工。推动完善社会矛盾纠纷多元预防调处化解综合机制，重点针对职业伤害、工作时间、休息休假、劳动保护等与平台用工密切相关的问题，为新就业形态劳动者提供法律服务。充分利用工会自有资源和社会资源，加强"职工之家"建设，推进司机之家等服务阵地建设，规范和做好工会户外劳动者服务站点工作，联合开展货车司机职业发展与保障行动、组织和关爱快递员、外卖送餐员行动等。加大普惠服务工作力度，丰富工会服务新就业形态劳动者的内容和方式。针对新就业形态劳动者特点和需求组织各类文体活动，丰富他们的精神文化生活。

5.提升网上服务水平。加快推进智慧工会建设，紧扣新就业形态劳动者依托互联网平台开展工作的特点，大力推行网上入会方式，创新服务内容和服务模式，让广大新就业形态劳动者全面了解工会、真心向往工会、主动走进工会。构建"互联网+"服务职工体系，完善网上普惠服务、就业服务、技能竞赛、困难帮扶、法律服务等，形成线上线下有机融合、相互支撑的组织体系，为新就业形态劳动者提供更加及时精准的服务。

6.健全并落实劳动安全卫生责任制，严格执行国家劳动安全卫生保护标准。企业要牢固树立安全"红线"意识，不得制定损害劳动者安全健康的考核指标。要严格遵守安全生产相关法律法规，落实全员安全生产责任制，建立健全安全生产规章制度和操作规程，配备必要的劳动安全卫生设施和劳动防护用品，及时对劳动工具的安全和合规状态进行检查，加强安全生产和职业卫生教育培训，重视劳动者身心健康，及时开展心理疏导。强化恶劣天气等特殊情形下的劳动保护，最大限度减少安全生产事故和职业病危害。

7.积极推动新就业形态劳动者参加社会保险。各地要放开灵活就业人员在就业地参加基本养老、基本医疗保险的户籍限制。要组织未参加职工基本养老、职工基本医疗保险的灵活就业人员，按规定参加城乡居民基本养老、城乡居民基本医疗保险，做到应保尽保。督促企业依法参加社会保险。企业要引导和支持不完全符合确立劳动关系情形的新就业形态劳动者根据自身情况参加相应的社会保险。强化职业伤害保障，以出行、外卖、即时配送、同城货运等行业的平台企业为重点，组织开展平台灵活就业人员职业伤害保障试点，平台企业应当按规定参加。采取政府主导、信息化引领和社会力量承办相结合的方式，建立健全职业伤害保障管理服务规范和运行机制。鼓励平台企业通过购买人身意外、雇主责任等商业保险，提升平台灵活就业人员保障水平。

8.加强素质能力建设。针对新就业形态劳动者职业特点和需求，开展职业教育培训、岗位技能培训、职业技能竞赛等活动，推动新就业形态劳动者职业素质整体提升。组织开展贴近新就业形态劳动者群体特点的法治宣传教育，提高劳动者维权意识和维权能力。开展心理健康教育，提升新就业形态劳动者适应城市生活、应对困难压力、缓解精神负担的能力。

思考题

1.为什么说维护职工合法权益、竭诚服务职工群众是工会的基本职责？

2.工会维权的主要内容是什么？

3.如何完善工会维权服务机制？

4.如何理解中国特色社会主义工会维权观？

5.工会生活保障工作的职责和任务是什么？

6.试述工会社会保障工作的主要内容。

7.如何做好农民工维权服务工作？

8.如何做好新就业形态劳动者维权服务工作？

 案例1

山东聊城市总工会织密劳动维权服务网

2021年3月4日　来源：中工网

"感谢县总工会和劳动者权益保障中心为我们五个人维护了权益，高效地帮助我们调解成功，让我们在春节前拿到这笔钱。"今年春节前，山东省聊城市阳谷县劳动者权益保障中心的工会工作人员成功调解一起追索劳动报酬案件，两位职工代表于2月25日专门来到保障中心送锦旗，对工作人员表达谢意。

2020年以来，聊城市总工会积极构筑工会法律维权体系，努力培育"工会法律援助服务在您身边"维权品牌。他们按照有场地、有人员、有经费、有制度、有案源、有绩效"六有"标准，指导八个县市区工会全部设立法律援助服务站，建成实体化、标准化、规范化服务机构，为职工提供专业快捷的政策宣传、法律咨询、协商调解、法律援助等"一站式"维权服务。其中，阳谷县总工会结合本地实际情况，联合县人社局组建县劳动者权益保障中心，打造"工会+人社"服务新模式。县总工会派驻工作人员在保障中心设立法律援助工作站和劳动争议调解室，着眼于劳动争议纠纷化解在初始阶段，提高职工维权效率，积极引导来访职工先行调解，为用人单位和职工之间构建沟通调解服务平台。

推进工会法律援助市场化。采取购买社会化法律服务方式，组建工会法律援助服务站律师团，开通24小时法律服务电话专线，聘请执业律师到工会法律援助服务站坐班，为职工提供全天候法律咨询、受理职工法律援助申请和职工投诉，借助他们的组织优势和手段，为工会法律维权工作提供服务，形成了社会化的职工法律援助工作格局。

积极组建法律服务志愿者服务队。吸纳社会力量参与职工法律服务，充分发挥法律工作者在协调、引导和规范劳动关系中的重要作用，面向全市律师招募了43名工会法律服务志愿者，制订日常工作及联系制度，共同参与规范企业劳动用工行为、调处劳资矛盾纠纷、促进劳动关系和谐和社会稳定。

设立网上法律援助服务台。在齐鲁工惠APP设立法律服务专栏，聘请专业律师团队，让职工足不出户就能享受到免费的在线法律咨询和法律援助服务，实现了法律援助申请渠道多元化、信息沟通互动化、便民机制社会化，工会法律服务途径更加广泛。

据聊城市总工会党组书记、常务副主席李猷滨介绍，通过法律援助实体化机构和法律服务志愿者服务队的组建，聊城工会真正建立起纵向到底、横向到边的法援格局，推动职工法律援助工作实现应援尽援。2020年，共提供咨询1223人次，调解124件，办理援助案件510件，其中入选山东省工会维护职工权益典型案例1例。

（山东工会网　孟丽　朱琳）

 案例2

大病医疗互助保险、爱心基金、四季"送"
北京三元打造"三位一体"职工生活保障服务体系

2022年4月20日　来源：中工网-工人日报

"感谢三元大家庭对我的关心。"4月14日，北京三元食品股份有限公司低温现代通路物美沁山水店导购员魏立娟，给公司党委副书记、工会主席唐燕平打来电话，表示感谢。2020年8月，魏立娟查出患有白血病，急需一笔大额医疗费用，公司工会得知后，第一时间发出爱心捐款倡议书，公司各单位干部职工共募集8万多元，让魏立娟得到及时治疗。今年初，她身体康复，回到了工作岗位。

这是三元食品公司工会以精准帮扶为目标，打造"大病医疗互助保险、爱心基金、春夏秋冬四季'送'"三位一体职工生活保障服务体系工作的一个事例。

据了解，该公司工会以人为本，注重源头帮扶，让职工共享企业发展成果。通过加强困难职工帮扶档案、职工医疗互助保障体系、突发性事件帮助制度等载体建设，力求送温暖活动"全覆盖、无死角、无遗漏"。同时，引入精细化管理和项目管理的理念，将送温暖工作细化为6个大项、15个子项，建立"党委领导牵头，行政措施到位，工会组织实施"的长效帮困体系，形成"一般困难机制帮、突出困难重点帮、突发困难及时帮"的工作格局，确保送温暖工作有序高效运行，实现送温暖工作经常化和日常化。

据介绍，该公司工会在职工中广泛开展送温暖活动。根据不同的节日，为相应的职工开展送温暖活动，如三八国际劳动妇女节为女职工送健康、送关爱；五四青年节组织单身职工联谊活动；七八月组织一线职工赴北戴河疗养；八一建军节为复转军人送上节日祝福；9月为考上大专以上学校的职工子女送上一份祝贺等。

同时，公司工会还坚持年节慰问。为保证慰问全覆盖、无遗漏，公司工会将慰问细分为困难职工走访慰问、外派职工专题慰问、退休老干部劳模节日问候以及全体职工节日慰问等 4 个子项。每年送温暖支出近 200 万元。

此外，公司工会大力开展医疗互助活动，不断拓展送温暖工作领域。自北京市总工会开展职工互助保险工作以来，公司工会坚持做到职工住院互助保险、女职工特殊疾病保险的投保率达到 100%。

"公司工会还建立了爱心基金，开展日常互助互济。"唐燕平介绍说，针对职工本人或家属患大病、重病、子女上学及遭受自然灾害或突发事件影响，导致家庭生活困难的，工会实施以"定人、定额、定期""助学、助医、助困"为主要方式的"三定三助"帮扶；在日常工作中，对在京职工的生老病死、婚丧嫁娶之事，工会组织必到场，送去企业温暖。

中工网讯（中工网－工人日报记者 赖志凯）

案例3

青海多部门合力化解欠薪难题，维护农民工合法权益

2023 年 1 月 6 日 来源：工人日报客户端

近日，青海省促进就业和根治欠薪工作领导小组办公室印发关于进一步做好根治欠薪有关工作的《通知》，要求全省各级根治拖欠农民工工资工作议事协调机构、省促进就业和根治欠薪工作领导小组各成员单位着力解决好劳动者急难愁盼问题。

青海严格落实市州政府负总责、县区级政府具体负责的工作体制，加大对建设单位的监管力度，因建设单位导致拖欠农民工工资的，将依法予以处置，督促建设单位按期支付劳务费用，按月监督发放农民工工资，从源头遏制欠薪问题产生。

青海各级工程建设领域行业主管部门切实履行监管责任，依法规范本领域建设市场秩序。国资及其他履行出资人职责部门督促国企加强劳动用工管理，严格履行总包先行清偿责任，妥善解决欠薪问题。加强行政和司法联动，公安机关对移送的涉嫌拒不支付劳动报酬犯罪案件，及时受理、及时审查，对符合立案条件的，及时立案侦办。

同时，青海各级人民检察院进一步畅通支持农民工起诉"绿色通道"，对涉嫌拒不支付劳动报酬犯罪的依法提起公诉。人民法院将依法公正审判，提高案件办理效率，组织集中执行涉欠薪案件，及时兑现胜诉当事人劳动报酬权益。

此外，青海加强行政和仲裁联动，建立劳动保障监察行政执法和劳动争议调解仲裁协调联动机制，合力化解欠薪问题。劳动保障监察部门协调达成调解协议的，引导双方当事人共同向有管辖权的劳动人事争议仲裁部门提出仲裁审查申请，提升调解协议的合法性、有效性、权威性，进一步减轻劳动者维权成本，高效便捷维护劳动者合法权益。

根据《通知》，青海各地各单位将不断提升解决欠薪案件效率，以共情心理让群众感受到法律的温度，也让群众体会到各级党委和政府维护劳动者合法权益的决心，做好劳动者合法权益的"捍卫者"。严格落实包案制度，各地各部门将工作力量下沉到一线，指定人员对辖区或领域内投诉案件进行包案处置，确保案件到人、责任到人，防范化解重大欠薪风险隐患。

（记者　邢生祥）

案例4

河北省南宫市总工会倾力做好新就业形态劳动者服务工作

2023 年 2 月 16 日　来源：中工网

"通过工资集体协商的方式维护自己的合法权益不受侵犯，我感到很暖心，工会组织不愧是真心实意为职工服务的'娘家人'。"日前，河北省南宫市美团送餐员孙成伟高兴地说。

据悉，为构建和谐劳动关系，维护新就业形态劳动者合法权益，南宫市总工会工作人员深入到快递、外卖、保安、护理等行业企业指导开展集体协商工作。共指导签订工资集体合同 11 份，覆盖职工 2146 人，切实保障了职工的劳动报酬、绩效奖金、福利待遇、劳动安全及职工培训等合法权益。

"新就业形态劳动者是产业工人队伍的生力军，在'县级工会加强年'工作中，我们着力发挥工会职能作用，创新服务模式，全方位搞好服务，团结动员广大新就业形态劳动者凝心聚力，为南宫高质量赶超发展建立新功。"南宫市总工会党组书记、常务副主席张双旺说。

渴了有水喝、累了能歇脚、冷了可取暖、热了可乘凉……在南宫市东进街人民广场北口的暖心驿站里面配备了桌椅、饮水机、充电口、打气筒、小药箱等。"这个地方就像我们的另一个家，心里感觉很温暖。"刚送完一车快件正在驿站喝水的快递小哥王强说。

为了给户外劳动者打造一方温馨港湾，南宫市总工会积极对接金融单位、沿街商铺、售楼部等繁华场所，整合社会资源，打造公共区域"职工之家"、户外劳动者驿站39家，按需设置休息、补给、紧急救助等项目，让新就业群体职工走到哪儿都有歇脚、喝水的小憩之地，切实解决他们的急难愁盼问题。

"通过工会的培训，我有了自己的一份事业，今后的日子更有奔头了。"职工张书跃高兴地说。他参加电商培训班后，掌握了网上销售技术，在家里开了网店，销售毛毡制品、棉被等，还安置了8名下岗失业人员在网店就业，日子越过越红火。

据介绍，南宫市总工会开展了形式多样的送技能活动，为新就业形态劳动者提供平台支撑，先后举办了家政、护理、育婴员、电商等培训班，培训学员600余人次，让他们有更好的专业技能，成就自我，服务社会。

为最大限度维护新就业形态劳动者的合法权益，南宫市总工会签约专业律师团队，于近日挂牌成立了职工法律服务中心，免费为广大职工提供法律咨询和服务。

在困难职工救助上，市总工会向新就业形态劳动者倾斜，在重要时间节点，以"四送"活动为载体，通过春送岗位、夏送清凉、金秋助学、冬送温暖、关爱女职工等系列活动让他们通过一件件实事好事，不断增强他们的获得感、幸福感、安全感。

（据河北工人报消息　河北工人报记者　王立鹏　通讯员　秦召杰）

第七章

基层工会平等协商与集体合同工作

在社会主义市场经济条件下，社会经济关系、劳动关系发生了深刻变化，作为工会维权重要机制的平等协商与集体合同工作愈发重要。

第一节　平等协商与集体合同概述

一、平等协商与集体合同的概念

平等协商是指工会代表职工与用人单位，依法就有关签订集体合同或专项集体合同以及相关事宜而进行的协商行为。

集体合同是指根据法律法规的规定，企业职工一方与用人单位就劳动报酬、工作时间、休息休假、劳动安全卫生、保险福利等事项，通过平等协商签订的书面协议。

平等协商与集体合同制度是协调劳动关系、维护职工合法权益的重要法律形式和手段，是构建社会主义和谐社会的重要举措，是一项长期性、基础性的工作。《工会法》第 6 条第 2 款规定："工会通过平等协商和集体合同制度等，推动健全劳动关系协调机制，维护职工劳动权益，构建和谐劳动关系。"第 21 条第 2 款规定："工会代表职工与企业、实行企业化管理的事业单位、社会组织进行平等协商，依法签订集体合同。集体合同草案应当提交职工代表大会或者全体职工讨论通过。"

二、集体合同和劳动合同区别

（一）集体合同与劳动合同的两方当事人不同。劳动合同的当事人一方是单个的劳动者，另一方是用人单位，而集体合同的当事人一方是全体职工，全体职工是由工会代表。另一方是用人单位或者用人单位的组织。

（二）集体合同与劳动合同的内容不同。劳动者个人和用人单位签订的劳动合同，主要约定的是用人单位和劳动者个人之间的权利与义务，而集体合同主要约定的是全体职工的共同权利，是用人单位的劳动标准。因为劳动合同是每一个职工和用人单位分别签订的，所以劳动合同里所反映的都是带有个性的东西，比如说，具体到一位职工，他的工作内容是什么、是多少，岗位是什么、享受什么样的待遇，等等。而集体合同反映的是用人单位里所有的劳动者享受哪些最基本的福利待遇，有哪些最基本的保障条件，所以集体合同反映的是共性的问题，而不是个性的东西。

（三）集体合同与劳动合同的作用不同。劳动合同的作用是在用人单位与劳动者之间建立起劳动关系，约定双方当事人在履行劳动合同过程中的各自的权利与义务，以及合同解除与终止的时间和条件。而集体合同的作用主要是协调、改善劳动关系。

（四）集体合同与劳动合同产生的方式不同。劳动合同是双方当事人一旦建立劳动关系，就必须签订的，是在建立劳动关系时签订的。而集体合同则不同，集体合同是在劳动关系建立后，由工会代表职工与用人单位签订的。

按照法律规定，劳动合同是双方当事人一旦在平等自愿的基础上，达成共识，就可以签订。而集体合同是双方当事人虽然在平等自愿的基础上，达成了共识，但是还不能签订。因为必须先制定集体合同的文本，提交职工代表大会审议，职工代表大会讨论通过了，双方当事人才可以签订，而且要报送劳动行政部门审查、备案。

（五）集体合同与劳动合同发生法律效力的时间不同。劳动合同是一经双方当事人签订，就马上产生法律效力。而职工代表或者工会，即使和用人单位签订了集体合同，也不能马上产生法律效力。当双方当事人签订集体合同后，应该报送劳动行政部门，如果劳动行政部门在 15 日内没有对集体合同提出异议，或者没有给用人单位任何回复，集体合同就产生法律效力。

（六）集体合同与劳动合同的效力大小不同。劳动合同适用于劳动者个人与用人单位，而集体合同适用于用人单位的全体劳动者与用人单位。而且集体合同的效力高于劳动合同，对劳动合同内容具有规范作用。劳动合同中约定的劳动报酬和劳动条件等标准不得低于集体合同规定的标准。

（七）集体合同与劳动合同的期限不同。劳动合同有 3 种期限，即有固定期限的、无固定期限的和以完成一定工作任务为期限的。而集体合同只有 1 种期限，就是有固定期限的，而且时间只能是 1 至 3 年。

三、集体合同的种类

按照不同的标准，集体合同可以划分为不同的种类。

根据主体和适用范围不同，可以分为基层（企业）集体合同、区域性集体合同、行业性（产业性）集体合同以及全国性集体合同。

根据内容不同，可以分为专项集体合同和综合性集体合同。

根据签订程序不同，可以分为自由集体合同和强制集体合同。

四、平等协商和签订集体合同的原则

（一）合法原则

合法，是指订立集体合同的主体、内容和程序必须符合国家法律规定。根据劳动法律、法规有关规定，工会、职工代表、企业、事业组织是订立集体合同的主体，其他组织或者个人无权订立集体合同。在内容上，集体合同的内容不得与法律法规相抵触，只有在此原则下订立集体合同，才能为国家承认，受国家法律保护。在程序上，集体合同当事人要依照法律规定进行协商、谈判、审议、签字、报送、审查与公布，只有履行了上述程序，所订立的集体合同才具有法律效力。在格式上，国家有关部门规定了标准格式的，要采用标准格式。总之，集体合同只有遵循合法原则，才能得到国家的认可，才具有法律效力。

（二）平等协商原则

平等协商，即平等自愿、协商一致，是指在签订集体合同过程中，劳动关系双方法律地位平等，协商中双方应互相尊重，不能强迫，更不能采取威胁、引诱等不正当手段，强迫对方接受自己的条件和要求。集体合同双方当事人在签订协议过程中，处于平等的法律地位。双方当事人法律地位平等，应当以平等的身份进行协商，提出自己的主张和要求，双方均根据自己的意愿，达成一致意见后，才能签订。任何一方不得强迫对方服从自己的意见。另外，双方当事人在订立集体合同的过程中，应当本着合作

的原则，讨论解决问题，任何一方都不得以任何方式压制或威胁对方。

（三）权利义务对等原则

各种合同关系都是民事法律关系，权利义务一致原则是设立和处理民事法律关系时必须遵循的重要原则。订立集体合同时也必须无条件地遵守这一原则。比如，职工一方欲从用人单位一方获得改善劳动条件、提高工资水平的权利，就必须为用人单位一方履行一定的义务。如果职工一方从整体上不能完成集体合同中确定的或用人单位根据需要和可能合理确定的生产任务，也就无法实现自己的权利。

（四）兼顾各方利益的原则

兼顾各方利益，就是要求工会在代表职工同用人单位进行协商时，既要维护职工的合法利益，又要从用人单位的实际出发，把改善职工的劳动和生活条件与用人单位的发展结合起来。公有制企事业单位要在兼顾国家、企事业、职工利益的基础上建立协调稳定的劳动关系。非公有制企事业单位要在劳资两利的基础上建立协调稳定的劳动关系，使企事业单位和职工双赢。

（五）维护正常生产、工作秩序的原则

在集体合同的协商过程中，双方应保持良好的合作态度，不能采取强制方式或过激行动强迫另一方接受自己的意见。当双方意见僵持难以形成统一时，可暂时休会，其间必须保证生产经营的正常秩序。

五、平等协商和集体合同的重要作用

（一）对于劳动者来说，集体合同制度是维护自身劳动权益的一种合法而有效的手段。集体合同里规定了用人单位全体职工应该享受的一些基本的权益和待遇，用人单位既然通过协商同意了职工的这些权益和福利，就必须去执行，如果用人单位不履行集体合同的义务，就构成了违约行为，就要承担违约责任。这就从制度上保障了职工的利益。

（二）对于政府来说，集体合同制度以法律的形式认可了劳资双方自主解决劳资纠纷的惯例，减轻了政府的压力，有助于保持劳资双方关系的

稳定和社会的和谐。

（三）实行集体合同制度，有利于更好地发挥工会在稳定劳动关系中的积极作用，使工会在协调劳动关系和维护职工劳动权益的职能发挥得更直接、更生动、更有效，使工会的"维权"职能实现法治化。

（四）实行集体合同制度，有利于缓和和解决劳动争议和劳动关系矛盾，有利于劳动争议案件的减少和处理，有利于职工和用人单位之间的沟通和理解，有利于维护和发展企事业生产经营的良好秩序，促进企事业的高质量发展。

第二节　平等协商的内容和程序

一、平等协商与集体合同的内容

（一）劳动报酬。包括：用人单位的工资水平、工资分配制度、工资标准和工资分配形式；工资支付办法；加班、加点工资及津贴、补贴标准和奖金分配办法；工资调整办法；试用期及病、事假等期间的工资待遇；特殊情况下职工工资（生活费）支付办法；其他劳动报酬分配办法。

（二）工作时间。即劳动者根据法律和法规的规定，在企业、事业、机关、团体等单位工作中，用于完成本职工作的时间。包括工时制度、加班加点办法、特殊工种的工作时间、劳动定额标准等。

（三）休息休假。包括：日休息时间、周休息日安排、年休假办法；不能实行标准工时职工的休息休假；其他假期。

（四）劳动安全与卫生。包括：劳动安全卫生责任制；劳动条件和安全技术措施；安全操作规程；劳保用品发放标准；定期健康检查和职业健康体检。

（五）补充保险和福利。包括：补充保险的种类、范围；基本福利制度和福利设施；医疗期延长及其待遇；职工亲属福利制度。

（六）女职工和未成年工特殊保护。包括：女职工和未成年工禁忌从事的劳动；女职工的经期、孕期、产期和哺乳期的劳动保护；女职工、未成年工定期健康检查；未成年工的使用和登记制度。

（七）职业技能培训。包括：职业技能培训项目规划及年度计划；职业技能培训费用的提取和使用；保障和改善职业技能培训的措施。

（八）劳动合同管理。包括：劳动合同签订时间；确定劳动合同期限的条件；劳动合同变更、解除、续订的一般原则及无固定期限劳动合同的终止条件；试用期的条件和期限。

（九）奖惩。包括劳动纪律、考核奖惩制度、奖惩程序。

（十）裁员。包括裁员的方案、裁员的程序、裁员的实施办法和补偿标准。

（十一）集体合同期限。集体合同期限，即集体合同的有效时间。集体合同期限一般为 1~3 年。

（十二）变更、解除集体合同的程序。

（十三）履行集体合同发生争议时的协商处理办法。

（十四）违反集体合同的责任。

（十五）双方认为应当协商的其他内容。

二、平等协商、签订集体合同的程序

平等协商和签订集体合同程序，是指平等协商从启动到集体合同成立生效所经过的过程。平等协商和签订集体合同的程序必须符合法律规定，这样签订的集体合同才具有法律效力。根据《集体合同规定》，平等协商、签订集体合同的程序主要包括 4 个阶段，具体程序如下。

（一）要约阶段

要约即提出协商要求。平等协商任何一方均可就签订集体合同或专项集体合同以及相关事宜，以书面形式向对方提出进行集体协商的要求。一方提出进行集体协商要求的，另一方应当在收到集体协商要求之日起 20 日内以书面形式予以回应，无正当理由不得拒绝进行集体协商。

（二）准备阶段

在开展平等协商前，必须做好充分的准备工作。这些准备工作包括以下几个方面。

1.宣传教育工作

通过各种途径和形式进行有关平等协商、签订集体合同的宣传教育，提高职工群众和经营管理人员对平等协商、集体合同的认识，为开展平等协商、签订集体合同工作奠定思想基础。

2.产生协商代表

按照法定程序和要求，产生集体协商代表。

3.抓好培训工作

平等协商、签订集体合同是一项政策性、业务性很强的工作，要加强对工会干部和参加协商的职工代表培训，提高协商谈判能力。

4.收集有关资料和数据

广泛收集有关资料，包括国家、地方的有关劳动法律、法规、政策，企事业外部的信息资料和企事业内部的信息资料，作为拟定协商议题和起草集体合同文本的依据。

5.征求职工意见

通过各种途径，广泛征求职工群众的意见和建议，注意听取一线工人、科技人员、管理人员和退休职工等各方面的意见和要求，确保集体合同能够切实符合企事业单位的实际，具有针对性。

6.拟定协商的议题

根据职工的要求和企事业提供的生产经营情况和国家的有关法律法规拟定切实可行的协商议题。集体协商议题可由提出协商一方起草，也可由双方指派代表共同起草。

7.拟订协商方案

平等协商议题确定后，就要着手拟订平等协商方案。

8.确定协商的时间、地点等事项

9.确定集体协商记录员

共同确定 1 名非协商代表担任集体协商记录员。记录员应保持中立、公正，并为集体协商双方保密。

（三）平等协商阶段

平等协商、签订集体合同制度，重在平等协商机制的建立，这是实施集体合同制度的灵魂。平等协商过程就是协调劳动关系的过程，平等协商的水平高低决定集体合同的质量好坏，抓好这一环节，是保证集体合同质量的关键。

1.召开协商会议

平等协商一般采取协商会议的形式。协商会议由双方首席代表轮流主持，在明确协商议程、规则后，协商双方就商谈事项发表各自意见，开展充分讨论。

2.双方首席代表归纳意见

协商达成一致的，形成集体合同草案或专项集体合同草案，由双方首席代表签字。如果平等协商未达成一致意见或出现事先未预料到的问题时，经双方协商，可以中止协商。中止期限及下次协商时间、地点、内容由双方商定。平等协商过程中发生争议，双方当事人不能协商解决的，当事人一方或双方可以书面向劳动保障行政部门提出协调处理申请。劳动保障行政部门应当组织同级工会和企事业组织等三方面的人员，共同协调处理平等协商争议。协调处理平等协商争议，应当自受理协调处理申请之日起 30 日内结束协调处理工作。期满未结束的，可以适当延长协调期限，但延长期限不得超过 15 日。

（四）签约阶段

1.职工代表大会审议

根据《劳动法》第 33 条规定，企业职工一方与企业可以就劳动报酬、工作时间、休息休假、劳动安全卫生、保险福利等事项，签订集体合同。集体合同草案应当提交职工代表大会或者全体职工讨论通过。

集体合同草案形成后，应当提交职工代表大会或者全体职工讨论通过。职工代表大会或者全体职工讨论集体合同草案或专项集体合同草案，应当有 2/3 以上职工代表或者职工出席，且须经全体职工代表半数以上或者全体职工半数以上同意，集体合同草案或专项集体合同草案方获通过。

2.签字

集体合同经职工代表大会审议通过后，要由双方首席代表签字，这是集体合同的必要手续，是集体合同的形式要件，不履行这个手续集体合同是无效的。

3.报送登记

集体合同或专项集体合同签订或变更后，应当自双方首席代表签字之日起 10 日内，由用人单位一方将文本 1 式 3 份报送劳动保障行政部门审查。工会也应将集体合同文本报送上级工会。《劳动合同法》第 54 条规定："集体合同订立后，应当报送劳动行政部门；劳动行政部门自收到集体合同文本之日起 15 日内未提出异议的，集体合同即行生效。"劳动保障行政部门对报送的集体合同或专项集体合同应当办理登记手续。

4.集体合同公布

集体合同生效后，工会应当以适当形式，如张榜公布、大会宣读、下发文件、单印成册等，向广大职工公布，使广大职工群众了解集体合同的内容。

三、集体协商代表

（一）集体协商代表的概念及人数

集体协商代表是指按照法定程序产生并有权代表本方利益进行集体协商的人员。

集体协商双方的代表人数应当对等，每方至少 3 人，并各确定 1 名首席代表。

（二）集体协商代表的产生

职工一方的协商代表由本单位工会选派。未建立工会的，由本单位职工民主推荐，并经本单位半数以上职工同意。

职工一方的首席代表由本单位工会主席担任。工会主席可以书面委托其他协商代表代理首席代表。工会主席空缺的，首席代表由工会主要负责人担任。未建立工会的，职工一方的首席代表从协商代表中民主推举产生。

用人单位一方的协商代表，由用人单位法定代表人指派，首席代表由单位法定代表人担任或由其书面委托的其他管理人员担任。

集体协商双方首席代表可以书面委托本单位以外的专业人员作为本方协商代表。委托人数不得超过本方协商代表的1/3。但首席代表不得由非本单位人员代理。

（三）集体协商代表的职责

根据《集体合同规定》，协商代表应履行下列职责。

1.参加集体协商。

2.接受本方人员质询，及时向本方人员公布协商情况并征求意见。

3.提供与集体协商有关的情况和资料。

4.代表本方参加集体协商争议的处理。

5.监督集体合同或专项集体合同的履行。

6.法律、法规和规章规定的其他职责。

协商代表应当维护本单位正常的生产、工作秩序，不得采取威胁、收买、欺骗等行为。

协商代表应当保守在集体协商过程中知悉的用人单位的商业秘密。

（四）集体协商代表的权利和义务

集体协商代表享有以下权利。

1.企业内部的协商代表参加集体协商视为提供了正常劳动。

2.职工一方协商代表在其履行协商代表职责期间劳动合同期满的，劳动合同期限自动延长至完成履行协商代表职责之时，除出现法定情形的，用人单位不得与其解除劳动合同。

3.职工一方协商代表履行协商代表职责期间，用人单位无正当理由不得调整其工作岗位。

集体协商代表应当履行以下义务。

1.维护本单位正常的生产、工作秩序，不得采取威胁、收买、欺骗等行为。

2.应当保守在集体协商过程中知悉的用人单位的商业秘密。

（五）对职工协商代表的保护

职工一方协商代表受全体职工委托，与用人单位就有关职工劳动权益和协调企事业单位劳动关系的重大问题进行协商谈判，在协商中难免与用人单位发生冲突，产生纠纷，自身合法权益受到侵害，如受到降低工资待遇、无故被单位变更工作岗位、随意被解除劳动合同等打击报复的情况，其合法权益必须得到法律的保护。因此，根据《集体合同规定》，企业内部的协商代表参加集体协商视为提供了正常劳动。职工一方协商代表在其履行协商代表职责期间劳动合同期满的，劳动合同期限自动延长至完成履行协商代表职责之时，除出现下列情形之一的，用人单位不得与其解除劳动合同：（1）严重违反劳动纪律或用人单位依法制定的规章制度的；（2）严重失职、营私舞弊，对用人单位利益造成重大损害的；（3）被依法追究刑事责任的。职工一方协商代表履行协商代表职责期间，用人单位无正当理由不得调整其工作岗位。职工一方协商代表就有关职工协商代表保护的有关规定与用人单位发生争议的，可以向当地劳动争议仲裁委员会申请仲裁。

第三节　集体合同的变更、解除、终止和履行

一、集体合同的变更、解除和终止的条件及程序

集体合同签订后，在实施过程中遇到客观条件的变化还可能引起集体合同的变更、解除和终止。集体合同的变更、解除和终止应符合法定条件和程序。

（一）集体合同变更、解除和终止的条件

有下列情形之一的，可以变更或解除集体合同或专项集体合同：

1.用人单位因被兼并、解散、破产等，致使集体合同或专项集体合同无法履行的；

2.因不可抗力致使集体合同或专项集体合同无法履行或部分无法履行的；

3.集体合同或专项集体合同约定的变更或解除条件出现的；

4.法律、法规、规章规定的其他情形。

（二）集体合同或专项集体合同变更、解除和终止的程序

1.一方提出建议，向对方说明需要变更或解除的集体合同的条款和理由；

2.双方就变更或解除的集体合同条款经协商一致，达成书面协议；

3.协议书应当提交职工代表大会或全体职工审议通过，并报送集体合同管理机关登记备案，审议未获通过，由双方重新协商；

4.变更或解除集体合同的协议书，在报送劳动行政部门的同时，企事业单位工会报送上一级工会。

集体合同或专项集体合同期限届满或双方约定的终止条件出现，集体合同即行终止。

集体合同期满前，企事业单位工会应当会同企事业单位行政商定续订下期集体合同事项。

二、集体合同的履行和监督检查

（一）集体合同的履行

合同的履行是指合同依法成立后，当事人双方按照合同约定的各项内容，全面地完成各自承担的义务，从而使合同的权利义务得到全部实现的整个行为过程。集体合同的履行是集体合同制度实现的基本形式。集体合同一旦生效，就具有法律效力，合同双方必须遵守执行。

集体合同履行必须坚持以下原则。

1.全面履行的原则

全面履行是指集体合同生效以后，当事人双方要按照集体合同规定的时间、地点、履行方式以及数量、质量的要求，全面履行义务。

2.实际履行的原则

实际履行是指当事人按照合同约定的义务履行。合同中约定了什么义务就履行什么义务。

3.协作履行的原则

协作履行是指当事人之间要团结合作、相互支持、紧密配合，完成集体合同所规定的义务。协作履行是实际履行和全面履行的保证。

（二）集体合同的监督检查

集体合同监督检查是签订集体合同的主体双方依照国家有关法律法规，对已经生效的集体合同以检查的形式，督促其全面履行的行为。加强对集体合同的监督检查，有利于及时发现和解决在集体合同履行中出现的问题，有利于建立协调劳动关系的有效机制，预防集体劳动争议的发生，保证职工队伍的稳定，促进企事业生产、经营、改革、管理等各项工作的健康发展。

凡已经签订集体合同的单位，要在各级党组织的领导下，按照精干、高效、熟悉业务的原则，成立本级集体合同监督检查领导小组和集体合同监督检查工作小组（人数可根据企事业实际，自行确定），在职工人数较多的单位可设立集体合同监督检查员。集体合同监督检查领导小组，由企事业单位党委、行政、工会领导及有关职能部门负责人组成。集体合同监督检查工作小组由企事业单位党委负责牵头，单位行政和工会各派等额代表组成。成员应包括：单位劳资、财务、技术设备、安全等职能部门代表；集体合同协商代表；职工代表和女职工委员会主任；等。

集体合同监督检查工作小组定期或不定期对履行集体合同的情况进行监督检查，发现问题，及时协商解决。

企事业单位工会应当建立集体合同履行情况的群众性监督检查网络，可以以工会小组和车间（分厂、分公司）为单位设立工会劳动法律监督员，在依法对劳动法律、法规的执行情况进行群众监督的同时，对集体合同的履行情况进行监督检查；定期听取工会小组和分工会对集体合同履行情况的报告，定期向职工（代表）大会通报集体合同的履行情况。

三、集体合同争议的处理

（一）解决集体合同争议应当坚持合法、公正、公平和及时处理的原则，依法维护企业和职工双方的合法权益。

（二）集体合同争议的类型。

因签订集体合同发生争议，双方应当协商解决；协商解决不成的，劳动保障行政部门可以组织有关方面协调处理。劳动保障行政部门协调处理因签订集体合同发生的争议，应当自受理之日起 30 日内处理完毕。争议复杂的，经本级劳动保障行政部门负责人批准可以延长 15 日。

因履行集体合同发生争议，当事人应当协商解决；协商解决不成的，可以向劳动争议仲裁委员会申请仲裁。当事人对仲裁裁决不服的，可以自收到仲裁裁决书之日起 15 日内向人民法院提起诉讼。

第四节　工资集体协商

一、工资集体协商的概念

工资集体协商，是指职工代表与企业代表依法就企业内部工资分配制度、工资分配形式、工资收入水平等事项进行平等协商，在协商一致的基础上，签订工资协议的行为。

工资收入是职工的主要生活来源，关系到职工的核心经济利益和职工队伍的稳定。大力推行工资集体协商工作，积极推动企业建立科学规范的工资决定机制、支付保障机制与正常增长机制，使职工收入能够随着经济的发展、随着效益的增长同步增长，让职工共享企业改革发展的成果，是维护职工合法权益的重要举措。

二、工资集体协商的主要内容

（一）工资协议的期限。

（二）工资分配制度、工资标准和工资分配形式。

（三）职工年度平均工资水平及其调整幅度。

（四）奖金、津贴、补贴等分配办法。

（五）工资支付办法。

（六）变更、解除工资协议的程序。

（七）工资协议的终止条件。

（八）工资协议的违约责任。

（九）双方认为应当协商约定的其他事项。

三、工资集体协商的程序

（一）产生工资集体协商代表

工资集体协商代表应依照法定程序产生。职工一方由工会代表。未建工会的企业由职工民主推举代表，并得到半数以上职工的同意。企业代表由法定代表人和法定代表人指定的其他人员担任。

协商双方各确定 1 名首席代表。职工首席代表应当由工会主席担任，工会主席可以书面委托其他人员作为自己的代理人；未成立工会的，由职工集体协商代表推举。企业首席代表应当由法定代表人担任，法定代表人可以书面委托其他管理人员作为自己的代理人。

协商双方的首席代表在工资集体协商期间轮流担任协商会议执行主席。协商会议执行主席的主要职责是负责工资集体协商有关组织协调工作，并对协商过程中发生的问题提出处理建议。

协商双方可书面委托本企业以外的专业人士作为本方协商代表。委托人数不得超过本方代表的 1/3。

（二）提出协商要约

工资集体协商要约，是工资集体协商主体的任何一方依法就签订工资专项集体合同相关事宜，以书面形式向对方提出进行工资集体协商要求的行为。

职工和企业任何一方均可提出进行工资集体协商的要求。工资集体协商的提出方应向另一方提出书面的协商意向书，明确协商的时间、地点、内容等，另一方接到协商意向书后，应于20日内予以书面答复。同意协商的，双方应当约定协商开始的日期。

企业工会提出协商要约有困难的或在其他特殊情况下，其上级工会可依法代替基层工会向企业提出协商要约。工会提出协商要约后，企业方不按期回应或拒绝进行工资集体协商的，上级工会应依法下达"整改建议书"，提出整改建议；对逾期不改的企业，工会可提请劳动保障部门责令其改正，直至追究其行政或法律责任。

（三）准备工作

1.大力宣传，提高职工知晓度。

2.认真学习，熟悉和掌握有关法律法规。

3.广泛搜集了解与工资集体协商有关的情况和资料。

4.充分征求职工的意见。

5.明确协商代表分工。

6.制订工资集体协商实施方案。

7.确定工资集体协商记录员。

8.起草工资集体协商文本。

（四）正式协商

工资集体协商采取协商会议形式进行，协商会议由双方首席代表轮流主持。协商会议的一般程序是：宣布议程和会议纪律；一方首席代表提出协商的具体内容和要求，另一方首席代表就对方的要求作出回应；协商双方就商谈事项发表各自意见，开展充分讨论；双方首席代表归纳意见；达成一致的，应当形成工资专项集体合同草案，由双方首席代表签字。

协商未达成一致意见或出现事先未预料的情况时，经双方同意，可以暂时中止协商。具体中止期限及下次协商的时间、地点和内容由双方共同商定。

（五）职工（代表）大会讨论通过

工资专项集体合同草案应当提交职工（代表）大会讨论通过，召开职工（代表）大会讨论工资专项集体合同草案时，会议工作程序与职工（代表）大会召开的程序一样。

（六）首席代表签字

工资专项集体合同草案经职工（代表）大会审议通过后，由工资集体协商双方首席代表在正式文本上签字。

（七）审查备案

工资协议签订后，应于7日内由企业将工资协议1式3份及说明，报送劳动保障行政部门审查。

劳动保障行政部门应在收到工资协议15日内，对工资集体协商双方代表资格、工资协议的条款内容和签订程序等进行审查。

劳动保障行政部门经审查对工资协议无异议，应及时向协商双方送达《工资协议审查意见书》，工资协议即行生效。

劳动保障行政部门对工资协议有修改意见，应将修改意见在《工资协议审查意见书》中通知协商双方。双方应就修改意见及时协商，修改工资协议，并重新报送劳动保障行政部门。

工资协议向劳动保障行政部门报送经过15日后，协议双方未收到劳动保障行政部门的《工资协议审查意见书》，视为已经劳动保障行政部门同意，该工资协议即行生效。

（八）公布实施

工资专项集体合同生效后，协商双方应于5日内将工资专项集体合同以适当形式向本方全体人员公布。

第五节　基层工会主席在平等协商和集体合同工作中的主要作用

一、基层工会主席在平等协商和集体合同工作中的主要作用

(一) 签订集体合同的准备工作

一是选派职工一方的协商代表。二是收集职工对集体合同的意见和建议。三是拟订或参与拟订集体合同的草案。四是工会还应和企业方的协商代表商定协商的时间、地点，确定 1 名非协商代表做协商的记录员。五是提出或接受集体合同的要约。

(二) 集体合同签订中的作用

1.真诚沟通，基层工会主席要和职工、行政进行真诚沟通，以充分发挥工会组织桥梁纽带的作用。

2.根据协商达成的一致意见，负责集体合同草案的拟订。

3.集体合同草案应提交职工大会或职工代表大会审议，工会主席应代表工会就草案的产生过程、主要劳动标准条件的确定依据及各自承担的主要义务作出说明。

(三) 签订集体合同后的作用

1.对集体合同的履行进行监督检查，在处理集体合同争议中发挥作用。

企业违反集体合同，侵犯职工劳动权益的，工会可以依法要求企业承担责任；因履行集体合同发生争议，经协商解决不成的，工会可以向劳动争议仲裁机构提请仲裁，仲裁机构不予受理或者对仲裁裁决不服的，可以向人民法院提起诉讼。

工会对集体合同的监督检查，依法享有以下权利：

第一，对用人单位履行集体合同情况进行监督；

第二，参与调查处理；

第三，提出意见要求改正；

第四，要求劳动监察部门处理；

第五，提起仲裁、诉讼。

2.教育职工履行集体合同的义务。

二、基层工会主席在推进平等协商和集体合同工作中要注意的几个问题

一是加强工会组织建设，工会是推进平等协商和集体合同工作的主要推动者，基层工会主席要不断提高思想认识，加强自身建设，提高自身素质，为推进平等协商和集体合同提供组织保证。

二是起草集体合同草案前要广泛听取职工群众的意见和要求，要加强集体合同的针对性，内容避免千篇一律，要结合单位实际，量化标准，细化规则，突出重点。

三是签订集体合同要规范。集体合同是争议调解、仲裁的基础和依据。签订集体合同要做到在内容和程序上符合国家法律、法规的有关规定，做到程序规范，内容具体，权责明确。

四是要处理好工会代表和职工参与的关系。工会要代表和维护职工的合法权益，也要让职工充分行使民主权利。要听取职工尤其是一线职工的意见，在集体协商的过程中要有职工的代表，要将集体协商的草案交给职工代表讨论通过。

五是要充分发挥上级工会的作用。工会签订集体合同，上级工会应当给予支持和帮助。在企业集体协商出现重大分歧时，上级工会应帮助协调，并参与争议处理。对基层工会的协商代表进行教育培训，必要时要保护基层协商代表。

思考题

1.集体合同和劳动合同的区别有哪些？

2.平等协商和签订集体合同的原则是什么？

3.平等协商与集体合同的作用是什么?

4.平等协商与集体合同的主要内容是什么?

5.简述平等协商与签订集体合同的程序。

6.工资集体协商的主要内容有哪些?

7.基层工会主席在平等协商和集体合同工作中有哪些作用?

 **案例1**

围绕企业用工的难点和职工关切的热点开展协商
青海开展集体协商集中要约行动

2023年4月12日　来源:中工网-工人日报

青海省总工会决定从3月1日至7月31日在全省开展"共商共创、和谐同行"2023年度集体协商集中要约行动,围绕企业用工的难点和职工关切的热点开展协商,并提出要努力实现工资集体协商建制率超90%。

据悉,今年的集中要约行动对象包括新业态平台企业、生产经营困难的企业,以及集体合同已经到期需要续签或重新签订的企业、行业或区域(各类园区)和协商主体健全但未开展集体协商的行业或区域(各类园区)以及尚未开展集体协商的建会企业。

此次集中要约行动,根据已建会新业态平台企业的实际情况合理确定要约内容。结合不同类型平台企业管理制度、经营方式和用工模式,围绕行业计件单价、报酬确定和支付办法、进入退出平台规则、工作时间等开展行业集体协商,合理确定行业相关标准,规范行业用工管理,签订行业集体合同。

对于生产经营困难的企业,集中要约行动将稳岗就业、薪酬福利、工时制度等涉及职工利益调整的重大事项作为要约主要内容,鼓励企业与职工协商后采取调整薪酬、轮岗轮休等方式稳定工作岗位;对暂无工资支付能力的,要引导企业与职工协商确定延期支付工资的有关内容,实现企业与职工同舟共济。

此外,对于生产经营正常、效益较好的企业,青海省将工资增长幅度、奖金福利等作为要约主要内容,使职工工资增长与企业效益、劳动生产率增长相适应。生产经营出现暂时下滑的企业，将职工生活费保障等作为要约主要内容。

青海省总工会要求各级工会加强与人社、企联、工商联等部门的沟通，做好集体协商指导监督、集体合同审查管理、争议调处和行政执法工作，督促企业按时并应约开展集体协商。

（记者　邢生祥）

 案例2

唐山市总工会推动集体协商工作提质增效

2022年2月22日　来源：中工网

河北省唐山市总工会为了维护职工合法权益，构建和谐劳动关系，促进企业科学健康发展，齐抓共管，合力推进，逐渐提炼完善出"四深"工作法并形成长效机制，确保了集体合同工作的科学化、制度化和规范化，推动集体协商工作提质增效。

一是深入宣传，提升职工知晓度。唐山市总工会指导各级工会充分利用工会报刊、工会官网、微信公众号等工会舆论宣传阵地，以及工人文化宫、职工服务中心、户外劳动者服务站点、"职工之家"、职工书屋等工会服务阵地，通过召开工作推进会、宣讲会、发放倡议书、发放宣传资料、组织开展专业学者、教授专题讲解企业集体协商知识讲座等多种途径方式，多渠道、立体化向广大职工群众宣传宣讲企业集体协商的重要性，提高对集体合同的认识，使职工对这一工作的知晓度不断提高，使集体协商、集体合同工作的目的和意义深入人心，既保证了职工的知情权、参与权，又调动了广大干部职工积极参与的热情。

二是深入基层，提高职工满意度。唐山市总工会指导基层工会把职工参与贯穿于整个集体协商工作之中，主动走进车间、班组征求职工意见和建议，摸清职工关心的热点和焦点问题，将职工群众关心的利益问题体现于协商方案中，不断深化和细化集体合同内容，力争使职工满意，使企业满意。

三是深度规范，提高工作主动性。在推进平等协商集体合同工作中，建立完善的规章制度。深度规范工作流程，使集体合同的签订从时间、内容、执行等方面更加规范严谨，流程更便于操作，从而彰显了工会在企业党政与职工家属联系中的桥梁纽带作用。

四是深化监督，提高工作实效性。为了保障集体合同履行质量，保障发挥作用，成立监督检查小组，利用深入基层职工座谈、调查问卷、自检自查等形式，坚持每半年开展一次监督检查活动。同时，在日常工作中发挥工会的维权职能，并对检查过程中存在的问题和建议进行及时解决，从而提高了此项工作的实效性。

集体合同和工资集体协商工作的推行是一项长期的任务。唐山市总工会将结合企业实际，继续加大宣传力度，依法进行协商，不断完善协商机制，巩固成果，建立完善工资集体协商长效机制，不断推进集体协商工作规范，积极创建劳动关系和谐企业，促进企业又好又快发展。

（曹慧芳 赵一凡）

第八章

基层工会经济技术工作

工会经济技术工作是工会工作的重要组成部分，是基层工会工作的主要任务，是充分发挥职工群众主人翁积极性和创造力的有效载体，是工会组织在贯彻新发展理念、构建新发展格局、推动高质量发展中发挥优势、体现作为的重要职能和手段。工会组织动员广大职工开展劳动和技能竞赛、合理化建议、技术攻关、技术协作、技术革新、发明创造、班组建设和劳模管理等多种形式的群众经济技术活动，可以激发广大职工群众的主人翁精神，加强职工队伍建设和素质的提高，促进经济社会高质量发展。

第一节　工会经济技术工作概述

一、工会经济技术工作的现实意义

（一）推进全面建成社会主义现代化强国

工会开展群众性经济技术工作，对于调动广大职工的积极性、主动性、创造性，推动企事业生产和经营管理水平的不断提升，促进科技进步和全社会经济效益的不断提高，推进全面建成社会主义现代化强国，全面推进中华民族伟大复兴，具有独特优势和巨大潜力。通过技术革新和技术创新活动，增强自主创新能力，推动科技进步和创新型国家的建设。

（二）促进社会主义精神文明建设

工会经济技术工作通过评比选树劳动模范、先进工作者、大国工匠和各类技术标兵、创新人才等活动，为社会各界树立了学习的榜样，发挥先进模范作用。进一步弘扬工人阶级伟大品格、劳模精神、劳动精神和工匠精神，践行社会主义核心价值观，培养广大职工树立集体主义、爱国主义和良好的职业道德，引导广大职工树立立足本职、扎实工作、争创一流的精神风貌。

（三）提升职工队伍素质

劳动者素质的全面提升已成为影响国家综合国力与竞争力的决定性因素，人力资源的质量成为影响经济社会发展的战略性资源。因此，工会经济技术工作的广泛开展，能够为职工素质的全面提升提供有效载体，有利于引导、激励和培养更多的知识型、技术型、创新型劳动者，从而造就一批适应技术进步要求和现代化建设需要的高素质职工队伍，使人口优势转化为人才优势。

二、工会经济技术工作的基本内容和特点

（一）新时代工会经济技术工作的基本内容

1.动员和组织广大职工开展各种形式的劳动和技能竞赛。开展群众性劳动和技能竞赛活动是增强企事业发展活力，促进企事业高质量发展的重要举措，是提升职工主动性、积极性以及创造性的有效途径。通过开展群众性劳动和技能竞赛，把大培训、大练兵、大比武和名师带徒、先进操作法推广结合起来，全力推进职工知识化进程，使广大职工的技术水平和综合素质稳步提升，企事业的核心竞争力得到快速增强，群众性劳动和技能竞赛已成为企事业工会工作的亮点和品牌。

2.积极开展合理化建议、技术革新、技术协作、发明创造、网上练兵和"小发明、小创造、小革新、小设计、小建议"等群众性创新活动，推动科技进步和管理水平提升，提高经济效益和社会效益。

3.大力弘扬工人阶级伟大品格和劳模精神、劳动精神、工匠精神，扎实开展劳模培养、评选、表彰和管理服务工作，大力培育和弘扬精益求精的工匠精神，建设知识型、技能型、创新型劳动者大军。

4.积极开展岗位练兵、技术比武、职业技能大赛等活动，发挥职工技协在企事业生产经营管理活动中的骨干作用，提高技术竞争力。

5.大力开展节能减排活动，以"节能减排人人有责，和谐发展人人受益"为主题，加强节能减排的宣传教育，增强职工节能减排意识，抓好节能减排创新活动，为节能减排作贡献，推动生态文明建设。

6.加强现代化班组建设，努力建设学习型班组、技能型班组、创新型班组。

（二）工会经济技术工作的基本特点

工会技术经济工作的基本特点主要体现在以下方面。

1.自主性。一是在工作目标上，工会自主开展工作，以推动经济发展、促进企业进步，提高经济效益为中心；二是在工作形式上，以动员广大职工参与并为职工所欢迎、所接受为标准，发挥职工的主观能动性。

2.群众性。工会开展经济技术工作必须能够广泛吸引广大职工踊跃参与，从而彰显广大职工的积极性、主动性和创造性，发挥广大职工的聪明才智。

3.多样性。工会经济技术工作的内容和形式丰富多样，涉及企事业生产与经营的各个方面。既可以解决实际问题，也可以克服潜在不足。

4.效益性。工会经济技术工作的目标是以提高经济和社会效益为中心，以量化指标来体现，如数量、质量、成本、质量检验标准等，同时工会经济技术工作本身也要讲求经济效益。

（三）工会经济技术工作坚持"五个统一"

工会经济技术工作坚持"五个统一"：生产效率和经济效益的统一、企业内部与企业外部的统一、体力型与智力型的统一、直接效益与长远效益的统一、精神激励与物质奖励的统一。

三、群众性经济技术创新工程

（一）群众性经济技术创新工程的含义和内容

1.含义。群众性经济技术创新是技术与经济相结合，是群众生产工作在新形势下的创新和发展。工会群众性经济技术创新工程是指通过组织广大职工参加各种形式的经济技术创新活动，继承、发展和创新工会经济技术工作。

2.内容。群众性经济技术创新工程主要包括以下方面。（1）创新工程的内容包括技术创新，创新成果的推广应用，促进科技成果向现实生产力的转化；增加经济技术活动的科技含量，围绕制度、管理和服务创新开展活动。（2）创新工程的形式，以职工欢迎、企业需要、效果明显为标准，开展形式多样的经济技术创新活动，全面提升职工队伍的科学文化素质、劳动技能和团队精神，为推进我国经济社会的全面进步建功立业。（3）创新工程的实施领域。主要是围绕生产经营、科技研发、技术进步、劳动技能、管理服务、物流与信息等诸多方面。（4）创新工程与经营管理有机结合。以推动企事业技术进步、提高企事业经济效益为中心，与企事业的生产经营、科技进步、规范管理等方面的工作紧密结合起来，与技术创新体系、机制、能力建设紧密结合起来，与企事业技术创新试点示范工作紧密结合起来。（5）创新工程通常由工会发起和组织实施。同时需要政府部门和企事业行政在人力、物力、财力、智力等方面的通力合作与支持。

（二）群众性经济技术创新工程的主要特征

1.知识化

群众性经济技术创新工程的知识化，是指经济技术创新工程的全过程，诸如组织过程、实施过程、考核过程以及经济技术创新的内容、手段和方法等具有较高的知识含量，体现着知识的创新、创先、创优、创水平。

2.人本化

职工经济技术创新工程广泛的群众性需要树立以人为本的理念。经济技术创新关键在人才，人才是推动技术进步的具有开发潜力的首要资源，这个资源在企事业就是"学习型、知识型、技能型"的职工。同时建立激励和优化人力资本的实施机制。这种机制的核心就是能够充分体现人力资本的创造价值。

3.创新性

创新是企事业发展的不竭动力。在知识经济时代，社会经济技术发展的重心已从常规发展逐步转向创新发展，这就决定了群众性经济技术创新工程必须具有创新的特点，即要有：（1）确定应对市场竞争的创新目标；（2）体现创新主体的多元化；（3）实现创新过程的系统化；（4）推动创新活动组织管理的民主化。

第二节　劳动和技能竞赛与合理化建议

一、劳动和技能竞赛

劳动和技能竞赛是一项最广泛的职工群众活动，也是一项涉及范围和领域最宽广的活动。劳动竞赛是在社会主义条件下，广大劳动者以劳动生产为内容展开的竞赛活动；技能竞赛是依据国家职业技能标准，结合生产和经营工作实际开展的以突出操作技能和解决实际问题能力为重点的、有组织的群众性竞赛活动。开展社会主义劳动和技能竞赛，可以增强广大劳动者的集体主义精神，创造和推广新的生产技术和操作方法，改善劳动组织，发挥劳动者的积极性、主动性和创造性，对于提高劳动生产率，完成和超额完成生产工作任务，提高经济社会效益，促进企事业高质量发展，具有巨大的推动作用。

劳动和技能竞赛具有群众性、广泛性、民主性和科学性的特点。

（一）劳动和技能竞赛的基本要素和现实意义

1.劳动和技能竞赛具备 3 个基本要素：一是职工群众参加；二是具体的竞赛目标；三是劳动成果的比较和交流。

2.劳动和技能竞赛的现实意义。

首先，发展和谐稳定的劳动关系，需要工会在实践中正确把握好促进企事业发展、维护职工权益的相互关系。其中，为促进企事业发展，劳动和技能竞赛无疑是有效的切入点。其次，劳动和技能竞赛有利于提升企事业的核心竞争力。企事业的竞争优势靠的是创新，而劳动和技能竞赛通过比、学、赶、帮、超能够为企事业创新不断拓展领域。再次，劳动和技能竞赛有利于提高企事业单位科学技术水平。最后，劳动和技能竞赛有利于全面提升职工队伍素质。

（二）劳动和技能竞赛的功能

劳动和技能竞赛具有多种功能，但主要有 3 大功能。

创造功能。劳动和技能竞赛不是一般劳动，而是创造性劳动。劳动和技能竞赛的创造性本质在实践中得以体现：创造新纪录、创造新的工作方法、创造新的生产工具、创造新的生产技术、创造新的产品。创造功能以职工的创造性和首创精神为特征。

激励功能。促进职工间比、学、赶、超的激励作用，有效的激励措施是搞好劳动和技能竞赛的最基本保证，也是竞赛的重要环节。在制订每一项竞赛方案时，要将竞赛奖励方式或奖励标准纳入其中，有效激发企事业和职工群众参与竞赛的积极性。

教育功能。劳动和技能竞赛能让职工更好地体现自身价值，提高自身素质，寻求自身发展。随着企事业不断发展，对专业技术人员需求越来越大。企事业需要提高职工的整体素质，建立一支高素质、高技能的职工队伍。新时代的劳动和技能竞赛是培养职工学习能力，提高职工技能水平的练兵赛场，劳动者在干中学、学中练、练中比、比中创，不断增强学习能力、创新能力、竞争能力。

（三）劳动和技能竞赛的原则

组织劳动和技能竞赛的基本原则包括宣传劳动和技能竞赛，评比竞赛结果，运用竞赛优胜的经验3个方面。在竞赛中具体表现为"互相学习、互相帮助、取长补短、共同提高"，由此决定了劳动和技能竞赛以"比、学、赶、帮、超"为主要活动方式。当下劳动和技能竞赛所遵循的原则得到进一步延伸：

1.服务经济社会建设、服务企事业发展；

2.服务职工权益保障；

3.有利于广大职工参加；

4.精神鼓励和物质鼓励有机结合。

（四）劳动和技能竞赛的方式

在实践中，劳动和技能竞赛的方式丰富多样，主要有以下5个方面。

1.定额达标式竞赛。这种竞赛一般围绕企事业发展目标确定竞赛内容，在此基础上将竞赛目标具体分解、层层落实。如阶梯式竞赛，依据本单位或项目的历史最好水平，把竞赛目标分为多个档次或多个等级，一般为3个或3个以上等级。这种竞赛的形式可以使竞赛指标数据化，便于考核和认定，避免了过去那种考核无数据，评比凭印象的弊端。

2.协议式竞赛。即由劳动关系双方代表通过签订协议方式，明确竞赛任务的分工和各自的责、权、利，使企事业发展目标和职工切身利益有机结合在一起。如流动红旗竞赛，这种竞赛通常在班组之间进行，有规定竞赛的条件和内容，定期进行检查、评比、奖励，竞赛周期可长可短。

3.横向联合式竞赛。即在不同的部门、企事业、行业之间，为完成共同的任务而开展的联合协作竞赛。如攻关式竞赛，为解决某个技术问题，或关键技术，发挥集体智慧和协作精神，组织攻关竞赛。

4.重点工程竞赛。这种竞赛是管理型竞赛，它把关系国计民生的建设中的大型企事业组织起来，通过加强管理，更好地保工期、保质量、保安全，推动建设速度。重点工程属于国家急需的大型项目，产值高，利润大，工程建设的快与慢，直接影响到经济的发展，这种竞赛意义重大。《中国工运事业和工会工作"十四五"发展规划》提出，围绕国家重大战略、重大工程、重大项目、重点产业，广泛深入持久开展"建功'十四五'、奋进新征程"主题劳动和技能竞赛。

5.创先立功竞赛。依据职工在竞赛中达到的不同级别，确定功级的档次进行记功奖励，这种竞赛形式将创先与立功结合起来，在创先的基础上立功，在立功的基础上创先，体现了职工的竞赛成果与政治荣誉和物质利益的结合，使竞赛更具有较大的吸引力和生命力。

《中国工运事业和工会工作"十四五"发展规划》提出，以技术创新为导向，创新竞赛方式和载体，发挥网络平台作用，增强活动的便利性和群众性；加强非公企业劳动和技能竞赛工作，探索新产业新业态开展竞赛的新形式。

（五）劳动和技能竞赛的实施程序

劳动和技能竞赛的实施程序大体包括以下内容。

1.制订竞赛方案。组织劳动和竞赛首先要确定竞赛目标、原则、组织领导、实施内容等；明确竞赛具体实施方案，其中包括竞赛条件、竞赛管理及奖励办法等。竞赛活动一般由企事业行政牵头，工会等相关部门配合参加，日常具体工作通常由工会负责。

2.宣传发动群众。把竞赛活动方案让广大职工了解，宣传竞赛的意义、目的、目标、方法，形成竞赛的气氛和声势，让职工关注竞赛、参与竞赛。

3.劳动和技能竞赛的组织方法。一是做好开赛前的准备。选择好竞赛目标，做好可行性研究。二是做好竞赛的服务工作。解决职工的后顾之忧，做好竞赛的分类指导，及时检查监督。三是做好竞赛的总结、评比、表彰工作。

4.劳动和技能竞赛的组织领导。强有力的领导是开展劳动和技能竞赛的组织保证。各级工会组织是劳动和技能竞赛的组织领导机构。

二、合理化建议活动

合理化建议活动，是指工会组织职工就有关改进和完善企事业单位生产、技术、经营和管理等方面提出改进意见、相关解决措施或办法的活动。职工合理化建议活动也称"点子工程"，它是职工民主管理的一项重要内容，是企事业运用集体智慧、群策群力促进企事业发展的一个重要手段。通过开展这一活动，切实提高职工民主参政意识，最大限度地发掘职工中蕴藏的智慧和热情，为领导层改进工作方法、进行正确决策提供了依据。合理化建议活动是一项群众性很强的创造活动，它是广大职工参与企事业管理的一个重要途径，并体现主动性、可行性、效益性 3 个特点。合理化建议活动是提高职工群众主人翁责任感的有效形式。合理化建议是推动企事业技术进步和管理进步，增强企事业生机和活力的重要措施。合理化建议活动是开掘职工智力资源，提高职工素质的重要途径。

（一）合理化建议的内容

合理化建议的内容包括：挖掘生产（工作）潜力，扩大生产能力，改进生产经营组织和工作方法，促进增收节支，提高经济效益和社会效益；改革创新，提高劳动生产率、市场竞争力及应变能力；提高产品质量，改进产品结构，开发新产品；改进生产设备、设施及生产工具；生产安全和劳动安全卫生；节约能源，降低消耗，采用新技术、新工艺、新材料，节约原材料等。

（二）合理化建议的活动方式

1.课题招标式。也称课题揭榜式。由企事业合理化建议活动领导小组根据企事业遇到的难题或薄弱环节，确定好课题，然后发动群众自愿揭榜或招标。这种方式有利于调动职工积极性、主动性。

2.三结合式。实现工人、技术人员、管理者三结合，根据企事业发展的关键问题，发挥三个方面的积极性和智慧。这种方式可以发挥工人、技术人员和领导干部的各自的优势，互为补充、取长补短。

3.与创造学结合式。在开展合理化建议活动时，首先进行创造学培训，使职工掌握更多创造的技术和方法。这种方式可以打开职工的创新思路，提高创造意识和创造技能。

4.竞赛激励式。将合理化建议列入竞赛的内容，作为竞赛的考核条件，通过竞赛激励职工提合理化建议的自觉性，可以调动更多的职工投入该活动。

5.立项承包式。先选出课题，发动群众揭标提建议，然后立好项目，由部分人自愿承包实施，这种方式把课题招标、竞赛激励等结合起来，再加入承包的内容，使合理化建议活动更富有实效。

（三）合理化建议的原则和实施步骤

1.原则：开展合理化建议活动应在倡导广大职工主动性和自愿性基础上，遵循信任群众、依靠群众、支持群众、积极采用和适时奖励的原则。

2.实施步骤：首先，合理化建议活动的组织发动。合理化建议活动是职工关心企事业的改革与发展的体现，是职工主人翁精神的体现。工会应认真对合理化建议活动进行规划和组织，并进行广泛宣传发动。其次，合理化建议的征集。工会组织下发合理化建议书（或表）。基层工会在规定时间及时收集合理化建议书。合理化建议征集齐后，按生产、市场营销、管理、劳动保护、内部分配、职工生活等整理分类。再次，合理化建议的评审。组织有关专业人员对建议进行可行性分析并作出是否采纳的决定。最后，表彰奖励与归档。按评审的条件与标准，分别对合理化建议表彰奖励，对建议产生的效果进行评估和奖励。

（四）开展合理化建议活动的要求

明确建议的实施目标，提高建议的有效性；对职工开展有针对性的业务培训，不断完善建议的质量和水平；充分发挥劳动模范、先进工作者、专业技术人员、管理人员和职工技协的优势，形成工人、管理人员、技术人员相结合的骨干队伍；把建议活动的重点放在班组或基层，使其与一线工作紧密结合起来。

第三节　职工技术协作和劳模工作

一、职工技术协作

党的二十大报告指出："加强企业主导的产学研深度融合，强化目标导向，提高科技成果转化和产业化水平。强化企业科技创新主体地位，发挥科技型骨干企业引领支撑作用，营造有利于科技型中小微企业成长的良好环境，推动创新链产业链资金链人才链深度融合。"

职工技术协作是职工群众自愿结合，发扬工人阶级主人翁精神和协作风格，在企事业间、部门间、行业间、地区间进行有组织的技术攻关、技术开发、技术交流，通过技术应用、推广和创新，为经济建设作贡献的群众性生产技术活动。职工技协是中国工人阶级的伟大创举，在深入实施科教兴国战略、人才强国战略、创新驱动发展战略中发挥着重要作用。

职工技协组织是工会组织开展群众性科技活动的社会团体。职工技协组织的工作宗旨是以经济建设为中心，坚持科技是第一生产力，组织会员和广大职工开展多种形式的群众性科技活动，提高职工技术素质，推动企事业技术进步，促进科技成果转化为现实生产力。各省、自治区、直辖市职工技协组织和各全国产业专业职工技协组织是中国职工技协的团体会员。

（一）基层职工技协活动的主要任务

基层职工技协活动的主要任务如下：

1.立足企事业，开展技术创新、技术挖潜和技术改进活动，不断完善和推进企事业生产技术；

2.开展企事业之间、企事业和高校及科研单位之间的技术交流和技术合作活动，共同解决企事业在技术开发、技术改造、技术攻关、技术成果

消化吸收等方面遇到的问题;

3.根据企事业技术进步的需要,组织技术培训、技术攻关和技术比赛等活动,有计划、有步骤、有目的地提高职工队伍的技术水平;

4.开展有偿技术服务,按照技术市场的通行规则,推动技术的广泛应用;

5.在技协组织的协调下,集中相关技术力量支持那些技术较薄弱的企事业、行业和地区。

(二) 职工技术协作工作的基本要求

职工技术协作的基本要求包括两个方面:一是贴近企事业,贴近生产技术发展的最前沿,通过组织形式、工作内容、运作方式、活动范围等方面的不断创新,赋予职工技协新的生命力;二是职工技协作为工会经济技术工作的重要组成部分,应充分彰显工会在推进我国经济技术方面的群众化优势,坚持为基层服务,坚持技协以职工为主体的方向,坚持发挥职工群众技术的强大优势。

(三) 职工技术协作活动的形式

职工技术协作活动在组织形式、工作内容、运作方式、活动范围等方面不断进行发展和创新。

1.协作攻关活动。职工技术协作的主要内容就是针对生产技术中的难题,组织人员开展技术攻关,促进经济技术的发展。

2.示范操作活动。示范操作在现场进行传授操作技能的培训活动,是手把手地传授技能的方法。在示范者的带领下,学习模仿,逐步提高。

3.岗位练兵活动。对岗位新人的技能培训可以采用在工作岗位上提高职工技术协作的方法。岗位练兵以提高基本技能为主,学习操作的基本动作,在熟练中提高,熟能生巧。

4.推广先进操作法。通过总结推广先进操作法,挖掘职工中的绝招、绝技、绝活。请先进方法的创造者现场表演,传授技术,搞好传、帮、带。从班组到车间逐级推广,使先进操作法推广到各部门,以提高技术水平和工作效率。

二、劳模工作

劳模，即劳动模范的简称。劳动模范是工人阶级的优秀代表，是民族的精英，国家的栋梁，社会的精英，人民的楷模，是最美的劳动者。劳模精神是中国工人阶级伟大品格的生动体现和社会主义核心价值体系的集中展示。它包括：爱岗敬业、争创一流，艰苦奋斗、勇于创新，淡泊名利、甘于奉献。

劳模工作是工会经济技术工作的重要组成部分。《工会法》第33条规定："根据政府委托，工会与有关部门共同做好劳动模范和先进生产（工作）者的评选、表彰、培养和管理工作。"劳模工作的范围包括先进人物和先进集体的工作。劳模工作是我国工人运动和工会运动的重要内容。劳模工作是运用榜样的力量，宣传群众、发动群众、组织群众从事社会主义建设的一项群众工作。劳模工作的中心环节是总结推广和普及先进经验，弘扬先进思想。劳模工作的主体来自基层的劳动模范和先进集体。

（一）劳模工作的主要内容和要求

1.劳模工作的主要内容

一是研究政策。包括制定评选劳模的标准，劳模具备的条件、荣誉称号的设置及等级，劳模应享受的待遇、劳模工作的管理、办法以及劳模工作机构的设置。

二是选树典型。包括按照劳模和先进集体所具备的典型性、先进性和群众性，发现典型、培养典型和宣传典型，使之具有较高的知名度。

三是表彰奖励。按照评选原则和评选标准严格评审、登记、办理上报审批及授予荣誉称号和给予精神、物质奖励。

四是推广先进经验和弘扬先进思想。

五是培养教育和使用。

六是劳模的日常管理。

2.劳模工作的基本要求

（1）劳模评选的条件和原则。评选劳动模范的基本条件是：热爱祖国，坚持党的基本路线，增强"四个意识"、坚定"四个自信"、做到"两个维护"，在思想上政治上行动上同以习近平同志为核心的党中央保持一致，在本职工作岗位上勇于开拓创新，为经济建设和社会发展作出突出贡献，并具有广泛的群众基础。劳模评选工作应坚持面向基层、面向经济建设第一线，以普通工人、农民工和知识分子为主的原则。

（2）劳模评选的基本程序。劳模评选应在广泛听取群众意见的基础上，经过民主程序，做到公开、公平、公正，优中选优，确保评选质量。劳模人选产生后，还应面向职工群众和社会进行公示。

（3）对劳模的表彰奖励。对劳模的奖励应体现精神鼓励和物质奖励并重。同时，应在社会范围大力宣传劳模精神和时代风采，使劳模的奉献精神和为国家或企事业作出的突出贡献得到社会的承认和尊重，使劳模成为人们学习的榜样和楷模，成为时代发展的领军人物。

（4）对劳模的培养和教育。对劳模的培养和教育方式丰富多样，如选送劳模到大专院校或国外学习深造，定期安排劳模参加相关专业的培训，也可通过建立劳模协会和劳模联系制度为劳模提供所需的各种文化交流活动。

（二）劳动模范日常管理工作中应把握的基本环节

第一，严格坚持评选劳模的基本标准。

第二，坚持面向基层，面向经济建设第一线，以广大职工群众为主，实行民主评选的原则。

第三，维护劳模的正当权益，关心劳模的工作、学习和生活，尤其应关心那些经济困难劳模的工作和生活，及时解决劳模遇到的各种困难和问题。

第四，总结、传播和推广劳模创造的先进工作经验，大力弘扬劳模的敬业精神、崇高品质和先进思想。

第五，不断提高劳模工作的管理水平。

（三）新时代劳模工作的基本思路

主要包括5个方面。一是建立健全劳模管理机构，按照分级管理和属地管理的原则，理顺劳模管理关系。二是建立科学的劳模管理工作制度，推动劳模管理工作的规范化、标准化和网络化。三是大力宣传和弘扬劳模精神，使之成为激励广大职工投身经济建设和改革的强大动力。四是加强涉及劳模待遇政策的源头参与，探索建立劳模贡献与报酬相适应的激励机制；支持和鼓励有条件的地方和企事业为劳模设立荣誉津贴和补充保险；关心劳模的工作、学习和生活，采取各种有效措施帮助困难劳模走出困境，动员社会各方面的力量为劳模办实事、办好事。五是深化劳模和工匠人才创新工作室创建工作。

第四节　工会经济技术工作的组织管理

一、建立健全工会经济技术工作的组织领导机构

一般分为两个层次，即在各级工会领导机关和基层工会分别设置相关的工作机构。

各级工会领导机关是指在全国、省、自治区、直辖市、县总工会设置的经济工作部或经济技术工作方面的组织领导机构，此外还包括一些专门的组织领导机构，如"全国合理化建议和技术改进活动工作委员会""中国职工技术协会""劳模协会"等。上述组织领导机构的主要职责是提供政策指导、信息交流、调查研究、表彰先进、总结推广经验或成果等。

基层工会的工作机构指在企事业设置的"工会生产工作委员会""劳动和技能竞赛领导小组""合理化建议和技术改进评审委员会（评审小组）""班组长联谊会"等组织。其主要职责是负责组织开展具体活动、搞好总结评比、经验交流和推广等工作。

二、制定科学的工会经济技术工作评估标准

（一）评估原则

1.统一性原则。即评估标准能够兼顾群众性经济技术创新活动的各类

成果形式，并普遍适用各类不同所有制、不同规模的企事业。

2.科学性原则。即评估指标能够客观、准确地反映创新成果，做到定量评估和定性评估相结合，并应兼顾职工参与的广泛程度。

3.公正、公开的原则。即力求做到评估指标科学，评估内容对等，评估标准一致，评估结果实事求是。

4.分类评估原则。即针对不同生产领域的特点，进行分类考评。

（二）评估指标

评估指标的构成一般涉及以下方面：

企事业经济效益指标；社会经济效益指标；职工素质指标；企事业综合竞争力指标；等等。

三、构建工会经济技术工作的制度保障体系

（一）制度保障体系的内容

1.激励制度。诸如奖励机制、荣誉鼓励机制、职业发展激励机制等。

2.管理制度。诸如组织制度、创新成果征集评审制度、创新成果展示发布制度、年终评估制度等。

3.创新扶持制度。如资金扶持制度、技术扶持制度、人力扶持制度。

4.培训制度。实践证明，有效的培训制度有助于员工创新能力具有持续性。

5.科技成果推广制度。

（二）制度保障体系建设的基本要求

1.组织者的正确思想观念和创新理念是制度建设的关键。

2.整体设计，分步实施。

3.规范性与灵活性相结合。

4.工会与行政密切配合。

5.创造良好的创新氛围。

第五节　弘扬劳模精神、劳动精神、工匠精神

工人阶级是我国的领导阶级，是先进生产力和生产关系的代表，是坚持和发展中国特色社会主义的主力军。2022 年 4 月 27 日习近平总书记致信祝贺首届大国工匠创新交流大会举办，强调"我国工人阶级和广大劳动群众要大力弘扬劳模精神、劳动精神、工匠精神，适应当今世界科技革命和产业变革的需要，勤学苦练、深入钻研，勇于创新、敢为人先，不断提高技术技能水平，为推动高质量发展、实施制造强国战略、全面建设社会主义现代化国家贡献智慧和力量"。新时代新征程上，我们要深入学习贯彻习近平总书记重要讲话精神，深刻认识和大力弘扬劳模精神、劳动精神、工匠精神，汇聚起亿万职工群众团结奋斗的磅礴力量。

一、劳模精神、劳动精神、工匠精神的科学内涵

劳模精神、劳动精神、工匠精神是以爱国主义为核心的民族精神和以改革创新为核心的时代精神的生动体现，是鼓舞全党全国各族人民勇敢前进的强大精神动力，是中华民族披荆斩棘、走向胜利的重要法宝。大力弘扬三种精神，对于鼓舞和激励全党全国各族人民为全面建设社会主义现代化国家而奋斗，具有重大意义。

（一）劳模精神

劳模精神是工人阶级先进性的集中体现，是工人阶级主人翁意识的集中体现，是社会主义核心价值观的生动诠释，是文化自信的重要支撑，是实现中华民族伟大复兴中国梦的重要力量。习近平总书记将劳模精神概括为"爱岗敬业、争创一流、艰苦奋斗、勇于创新、淡泊名利、甘于奉献"。

爱岗敬业，是指以尊重恭敬态度来对待自己的岗位、热爱自己的工作。这是忠于职守的职业精神。

争创一流，就是要增强争先创优意识，锐意进取，瞄准一流水平、对照一流标准、争创一流业绩。

艰苦奋斗，是一种不怕艰难困苦，奋发图强，艰苦创业的精神。是劳模精神的本质，是中华民族的优良传统，也是劳模精神的根本内涵。

勇于创新，就是敢为人先、突破常规。这是劳模精神的核心。

淡泊名利，就是轻视外在的名声与利益，不计较得失，不计较名利。

甘于奉献，就是心甘情愿地为国家、人民、社会、集体或他人无私奉献自己的一切。是自愿的付出行为，是自我牺牲行为，是劳模精神的底色。

(二) 劳动精神

习近平总书记将劳动精神概括为"崇尚劳动、热爱劳动、辛勤劳动、诚实劳动"。

崇尚劳动，是指对劳动的尊重和推崇。这是价值层面的高度认同。

热爱劳动，是指满腔热忱地去从事人类创造物质和精神财富活动，将对劳动的价值认同转化为劳动热情。这是情感层面的强烈表达。

辛勤劳动，是指辛辛苦苦、勤勤恳恳从事生产劳动，是实践过程中的行动状态。这是基本要求。

诚实劳动，是言行一致、脚踏实地、诚实守信的劳动行为，是境界层面的行动准则。

(三) 工匠精神

习近平总书记把工匠精神概括为：执着专注、精益求精、一丝不苟、追求卓越。

执着专注：即耐心、执着、坚持的精神，保持定力。这是思想层面的要求。

精益求精：是指在既有成绩基础上仍然严格要求，是技艺、产品、质量、境界不断提升的过程。这是操守层面的要求。

一丝不苟：指做事十分认真、细致，来不得半点马虎将就。这是作风层面的要求。

追求卓越：是指永不自满、永不停滞，追求极致完美的态度和行为。这是品质层面的要求。

劳模精神、劳动精神、工匠精神具有内在联系。劳模精神反映劳动模范在生产实践中的职业素养、职业能力、职业品质，弘扬劳模精神强调用劳模的先进思想、模范行动影响和带动全社会。劳动精神是劳动者劳动意识、劳动理念、劳动态度、劳动习惯的集中展示，弘扬劳动精神强调正确认识劳动是人类的本质活动。工匠精神不仅是大国工匠群体特有的品质，更是广大技术工人心无旁骛钻研技能的专业素质、职业精神，弘扬工匠精神强调在追求卓越中超越自己。劳动精神是劳模精神、工匠精神的根基，离开劳动创造，劳模精神和工匠精神就是无源之水、无本之木。劳模精神和工匠精神是劳动精神向更高水平的发展、在更高层次的升华。

二、大力弘扬劳模精神、劳动精神、工匠精神

奋进新征程，我们要牢牢把握为实现中华民族伟大复兴中国梦而奋斗的工人运动时代主题，大力弘扬劳模精神、劳动精神、工匠精神，团结带领广大职工为全面建成社会主义现代化强国、实现中华民族伟大复兴的中国梦不懈奋斗。

（一）必须坚持党的领导

引领职工群众坚定不移听党话、跟党走。大力弘扬劳模精神、劳动精神、工匠精神，必须毫不动摇坚持党的领导，深入学习贯彻习近平新时代中国特色社会主义思想，不断增强"四个意识"、坚定"四个自信"、做到"两个维护"，确保工会工作正确政治方向。要在全社会大力宣传劳模精神、劳动精神、工匠精神，广泛开展"中国梦·劳动美"、劳动创造幸福等主题宣传教育活动，进一步擦亮叫响"最美职工""大国工匠"等品牌，在全社会大力宣传劳动模范和先进工作者典型事迹，讲好劳模故事、讲好劳动故事、讲好工匠故事，让劳模精神、劳动精神、工匠精神深入人心，让劳动模范的感人故事家喻户晓，引导职工群众自觉把人生理想、家庭幸福融入国家富强、民族复兴的伟业之中，争做新时代的奋斗者，通过劳动创造更加美好的生活。

（二）充分调动职工群众建功立业的积极性主动性创造性

要紧密结合时代特征和社会实际，充分发挥劳模精神、劳动精神、工

匠精神的价值。把全心全意依靠工人阶级方针贯彻到党和国家政策制定、工作推进全过程，落实到企业生产经营各方面，做到在政治上保证、制度上落实、素质上提高、权益上维护。牢牢把握我国工人运动时代主题，组织职工广泛深入持久开展各种形式的劳动和技能竞赛，深化技术革新、技术协作、合理化建议和"小发明、小创造、小革新、小设计、小建议"等群众性创新活动，为推动高质量发展作出更大贡献。

（三）努力建设高素质劳动大军

劳动者素质对一个国家、一个民族、一个企事业单位的发展至关重要。综合国力的竞争归根到底是人才的竞争、劳动者素质的竞争。大力弘扬劳模精神、劳动精神、工匠精神，必须落实到提高劳动者素质上。深化产业工人队伍建设改革，落实产业工人思想引领、建功立业、素质提升、地位提高、队伍壮大等措施，努力建设一支知识型、技能型、创新型劳动大军。

（四）不断增强职工群众的获得感、幸福感、安全感

让人民群众过上更加幸福的好日子是我们党始终不渝的奋斗目标。大力弘扬劳模精神、劳动精神、工匠精神，是为了实现职工群众对美好生活的向往。要贯彻落实党中央关于扎实推进共同富裕的决策部署，推动实现多劳者多得、技高者多得，提高劳动报酬在初次分配中的比重，增加劳动者特别是一线职工劳动报酬。要坚持以人民为中心的发展思想，扎实有效做好职工权益维护工作，着力维护好新就业形态劳动者、农民工、城市困难职工等群体合法权益，健全劳动关系协调机制，努力使他们的获得感幸福感安全感成色更足。坚持从职工群众多样化需求出发开展工作，健全联系广泛、服务职工的工会工作体系，不断提高职工生活品质。

思考题

1.工会经济技术工作的重要意义是什么？

2.简述工会经济技术工作的基本内容。

3.劳动和技能竞赛有哪些功能？

4.如何开展劳动和技能竞赛？

5.开展合理化建议活动的原则和实施步骤是什么？

6.基层职工技协的主要任务和基本要求是什么？

7.劳模工作的主要内容和基本要求是什么？

8.简述劳模精神、劳动精神、工匠精神的科学内涵。

 **案例1**

宁夏吴忠市总工会"三聚焦"提升劳动和技能竞赛水平

2023 年 5 月 30 日　来源：工人日报客户端

今年，宁夏回族自治区吴忠市总工会在开展以"传承匠心展风采　绿色发展迎未来"为主题的劳动和职工职业技能竞赛中，始终坚持"三聚焦"，并努力强化竞赛的质量要求，使得当地的劳动和技能竞赛成为服务经济高质量发展的"主阵地"，培养和造就技能人才的"大舞台"。

据介绍，吴忠市总聚焦重点项目，通过劳动竞赛助推建设工程优质高效完成。为此，市总工会研究制订了全市示范性劳动和职工职业技能竞赛实施方案，根据工程项目不同阶段的任务和要求，采取以常规综合竞赛为主线，阶段性竞赛、专项竞赛、节点赛等为辅助的竞赛组织形式，开展以比工程质量、比工程进度、比科学管理、比技术创新、比文明施工、比安全生产、创和谐团队为主要内容，以争创工人先锋号、安全示范班组、"劳模（工匠人才）创新工作室"为抓手的"六比一创"劳动竞赛，助推建设工程优质高效完成。

同时，市总聚焦特色产业，努力扩大职工的参与覆盖面。吴忠市总通过协调，使得本市职工技能竞赛形成"党委领导、行政支持、工会牵头、各方配合、职工参与"的竞赛格局，构建起广覆盖、多层次、高质量、可持续的竞赛工作体系。市总聚焦装备制造、轻工纺织、葡萄酒、枸杞、牛奶、餐饮服务等特色产业，突出对装备制造、现代服务业高技能人才的选拔培养，举办了焊工、叉车工、家政服务员、汽车电器维修工等 8 场 15 个工种职工职业技能竞赛，1000 余名职工参加技能比拼。

此外，市总聚焦成果运用，最大限度地激发职工创新创造热情。市总工会把劳动和职工技能竞赛与选树先进典型结合起来，强化竞赛成果运用，联合市人社局不断完善竞赛成果同职称评定、技术等级晋升、职工工资增长等有效衔接的制度机制，为竞赛获得第一名的选手授予"吴忠市技术能手"荣誉称号，推动竞赛落实到企业、成绩落实到职工，实现普通职工向技能人才转变、技能人才向高技能人才跃进。截至目前，吴忠市开展"五小"等群众性创新活动30余场，征集合理化建议1000余条，创建劳模（工匠）创新工作室9个，完成技术革新、技术攻关20多项，创造经济效益600余万元。

据悉，今后吴忠市总工会将在持续提升竞赛的规模和质量上下功夫，开展形式多样的劳动和职工技能竞赛活动，组织开展全区奶产业、轻工纺织、餐饮服务行业职工职业技能竞赛，形成全方位、多层次、广覆盖劳动竞赛新格局。

（记者 马学礼 通讯员 毛佳丽）

 案例2

吕梁市总工会深化职工（劳模）创新工作室创建

2022年7月15日　来源：中工网

山西中阳钢铁有限公司"杜海云创新工作室"下设8个分支创新工作室，28个创新小组，2017年以来产生创新成果1051项，其中有285项受到各级奖励，累计创效14462万元。这是省总蹲点调研组6月27日—7月1日在山西中阳钢铁有限公司了解到的。

2017年以来，吕梁市总工会将深化职工（劳模）创新工作室创建作为产业工人建功立业、素质提升的平台，在形式上出新、内涵上拓展，创建了各具特色的职工（劳模）创新工作室，为职工技能提升聚力集智。截至目前，该市除独立的职工（劳模）创新工作室外，还打造出网格化、集群式、区域式、行业式、复合式等特色创新工作室模式。截至目前，该市共有职工（劳模）创新工作室127个，其中省级27个、市级29个、县级71个。

在山西中阳钢铁有限公司有25个像"杜海云创新工作室"一样的职工（劳模）创新工作室，形成了以省级创新工作室为引领，省、市、县、公司、分厂五级网格化、集群化创新工作室，覆盖81个创新小组、职工

800 余人，仅 2021 年度就荣获国家实用新型专利 25 项。

位于兴县的西山煤电斜沟矿"梁里鹏职工创新工作室"是集群式的典范。该工作室自 2019 年 8 月成立以来，已成为机电设备维修抢修的"练兵场"、技能培训考核的"孵化器"、"五小"创新成果的展示区、科研创新的新引擎，用强大的技术支撑起企业千万吨级矿井建设、承担起国家"年产千万吨级矿井综采工作面生产系统关键技术与开采示范"项目研究任务。该矿也成为首批国家智能煤矿建设示范矿井。据了解，该工作室已培训初级、中级、高级机电工 300 多人次，其中考核合格的初级工每月可增资 450 元、中级工每月可增资 1000 多元、高级工每月可增资 2000 多元；出版了国内煤矿进口设备故障处理"第一书"——《常见进口综采设备故障维修手册》，在全国煤炭行业通用；每年通过维修设备、修旧利废可创效 300 多万元，通过"五小"创新及技术发明降低故障率、提高出煤量每年创效在 1000 万元以上。在 2020 年举行的西山煤电职工技能运动会上，该工作室成员包揽了综采维修电工项目的前 3 名。

区域式职工（劳模）创新工作室集中多个工种进行专业化攻关创新，在解决生产技术难题的同时，使职工的整体技术水平显著提升。吕临能化有限公司庞庞塔煤矿职工创新工作中心占地总面积为 890 平方米，设有 4 个专业创新团队，成员包括以全国劳模、煤炭行业技能大师、三晋技术能手李岗为代表的技术能手 52 人。该中心下设劳模创新工作室、技术创新工作室、精益化管理工作室、智能化建设工作室 4 个工作室，是集科技攻关、技术革新、管理创新、学习培训、交流共享、成果推广等多项功能于一体的综合性职工创新基地。

汾阳市是行业式职工（劳模）创新工作室模式的集结地，每个行业性职工（劳模）创新工作室都覆盖了许多小微企业，对提升行业职工的技能水平起到至关重要的作用。汾阳市汽修行业的"刘天智劳模创新工作室"、餐饮行业的"韩亚山劳模创新工作室"、白酒行业的"尹忠常劳模创新工作室"覆盖了 40 个汽修站、23 家饭店及 17 个白酒公司工作小组。3 年来，汾阳市小微企业 90% 以上的职工参与了"五小"竞赛活动，共取得 100 余项创新成果，占全市职工创新成果的 75% 左右。

"复合式"职工（劳模）创新工作室依托基础技能改进、自主研发创新，培养出一批懂技术能研发树标杆式的复合型技术工人。如汾阳市丰源网架结构"孔繁强劳模创新工作室"实现了做产品、做技术、做标准的"三跨越"。该工作室制订了《热压焊接空心球节点技术标准》，研发的"提升、顶升、顶推"网架结构获得全国专利。交口韦禾公司"李亮劳模创新工作室"引领吕梁成为全国少有的优质夏菇生产基地。

据了解，随着不久后汾阳市餐饮行业职工创新工作室联盟的成立，吕梁市职工（劳模）创新工作室将又添一特色。

（据山西工人报消息 山西工人报首席记者 陈秋莲）

 案例 3

山西："选"劳模"树"新风激发奋斗力量

2022 年 10 月 18 日 来源：中工网

近年来，山西省充分认识做好新时期劳模培育选树工作的重要意义，严格"两审三公示"推荐程序，坚持严格把关、逐级审核，面向基层、面向一线、面向普通劳动者开展评选表彰工作，一批作出突出贡献的先进典型得以选树出来。10 年来，山西省评选出全国劳动模范和先进工作者 153名、省级劳动模范 1479 名，职工群众政治社会地位显著提升，获得感、幸福感显著增强。

选树劳模，首先在"选"。在评选劳模过程中，山西省工会突出把好政治关、把好廉洁关、把好守法关、把好质量关，推荐名单都必须经过党委常委会会议和产业系统党组会会议集体讨论通过，所有推荐单位和劳模人选都经过所在单位职工（代表）大会和村民、居民（代表）大会讨论通过，党政工联席会议或村"两委"会议讨论通过，并在基层进行 5 个工作日的公示。对于国有和国有控股企业负责人的人选推荐，必须经审计、纪检监察、干部主管部门审核同意，党政机关事业单位（含群众团体）领导及干部推荐人选都经纪检、监察、审计、卫健等相关部门审签；同时对于发生重大安全责任事故、环保不达标、严重侵犯职工合法权益、行政处罚数量较多的单位（集体）和单位负责人，以及有违反计划生育政策的单位

（集体）和个人，实行一票否决。此外，在基层推荐的基础上，省总工会从全省层面寻找各行各业的先进标杆和代表人物，确保劳模人选事迹突出、特色鲜明、质量过硬。

坚持面向基层、面向一线、面向普通劳动者。山西省工会把劳模评选范围着重放在了长期工作在生产、科研一线，在平凡工作岗位上作出突出贡献、具有时代特色的普通劳动者身上，重点推荐评选了具有改革创新精神、改革创新成果的单位和个人典型，严格限制县处级领导干部、企业负责人、村"两委"班子成员的评选比例，使基层的职工、农民工成为劳模队伍的主体。以2019年山西省庆祝五一国际劳动节暨劳动模范表彰大会为例，在受表彰的劳动模范中，企业职工占劳模总数的51.9%，农民占劳模总数的19.8%，党政机关、事业单位人员占劳模总数的24.8%，其他类型人员占劳模总数的3.5%。

选树劳模，关键在"树"。"我们将劳模典型评选出来，就是要给予一线职工激励和鼓舞，就是要广泛宣传劳模先进事迹，让劳模在全省经济高质量发展中勇当排头兵、领头羊，推动形成尊重劳模、争当劳模的良好社会氛围。"省总工会经济技术部负责人说。

搭建平台，为劳模干事创业、发挥作用创造有利条件。全省工会积极鼓励和支持劳模搞好"传帮带"，支持劳模向职工传授技术、业务知识，鼓励劳模参加社会公益活动，发挥他们的管理技术专长和资金优势，组织劳模开展志愿服务，更好地发挥劳模作用；同时在提升劳模政治地位的工作中不断发力，各级党代表、人大代表和政协委员中的劳模比例不断增加，以周建民、韩利萍、牛国栋、董林为代表的劳模不仅成为国家和省党代会代表、人大代表，源头参与参政议政，而且经常入企业、进车间、到学校进行党的理论和省党代会的宣传，不断增强广大职工群众对党的创新理论的政治认同、思想认同、情感认同。

扩大集聚效应能量，激发劳模助力发展动力。全省工会持续开展劳模（职工）创新工作室创建活动，通过深化劳模"双师型"人才培养机制，培育集技师和工程师于一身的"双师型"人才，组织技能人才带头开展技术攻关、结对子拜师学艺等活动。截至目前，山西省拥有全国示范性劳模和工匠人才创新工作室 10 个、省级劳模（职工）创新工作室 535 个、市级劳模（职工）创新工作室近 3000 个。

加大劳模精神宣传力度，营造良好社会氛围。全省工会通过组织劳模先进事迹报告会、召开座谈会、建立荣誉室、举办事迹展、举办大讲堂等，全方位、多层次、多角度地宣传工人阶级伟大品格和劳模精神、劳动精神、工匠精神，使劳动最光荣、劳动最崇高、劳动最伟大、劳动最美丽蔚然成风。

（据山西工人报消息 山西工人报首席记者 秦岭）

第九章

基层工会民主管理工作

　　民主管理是职工依照法律和有关规定，通过一定的组织形式，参加企事业单位管理，行使民主权利的活动。推行职代会、厂务公开和职工董事、职工监事等形式的职工民主管理，通过合法有序的渠道，让职工充分表达自己的愿望和要求，通过职代会等组织形式审议企事业生产经营和涉及职工切身利益的重要事项，监督企事业执行党和国家方针政策的落实情况，有利于协调劳动关系，调动职工群众的积极性、主动性、创造性，群策群力促进企事业单位高质量发展。

第一节　职工民主管理概述

一、职工民主管理的概念和基本特征

(一) 职工民主管理的概念

职工民主管理是指企业或事业单位的职工依据有关法律与制度，通过一定的组织形式，直接或间接地参与企事业管理与决策、行使民主权利的活动。职工民主管理是职工主人翁地位的重要体现，是社会主义民主的重要组成部分。党的二十大报告指出："我们要健全人民当家作主制度体系，扩大人民有序政治参与，保证人民依法实行民主选举、民主协商、民主决策、民主管理、民主监督，发挥人民群众积极性、主动性、创造性，巩固和发展生动活泼、安定团结的政治局面。"

(二) 职工民主管理的基本特征

1.职工民主管理的基本表现形式是参与

参与作为职工民主管理的一种基本表现形式，主要特点是通过自下而上的方式得以实现的，这与自上而下的行政管理方式有显著的不同。因此，在职工民主参与企事业管理的各项活动中，"参与"是一个具有关键性的概念。

2.职工民主管理的主体是普通职工

这里所讲的普通职工，主要是指劳动关系双方中的劳动者一方，通常不应包括企事业单位的经营者以及其他高级管理人员。

3.职工民主管理具有合法性和应有的权威性

合法性是指职工民主管理不仅受到国家法律的保护，而且依照法律及相关制度规范得以推行。作为一种民主和法律制度，使得职工能够通过一定的组织形式和依照相应法律程序行使民主管理的权利，并对企事业管理与决策产生重要影响力，因而体现出应有的权威性。

4.职工民主管理具有层次性和广泛性

职工民主管理主要是以参与管理与决策的形式表现出来，而在社会组织结构中，管理和决策又是分层级的。因此，适应管理和决策的层级化与宽广领域，使得职工民主管理具有层次性与广泛性的特点。

二、职工民主管理的职能

（一）审议与决策职能

审议与决策职能是指职工或职工代表通过一定的形式，对企事业单位的重大决策方案进行审议，提出改进建议，并就方案的实施作出决定或决议的一种有组织的民主参与活动。这一职能的履行，不仅体现出职工在企事业中的主体地位，也是保证决策的民主化、科学化的有效手段。

（二）监督职能

监督职能是指在企事业各项管理活动中，通过职工民主参与，对决策过程和决策执行情况进行检查督促，并通过考核、评议、奖惩等方式，对发现的问题及时予以纠正，以确保企事业各项活动按既定目标并遵循一定的制度规范有效开展。

（三）维护职能

维护职能是指通过职工民主管理、行使法律赋予的权利，在维护职工合法权益和国家及企事业整体利益方面发挥的作用。党的二十大报告指出："全心全意依靠工人阶级，健全以职工代表大会为基本形式的企事业单位民主管理制度，维护职工合法权益。"

职工参与管理的一个重要目的，就是使自身合法权益得到维护。职工民主管理只有很好地履行了这项职能，才能获得职工群众的广泛支持。而职工民主管理在维护职工合法权益的同时，也担负着维护国家和企事业整体利益的责任。

（四）协调职能

职工民主管理的协调职能是指协调和处理基层组织内部的各种利益关

系及矛盾，在经营者与劳动者之间、管理者与被管理者之间、部门之间、职工群众之间建立起良好的人际和工作关系，增强组织的凝聚力和向心力，促进基层组织和谐发展，有效实现组织管理目标的功能。发挥好职工民主管理的协调职能，就是要通过建立科学的决策制度、管理制度、议事制度、监督制度，规范各利益主体之间的权利义务关系。

（五）教育职能

职工民主管理的教育职能是指通过各种教育手段和广泛的民主参与活动，使职工的思想政治素质、科学文化素质、劳动技能以及参与能力不断提高的功能。

三、职工民主管理的重要意义

（一）职工民主管理是社会主义民主的重要组成部分

人民民主是社会主义的生命，是全面建成社会主义现代化强国的应有之义。基层民主是全过程人民民主的重要体现。扩大基层民主，实行职工民主管理，是社会主义民主的重要内容，是社会主义民主的重要组成部分，也是社会主义企事业单位的本质属性。只有加强职工民主管理，切实保障职工的主人翁地位，实实在在地使每一个职工享有《宪法》所赋予的民主管理权利，才能使社会主义民主落到实处，从而巩固和发展社会主义的民主政治制度。

（二）职工民主管理是贯彻全心全意依靠工人阶级指导方针的基本要求

全心全意依靠工人阶级是我们党的指导方针，也是我们党的一贯指导思想。2015年4月28日，习近平总书记在庆祝五一国际劳动节暨表彰全国劳动模范和先进工作者大会上发表重要讲话，他指出：不论时代怎样变迁，不论社会怎样变化，我们党全心全意依靠工人阶级的根本方针都不能忘记、不能淡化，我国工人阶级地位和作用都不容动摇、不容忽视。

贯彻落实全心全意依靠工人阶级指导方针，不仅要体现在政治、经济和社会生活各个方面，而且要落实到企事业单位，做到相信职工、尊重职工、依靠职工、为了职工，使职工真正感受到主人翁的地位，切实感受到自己的责任和使命。而职工民主管理是工人阶级当家作主的最基本、最直接、最有效的形式，是全心全意依靠工人阶级的重要体现和基本保障。

（三）职工民主管理是促进企事业单位高质量发展的重要保障

通过实行职工民主管理，重大决策让职工参与，提交职工代表大会审议，集中群众智慧，可以避免决策失误，使决策更加科学、完善。而且，通过实行民主管理，也有利于充分调动和发挥职工群众积极性、主动性、创造性，提高劳动生产率和经济效益，从而促进企事业单位高质量发展。

（四）职工民主管理是维护职工合法权益的有效机制

维护职工合法权益、竭诚服务职工群众是工会的基本职责。工会要切实履行维权服务基本职责，必须立足我国经济社会发展实际，不断完善维权机制。工会维权的一个重要机制就是职工民主管理制度。《工会法》第6条第3款规定："工会依照法律规定通过职工代表大会或者其他形式，组织职工参与本单位的民主选举、民主协商、民主决策、民主管理和民主监督。"在企事业单位，涉及职工合法权益的重大问题，提交职工代表大会审议、通过，充分尊重和听取职工群众的意见，可以体现广大职工的意志，有效地防止侵权现象的发生。

（五）职工民主管理是协调劳动关系的有效途径

职工民主管理是在市场经济条件下调整劳动关系的一项制度，其作用表现在以下3个方面。其一，职工民主管理确立了职工的政治地位和政治权利。职工通过法律规定的形式，对企事业单位管理有权知情、有权参与、有权监督，体现和保障了职工作为国家主人翁和企事业劳动主体的地位。其二，职工民主管理促进了劳资双方的和谐关系。职工代表大会、厂务公开、平等协商与集体合同、职工董事和职工监事、职工民主议事会等，这些形式构筑了劳动者与企事业单位的协商沟通渠道，有利于实现利益兼顾，共同发展。其三，职工民主管理集中了广大职工的共同意志。经过一定形式和程序的民主与集中，按照多数原则形成广大职工的共同意志，并把这种意志体现在劳动关系的调整中，从而保障了职工的合法权

益，促进劳动关系和谐稳定。

（六）职工民主管理是加强廉政建设的重要措施

党的二十大报告指出："健全党统一领导、全面覆盖、权威高效的监督体系，完善权力监督制约机制，以党内监督为主导，促进各类监督贯通协调，让权力在阳光下运行。"监督的一个重要方面就是民主监督，民主监督是监督体系的重要组成部分。通过实行民主管理和民主监督，建立健全职工代表大会制度和厂务公开制度，使职工群众的监督权真正落到实处，形成自上而下和自下而上相结合的监督制约机制，推进企事业单位的领导班子建设和党风廉政建设。

第二节　职工代表大会制度

一、职工代表大会是职工民主管理的基本形式

在我国，职工代表大会是企事业实行民主管理的基本形式，是职工行使民主管理权力的机构。职工代表大会作为职工民主管理的基本形式，其特点表现在以下几个方面。

（一）职工代表大会具有充分的民主性与广泛的代表性

民主性是指职工代表大会各项活动的开展、方案的提出和决议的作出，都要经过一定的民主程序。广泛的代表性主要体现在职工代表是按一定比例和一定的民主程序经由职工直接选举产生，他们来自企事业的各个部门，几乎包括了企事业各个方面的代表。

（二）职工代表大会具有充分的法律依据

我国《宪法》第16条规定："国有企业依照法律规定，通过职工代表大会和其他形式，实行民主管理。"第17条规定："集体经济组织实行民主管理，依照法律规定选举和罢免管理人员，决定经营管理的重大问题。"

此外，我国《企业法》《公司法》《工会法》《劳动法》和《劳动合同法》也都就职工代表大会制度作出了明确规定。

（三）职工代表大会具有完整的组织体系

主要表现在：职工代表大会有自己的工作机构——基层工会委员会；下设各种专门工作委员会或小组；在基层选举单位，如车间和班组，建立有职工代表团或小组等。此外，职代会闭会期间可以通过代表大会团（组）长和专门委员会（小组）负责人联席会议形式，处理职代会职权所涉及的日常问题。

二、职工代表大会的职权

按照《企业民主管理规定》第13条规定，职工代表大会行使下列职权。

（一）听取企业主要负责人关于企业发展规划、年度生产经营管理情况，企业改革和制定重要规章制度情况，企业用工、劳动合同和集体合同签订履行情况，企业安全生产情况，企业缴纳社会保险费和住房公积金情况等报告，提出意见和建议。

审议企业制定、修改或者决定的有关劳动报酬、工作时间、休息休假、劳动安全卫生、保险福利、职工培训、劳动纪律以及劳动定额管理等直接涉及劳动者切身利益的规章制度或者重大事项方案，提出意见和建议。

（二）审议通过集体合同草案，按照国家有关规定提取的职工福利基金使用方案、住房公积金和社会保险费缴纳比例和时间的调整方案，劳动模范的推荐人选等重大事项。

（三）选举或者罢免职工董事、职工监事，选举依法进入破产程序企业的债权人会议和债权人委员会中的职工代表，根据授权推荐或者选举企业经营管理人员。

（四）审查监督企业执行劳动法律法规和劳动规章制度情况，民主评议企业领导人员，并提出奖惩建议。

（五）法律法规规定的其他职权。

国有企业和国有控股企业职工代表大会除按第 13 条规定行使职权外，行使下列职权：

（一）听取和审议企业经营管理主要负责人关于企业投资和重大技术改造、财务预决算、企业业务招待费使用等情况的报告，专业技术职称的评聘、企业公积金的使用、企业的改制等方案，并提出意见和建议；

（二）审议通过企业合并、分立、改制、解散、破产实施方案中职工的裁减、分流和安置方案；

（三）依照法律、行政法规、行政规章规定的其他职权。

三、职工代表大会组织机构

（一）职工代表大会主席团

职工代表大会主席团，是由职工代表大会预备会议选举产生，负责职工代表大会会议期间的组织领导工作的机构。主席团成员应有工人、技术人员、管理人员和领导干部，其中工人、技术人员、管理人员应超过半数。根据需要可从主席团成员中选举产生大会秘书长。秘书长一般由工会主席或副主席担任为宜。职工代表大会主席团主要负责职工代表大会会议期间的组织领导工作。职工代表大会全体会议由大会主席团成员轮流主持。

（二）职工代表大会专门小组

职工代表大会专门小组，是为职工代表大会行使各项职权服务的专门工作机构。专门小组的设置，应根据职工代表大会行使职权的需要和企事业单位的实际情况来确定。一般应设置生产经营、规章制度、生活福利和评议监督等常设的专门小组，此外，还可以根据需要设置临时性专门小组。专门小组的人选，一般在职工代表中提名产生，也可以聘请非职工代表参加。专门小组的成员，应具有一定的业务水平和组织活动能力，办事公道，在群众中有一定的威信。专门小组一般由 5~9 人组成，大型企事业单位可适当增加。专门小组设组长 1 名，副组长 1~2 名。

（三）职工代表团（组）长和专门小组负责人联席会议

职工代表团（组）长和专门小组负责人联席会议，是在职工代表大会闭会期间，为解决临时需要职工代表大会审议或审查的某些重要问题，而由工会委员会召集的会议，是职工代表大会制度的重要组成部分。

联席会议成员由3方面人员组成：一是工会委员会委员；二是职工代表团（组）长；三是专门小组负责人。联席会议可以根据会议内容邀请企事业党政负责人或其他有关人员参加。联席会议至少每季度召开1次，遇有工作需要，可随时召开。联席会议由工会委员会召集，工会主席主持。

四、职工代表大会会议制度

职工代表大会每年至少召开1次。职工代表大会全体会议必须有2/3以上的职工代表出席。遇有重大事项，经行政主要领导、企事业单位工会或1/3以上职工代表的提议，可召开临时会议。职工代表大会进行选举和作出重要决议、决定，一般采用无记名投票方式进行，必须经全体职工代表过半数通过。

五、职工代表大会的议题和提案

（一）职工代表大会议题

职工代表大会议题是指列入职工代表大会议程和提交职工代表大会审议的问题。职工代表大会要针对企事业生产经营管理以及职工切身利益方面的重大问题确定中心议题。工会在调查的基础上，根据单位需要解决的主要问题，提出召开本次职工代表大会议题建议。议题建议同行政领导协商，并提请党委讨论，形成对职工代表大会中心议题的初步意见。召开职工代表团（组）长和职工代表大会专门小组负责人联席会议进行讨论，征求意见。由工会向职工代表大会预备会议提出大会议题的建议，并由预备会议审议通过。

（二）职工代表大会提案

1.提案的概念：职工代表大会提案是提请职工代表大会讨论、决定、处理的方案和建议。

2.提案的内容：主要涉及企事业生产经营管理、企事业改革、内部分配、规章制度、劳动保护和生活福利等方面问题。

3.提案的形式：采用书面形式。包括：提案的名称、理由、依据、具体要求和解决办法，并由提案人和附议人署名，写明联系人、联系电话。

4.提案征集和处理的程序如下。（1）发出征集提案通知，发放提案征集表。（2）职工代表填写提案表。（3）收集提案并送交工会或提案委员会。（4）对提案进行审查，符合条件的立案，不符合条件的退回并予以说明。（5）对已立案的提案进行整理、分类登记。（6）处理。分送有关领导或有关部门负责处理实施。有关重大问题的提案应提交职代会讨论。（7）监督检查。工会或提案委员会对提案落实情况进行监督检查，并在下届职代会上报告提案处理及落实情况。

5.提案的基本要求。

（1）提案内容要紧紧围绕企事业单位生产经营管理发展等中心工作，就事关本单位发展的重大问题和职工关心、关注的热点问题和难点问题，具有较强的针对性、代表性。

（2）提案的内容要符合国家法律法规规章和政策的规定。

（3）提案的内容属于职工代表大会的职权范围。

（4）提案所反映的问题要实事求是，真实可信；提案所提出的解决措施具有较强的针对性、可行性和操作性，便于组织和实施。

（5）提案必须符合职代会提案征集和处理程序，符合基本要求，案名、案由和建议等要素齐全，做到一事一案。

六、职工代表大会预备会议

预备会由工会主持召开，全体职工代表参加。大会主席团选举产生后，即由主席团主持。

预备会的程序包括：

（一）选举大会主席团，通过大会主席团名单和大会秘书长名单；

（二）由工会主席报告本届（次）职代会的筹备情况，提出大会议题和议程的建议；

（三）通过代表资格审查委员会（小组）作的代表资格审查报告；

（四）讨论通过职代会议题和议程；

（五）决定大会其他有关事项。

七、职工代表大会召开

职工代表大会的主要程序一般如下。

（一）大会执行主席核实出席大会的职工代表人数。到会职工代表超过代表总数的 2/3，即可宣布开会。开幕词应简要讲清本次大会的目的、意义、中心议题和主要任务。此后宣布大会议程。应当注意会前正式通知职工代表，企事业行政方面应安排好生产、工作，保证职工代表的出席率。职工代表有特殊情况不能出席会议的，应向代表团（组）长请假。

（二）由企事业领导人作工作报告。报告主要内容应包括生产经营管理情况、存在的问题及改进措施，企事业发展计划、基本建设和重大技术改造方案，有关改善职工生活福利的情况等。如工作报告已事先发给代表进行过充分讨论，可针对职工代表提出的意见，作出说明。

（三）由企事业行政有关负责人作专题议案的报告。凡应提交职工代表大会审查或审议的方案，均应由行政有关负责人向大会报告，说明制订的依据、目的和具体实施办法，也可针对职工代表对议案的意见，作出说明。

（四）由工会主席及职工代表大会专门小组负责人就上次职工代表大会决议落实情况、职工代表提案处理情况、集体合同执行情况等向大会作出报告。

（五）企事业工会主席就职工代表大会闭会期间，职工代表团（组）长和专门小组负责人联席会议处理的重大事项，向大会作出说明，提请大会确认。

（六）以职工代表团（组）为单位，就以上报告、议案分组进行讨论。同时对大会的各项决议草案和需经大会选举的候选人进行酝酿。大会主席团成员分别参加本代表团（组）的讨论。

（七）各代表团（组）应指定专人认真记录职工代表的讨论发言，整理归纳后，将讨论意见向主席团汇报。

（八）大会发言。应安排时间让代表在大会上发言，可由各代表团（组）推选代表，在大会上陈述本团（组）讨论审议的意见和建议，也可让职工代表自由发言。

（九）选举。根据有关决定和实际需要，选举参加董事会、监事会、劳动争议调解委员会的职工代表，参加工资集体协商的职工代表和企事业领导人等；根据大会主席团的提名，表决通过职工代表大会专门小组的人选；表决通过其他需经职工代表大会选举的人员。

（十）对有关的各项方案和大会决议、决定草案进行表决。

（十一）致闭幕词，宣布大会结束。

八、职工代表

（一）职工代表的产生

1.职工代表的条件：按照法律规定享有政治权利、与用人单位建立劳动关系以及与用人单位存在事实劳动关系的职工均可当选为职工代表。

2.职工代表的人数：企事业召开职工代表大会的，职工代表人数按照不少于全体职工人数的5%确定，最少不少于30人。职工代表人数超过100人的，超出的代表人数可以由企业与工会协商确定。

3.职工代表的比例：职工代表大会的代表由工人、技术人员、管理人员、企业领导人员和其他方面的职工组成。其中，企业中层以上管理人员和领导人员一般不得超过职工代表总人数的20%。有女职工和劳务派遣职工的企事业，职工代表中应当有适当比例的女职工和劳务派遣职工代表。农民工集中的单位应当有一定数量的农民工代表。

4.职工代表选举的基本程序。

职工代表实行常任制，可连选连任。每届职工代表，应按规定程序进行选举。职工代表选举的基本程序如下。

（1）制订选举方案。企事业单位工会应根据职工人数和行政机构设置状况，确定职工代表总数及名额分配方案，并根据单位实际情况按车间、处室或班组划分选区，分配名额，制定具体的选举办法。职工代表选举方案应报同级党委审查。

（2）进行宣传发动。企事业单位工会要通过各种途径和形式，如广播、报纸、电视、板报、网络等，广泛宣传职工代表大会的性质、意义、任务、职权以及职工代表的条件、权利、义务等，提高广大职工群众的认知程度。要把选举过程作为民主管理教育的过程，使职工充分认识选好职工代表的重要性，以高度负责的态度来选好职工代表。

（3）推荐职工代表候选人。在宣传发动的基础上，工会组织职工按选区（单位）、名额、比例，采取民主推荐和个人自荐的方式，充分发扬民主，进行充分酝酿讨论，提出职工代表候选人。

（4）选举职工代表。各选区按照分配的代表名额，直接选举产生职工代表。参加选举的职工人数须超过所在选区职工总数的2/3以上，候选人须获得选区职工半数以上选票方能当选。大型企事业或集团，可以在分厂（分校、分院）或车间职工代表大会的职工代表中推选产生企事业单位职工代表大会的职工代表。企事业单位党政工团主要负责人也应分到各选区，以普通职工的身份参加选举。职工代表的选举方法一般是采用差额选举和直接选举相结合的选举方法。职工代表的选举方式一般是采取无记名投票方式。

（5）组成各代表团（组）。职工代表选出后，应按选举单位的行政隶属关系，组成代表团（组），选举产生代表团（组）长。

5.资格审查。由职工代表资格审查委员会（小组）对选出的职工代表进行资格审查。审查的主要内容是：选出的职工代表是否是享有政治权利的本单位职工；选举过程中是否严格按照民主程序，是否存在不正当的竞选行为等。对不符合规定的，应取消其代表资格。

（二）职工代表的权利和义务

1.职工代表享有下列权利

（1）选举权、被选举权和表决权；

（2）参加职工代表大会及其工作机构组织的民主管理活动；

（3）对企事业领导人员进行评议和质询；

（4）在职工代表大会闭会期间对企事业执行职工代表大会决议情况进

行监督、检查。

2.职工代表应当履行下列义务

（1）遵守法律法规、企业规章制度，提高自身素质，积极参与企事业民主管理；

（2）依法履行职工代表职责，听取职工对企事业生产经营管理等方面的意见和建议，以及涉及职工切身利益问题的意见和要求，并客观真实地向企事业反映；

（3）参加企事业职工代表大会组织的各项活动，执行职工代表大会通过的决议，完成职工代表大会交办的工作；

（4）向选举单位的职工报告参加职工代表大会活动和履行职责情况，接受职工的评议和监督；

（5）保守企事业的商业秘密和与知识产权相关的保密事项。

职工代表履行职责受法律保护，任何组织和个人不得阻挠和打击报复。职工代表在法定工作时间内依法参加职工代表大会及其组织的各项活动，企事业应当正常支付劳动报酬，不得降低其工资和其他福利待遇。

（三）如何当好职工代表

首先，职工代表必须能够真正担负起代表的职责，具有较强的主人翁责任感，能够密切联系群众，勇于维护职工合法权益，并能够宣传群众、引导群众、做好群众工作。

其次，职工代表应具备良好的思想政治素质和管理与业务素质。能够随时了解国家的法律、相关政策和时事形势，不断学习新知识、新经验，掌握经营管理、组织建设的基本常识，提高参政议政的能力。只有这样，职工代表大会的各项工作才能有效展开，职工群众的合法权益才能得到更好维护。

九、职工代表大会的工作机构

企事业工会委员会是职工代表大会的工作机构，负责职工代表大会的日常工作，履行下列职责：

（一）提出职工代表大会代表选举方案，组织职工选举职工代表和代表团（组）长；

（二）征集职工代表提案，提出职工代表大会议题的建议；

（三）负责职工代表大会会议的筹备和组织工作，提出职工代表大会的议程建议；

（四）提出职工代表大会主席团组成方案和组成人员建议名单，提出专门委员会（小组）的设立方案和组成人员建议名单；

（五）向职工代表大会报告职工代表大会决议的执行情况和职工代表大会提案的办理情况、厂务公开的实行情况等；

（六）在职工代表大会闭会期间，负责组织专门委员会（小组）和职工代表就企事业职工代表大会决议的执行情况和职工代表大会提案的办理情况、厂务公开的实行情况等，开展巡视、检查、质询等监督活动；

（七）受理职工代表的申诉和建议，维护职工代表的合法权益；

（八）向职工进行民主管理的宣传教育，组织职工代表开展学习和培训，提高职工代表素质；

（九）建立和管理职工代表大会工作档案。

第三节　厂务公开

一、厂务公开的概念

厂务公开是指企事业依照有关法律法规的规定和相关政策要求，将与本单位改革发展稳定和职工切身利益密切相关的重大问题和重要事项，通过职工代表大会和其他适当形式向广大职工公开，组织职工参与决策、管理和监督的民主管理制度。厂务公开是对所有的企事业单位的公开制度的简称，这里讲的"厂"，泛指包括工业、交通、建筑、金融、财贸等各行各业各种类型和形式的公司、工厂在内的企业和事业单位。具体到某个企事业单位，也可以称企务公开、司务公开、局务公开、院务公开、所务公开、校务公开等。随着村务公开制度的发展，厂务公开与村务公开、政务公开一同已经成为基层民主政治建设的有机组成部分，是一项重要的民主政治制度。

二、厂务公开的主要内容

（一）企事业重大决策问题，包括企事业中长期发展规划，投资和生产经营重大决策方案，企事业改革、改制方案，兼并、破产方案，重大技术改造方案，职工裁员、分流、安置方案等重大事项。

（二）企事业生产经营管理方面的重要问题，主要包括年度生产经营目标及完成情况，财务预决算、企业担保、大额资金使用、工程建设项目的招投标、大宗物资采购供应、产品销售和盈亏情况，承包租赁合同执行情况，内部经济责任制落实情况，重要规章制度的制定等。

（三）涉及职工切身利益方面的重要问题，主要包括劳动法律法规的执行情况，集体合同、劳动合同的签订和履行，职工提薪晋级、工资奖金分配、奖罚与福利，职工社会保险费缴纳情况，职工招聘，专业技术职称的评聘，评优评先的条件、数量和结果，职工购房、售房的政策和住房公积金管理以及企业公积金和公益金的使用方案，安全生产和劳动保护措施，职工培训计划等。

（四）与领导班子建设和党风廉政建设密切相关的问题，主要包括民主评议企事业领导人员情况，企事业中层领导人员、重要岗位人员的选聘和任用情况，干部廉洁自律规定执行情况，业务招待费使用情况，企事业领导人员工资、奖金、兼职、补贴、住房、用车、通信工具使用情况，以及出国出境费用支出情况等。

三、厂务公开的主要形式

实行厂务公开的主要载体是职工代表大会。因此，厂务公开是与职工代表大会制度密切联系在一起的，两者相辅相成、互为依托。同时，厂务公开又是一项经常性的工作，因此除了职工代表大会外，还需要借助其他形式，比如：

　　1.厂情发布会；

　　2.厂务公开栏；

　　3.职工代表团（组）长联席会议；

　　4.党政工联席会议、中层干部会议；

　　5.其他形式，如企事业单位内部信息网络、广播、电视、厂报、墙报、意见箱、民主接待日、职工座谈会、联络员等。

四、厂务公开的基本程序

　　厂务公开的基本程序一般如下。

　　1.提出公开事项。即厂务公开领导小组或厂务公开办公室责成有关部门公开有关事项。承办部门及时提出公开方案。

　　2.实行责任审查。即厂务公开领导小组或办公室对有关部门的具体公开方案进行审查，做到资料齐全、内容正确无误。

　　3.及时进行公开。即经过审查后，厂务公开办公室通过规定的形式及时公开。

　　4.广泛听取意见。即通过各种途径广泛听取职工群众的意见。

　　5.认真进行整改。即有关领导和有关部门根据职工群众的合理建议和意见，提出整改方案，认真进行整改。

　　6.及时反馈情况。即对职工意见的处理结果以及整改情况，及时向职工群众进行反馈。

　　7.适时监督检查。即厂务公开监督小组对厂务公开的全过程要适时进行监督检查，发现问题及时进行纠正和处理。

第四节　职工董事、职工监事制度

我国的职工董事、职工监事制度是伴随着社会主义市场经济体制的确立而发展起来的一种新型的企事业民主管理制度，是现代企业制度下职工民主管理的重要形式。

一、职工董事、职工监事制度

职工董事、职工监事制度，是依照法律规定，通过职工代表大会（或职工大会）民主选举一定数量的职工代表，进入董事会、监事会，代表职工行使参与企事业决策权利、发挥监督作用的制度。

二、建立职工董事、职工监事制度的重要意义

建立职工董事、职工监事制度是我国社会主义市场经济发展过程中，深化企业改革，建立现代企业制度的产物，是公司制企业实行民主管理的重要途径，是职工参与企业高层次决策和监督的重要形式。对于完善公司法人治理结构，保障职工民主决策、民主管理、民主监督的权利，建立和谐稳定的劳动关系，促进企业健康发展，形成具有中国特色的现代企业制度起着至关重要的作用。有利于董事会决策、监事会监督时可以直接听取企事业中劳动者这一群体的意见和建议，使董事会决策更加科学、监事会监督更加有效，有利于企事业平衡好劳资关系，更好地维护职工合法权益，调动和发挥职工的积极性和创造性，是促进企事业改革、发展、稳定的内在需要。

三、职工董事、职工监事制度的法律规定

根据《公司法》规定："两个以上的国有企业或者两个以上的其他国

有投资主体投资设立的有限责任公司,其董事会成员中应当有公司职工代表;其他有限责任公司董事会成员中可以有公司职工代表。"股份有限公司"董事会成员中可以有公司职工代表"。

根据《公司法》规定,有限责任公司、国有独资公司、股份有限公司监事会中都应当有职工代表,而且职工代表的比例不得低于1/3。监事会中的职工代表由公司职工通过职工代表大会、职工大会或者其他形式民主选举产生。

《工会法》第40条规定:"公司的董事会、监事会中职工代表的产生,依照公司法有关规定执行。"

为了进一步加强公司制企业职工董事制度、职工监事制度建设,全国总工会发布了《中华全国总工会关于加强公司制企业职工董事制度、职工监事制度建设的意见》。

四、职工董事、职工监事候选人条件和人数比例

(一)职工董事、职工监事候选人应符合以下基本条件:与公司存在劳动关系;能够代表和反映职工合理诉求,维护职工和公司合法权益,为职工群众信赖和拥护;熟悉公司经营管理或具有相关的工作经验,熟知劳动法律法规,有较强的协调沟通能力;遵纪守法,品行端正,秉公办事,廉洁自律;符合法律法规和公司章程规定的其他条件。遵循职工董事、职工监事任职回避原则,坚持公司高级管理人员和监事不得兼任职工董事,公司高级管理人员和董事不得兼任职工监事。公司高管的近亲属,不宜担(兼)任职工董事、职工监事。

(二)职工董事、职工监事的人数和具体比例应依法在公司章程中作出明确规定。国有及国有控股公司,其董事会成员中应当有公司职工代表;引导和支持国有及国有控股公司以外的其他公司董事会成员中配备适当比例的职工董事,力促董事会成员中至少有1名职工董事。所有公司监事会中职工监事的比例不低于1/3。督促公司在设立(或改制)的初始阶段,依照相关法律规定在董事会、监事会中预留职工董事、职工监事的席位,并在公司章程中予以明确规定。

（三）职工持股会选派到董事会、监事会的董事、监事，一般不占职工董事、职工监事的名额。

五、职工董事、职工监事产生的程序

（一）职工董事、职工监事的候选人，可以由公司工会根据自荐、推荐情况，在充分听取职工意见的基础上提名，也可以由1/3以上的职工代表或者1/10以上的职工联名推举，还可以由职代会联席会议提名。公司工会主席、副主席一般应作为职工董事、职工监事候选人人选。

（二）职工董事、职工监事应由公司职代会以无记名投票方式差额选举，并经职代会全体代表的过半数同意方可当选。尚未建立职代会的，应在企业党组织的领导和上级工会的指导下，先行建立职代会。

（三）职工董事、职工监事由职代会选举产生后，应进行任前公示，与其他董事、监事一样履行相关手续，并报上级工会和有关部门（机构）备案。公司工会应做好向上级工会报备的相关工作。

六、职工董事、职工监事履行职责及任职规则

（一）依法明确职工董事、职工监事的职权、义务和责任

职工董事、职工监事依法享有与公司其他董事、监事同等权利，在董事会、监事会研究决定公司重大问题时，职工董事、职工监事应充分发表意见，履行代表职工利益、反映职工合理诉求、维护职工和公司合法权益的职责与义务，并承担相应责任。

1.职工董事依法行使下列职权：参加董事会会议，行使董事的发言权和表决权；在董事会研究决定公司重大问题时充分发表意见，确定公司高级管理人员的聘任、解聘时，如实反映职代会民主评议高级管理人员情况；对涉及职工合法权益或大多数职工切身利益的董事会议案、方案提出意见和建议；就涉及职工切身利益的规章制度或者重大事项，提出董事会议题，依法提请召开董事会会议，反映职工合理要求，维护职工合法权益；列席与其职责相关的公司行政办公会议和有关生产经营工作的重要会

议；要求公司工会、公司有关部门通报相关情况，提供相关资料；向公司工会、上级工会或有关部门如实反映情况；法律法规、规章制度和公司章程规定的其他权利。

2.职工监事依法行使下列职权：参加监事会会议，行使监事的发言权和表决权；参与监督检查公司对涉及职工切身利益的法律法规、规章制度和公司章程的贯彻执行情况；监督检查公司职工工资、劳动保护、社会保险、福利及劳动合同、集体合同等制度规定的落实情况；听取和监督公司的经营管理情况；参与对公司的财务检查和对公司董事会、经理层人员履行职责的监督；就涉及职工切身利益的规章制度或者重大事项，提出监事会议题，提议召开监事会会议；列席董事会会议，可对董事会决议事项提出质询或者建议；列席与其职责相关的公司行政办公会议和有关生产经营工作的重要会议；要求公司工会、公司有关部门通报相关情况，提供相关资料；向公司工会、上级工会或有关部门如实反映情况；法律法规、规章制度和公司章程规定的其他权利。

3.职工董事、职工监事应当履行以下义务：认真学习党的理论和路线方针政策，学习国家法律法规，积极参加相关培训，提高自身思想政治素质和相关业务素质；遵守法律法规和公司章程及各项规章制度，执行股东会、董事会、监事会的决议，保守公司秘密，认真履行职责；及时了解企业管理和发展状况，经常深入职工群众广泛听取意见和建议，在董事会、监事会上真实准确、全面充分地反映职工的合理诉求；执行职代会的决议，在董事会、监事会会议上，按照职代会的相关决议或在充分考虑职代会决议和意见的基础上发表意见，行使表决权；建立履职档案，对履行职责情况进行书面记录并妥善保存；每年至少1次向公司职代会报告工作，接受监督、质询、民主评议；法律法规和公司章程规定的其他义务。

职工董事、职工监事向公司职代会作述职报告的主要内容包括：（1）全年出席董事会、监事会会议情况，包括未出席会议的原因、次数；（2）在董事会、监事会会议上发表意见和参与表决的情况，包括投出弃权或者反对票的情况及原因；（3）对公司劳动关系重大问题和职工切身利益重要事项进行调查，反映职代会意见和职工利益诉求，与董事会、监事会其他成员及公司管理层进行交流磋商等情况；（4）参加教育培训情况；（5）根据相关法律法规、规范性文件和公司章程，履行职工董事、职工监事权利义务其他需要报告的情况。

4.职工董事、职工监事应担负的责任。董事会、监事会的决议、决定违反法律法规或者公司章程、股东大会决议，致使公司遭受严重损失的，参与决议或决定的职工董事、职工监事应当按照有关法律法规和公司章程的规定，承担相应责任。但经证明在表决时曾表明异议或者代表职代会意见并载于会议记录的，可以免除责任。

职工董事、职工监事在收到董事会、监事会议题议案，审议发现有损害职工利益的内容，或者与已有的职代会意见相悖，必要时应向董事长、监事会主席提出暂缓审议该项议题或议案的建议，并及时向职代会报告。因故不能参加董事会、监事会会议时，应以书面形式委托其他董事、监事代为反映意见，并在委托书中明确授权范围。

（二）严格规范职工董事、职工监事的任期、罢免和补选

1.职工董事、职工监事的任期与其他董事、监事的任期相同，每届任期不超过3年，任期届满后可以连选连任。职工董事、职工监事因辞职、患病、工作调动等原因离职的，或因劳动关系变更、终止、解除等原因不能履行职责时，经职代会通过终止其任职资格。

2.职工董事、职工监事有下列行为之一的，由公司职代会依法罢免：公司职代会对其述职进行无记名民主评议，结果为不称职的；不能如实反映公司职代会的决议、决定，在参与公司决策、履行监督职责时不代表职工利益行使权利，损害职工合法权益的；拒绝向公司职代会报告工作的；有其他不依法履行职工董事、职工监事职责行为的。

罢免职工董事、职工监事，须由1/3以上职工代表或者1/10以上职工联名提出罢免议案，并经职代会讨论通过。职代会讨论罢免职工董事、职工监事有关事项时，职工董事、职工监事有权在会上提出申辩理由或书面申辩意见。罢免议案须采用无记名投票方式，经职代会全体代表的过半数同意方获通过。罢免案通过后，公司工会应当将罢免结果报上级工会和有关部门备案。

3.职工董事、职工监事出现空缺的，应当由公司工会尽快组织补选，补选程序与产生程序相同。在新补选职工董事、职工监事就任前，原职工董事、职工监事仍应当依照法律法规和公司章程的规定，履行其职责。

七、职工董事、职工监事履行职责的必要保障

履职权益保障。公司应当为职工董事、职工监事依法履行职责提供必要的工作条件，保证其履职所必需的工作时间，其在履行职责期间除享受正常的工资和福利待遇外，履职所发生的费用比照其他董事、监事办理。职工董事、职工监事为履行职责，必要时可聘请律师或会计师等协助其工作，费用应依法参照有关规定由公司或公司工会承担。职工董事、职工监事在任职期间，除法定情形外，公司不得与其解除劳动合同。职工董事、职工监事在任期内和任期届满后，公司不得因其履行职责的原因，对其降职、减薪或采取其他形式进行打击报复。

工作制度保障。公司工会要推动公司依法完善职工董事制度、职工监事制度相关配套制度，为充分发挥职工董事、职工监事的作用提供制度保障。建立培训制度，公司要在职工董事、职工监事任职前和任职期间组织其参加岗位适应性学习培训，不断提高其业务素质和履职能力。建立调研制度，职工董事、职工监事应通过工会和职代会建立起与广大职工群众联系的渠道，通过召开职工群众座谈会、职工代表团（组）长和职代会专门小组（委员会）负责人联席会议、职工代表巡视检查等形式，直接征求和听取职工群众的意见。

信息服务保障。公司应协助职工董事、职工监事全面了解公司情况，及时向职工董事、职工监事提供公司生产经营管理等方面的资料和信息。职代会下设工作机构要及时向职工董事、职工监事提供职代会的议题、议案和决议等材料，协助其开展专题调研和巡视检查，及时反映职工的有关意见和建议。公司工会要通过各种有效途径，为职工董事、职工监事提供专业意见和相关咨询。

思考题

1.职工民主管理有哪些职能?

2.职工民主管理的重要意义是什么?

3.职工代表大会的职权有哪些?

4.职工代表大会提案征集、处理程序和基本要求是什么?

5.职工代表如何产生?

6.职工代表有哪些权利和义务?

7.简述厂务公开的主要内容和形式。

8.职工董事、职工监事有哪些职权?

9.职工董事、职工监事应当履行哪些义务?

案例1

职工代表巡视,打通民主管理"最后一公里"

2022年3月18日 来源:中工网-工人日报

"我们驻守埃及和印度尼西亚的员工体检能不能特事特办,推迟到年底完成?"这是中建八局新型建造工程有限公司海外分公司职工代表在该公司职工代表巡视座谈会上提出的问题之一。

前不久,在为期2天的职工代表巡视中,职工代表就前期征集到的职工群众意见建议和关心的热点焦点问题,与公司总部16个职能部门展开深入交流,共提出17个方面40多个包罗万象的小问题。

通过开展职工代表巡视的形式,中建八局新型建造工程有限公司打通了民主管理的"最后一公里",把"职工利益无小事"的理念落到了实处,用行动践行"我为群众办实事"实践活动。

中建八局新型建造工程有限公司是隶属于中建八局的法人公司,近年来紧紧围绕可持续、高质量发展目标,不断延伸业务领域,向建筑产业化、智能化、绿色化迈进。"工会围绕公司'十四五'规划目标,提出了'一切依靠员工、一切为了员工'的理念,但如何落实?经过考察、研究、探索,我们形成了以职工代表巡视为主的系列做法。"公司工会主席董继勇告诉记者。

"职工代表巡视把平时发生的、来不及上报职代会的各种问题及时解决了，矛盾就不会积少成多，职工们心往一处想，劲往一处使，高质量发展就是水到渠成的事。"董继勇如此评价职工代表巡视。

据介绍，该公司职工代表巡视每年至少举行一次，每次巡视还有两个"规定动作"：一是巡视开始前通过谈心谈话、线上调研等形式，了解职工关心的热点焦点问题，征集职工群众对公司发展的意见建议；二是对前次巡视中职工代表提出问题的落实情况进行通报。

"职工代表巡视是推进民主管理、加强民主监督的好平台，是凝聚职工智慧、充分依靠职工办企业的好形式，是维护企业发展、维护职工权益的好渠道。"该公司党委书记、董事长、总经理王欣说。

该公司除通过职工代表大会、厂务公开等传统形式鼓励职工参与企业决策、管理和监督外，还通过开通党委书记接待信箱、设立党委书记接待日等形式，全方位保障职工知情权、参与权、表达权、监督权。

（记者　钱培坚）

 **案例2**

辽河油田推行"首席职工代表"制
职工代表参与民主管理从"会后冷"到"全年热"

2023年6月12日　来源：中工网-工人日报

辽河油田是一座"年过半百"的老油田，一些油井出现了枯竭现象。2019年，经过对输油管线、输油泵输送能力、压力等认真研究，49岁的全国劳模、欢喜岭采油厂作业三区采油工赵奇峰作为公司首席职工代表，提出关停一些采油站，将还有开采价值的油井并入其他采油站的建议。由于关停改变的工程量较大，中国石油天然气股份有限公司辽河油田分公司（以下简称辽河油田公司）采油处、安全处、资产处经过认真调研论证，采纳了赵奇峰的建议，已经在全公司推广。全面推广后，采油成本实现较大幅度下降。

得益于辽河油田公司工会近年来推行的"首席职工代表"制度，赵奇峰当选首席职工代表之后，提出比较有分量的提案就有 12 个。该制度使职工代表参与企业民主管理从"会后冷"变为"全年热"，成为推进企业健康发展的一支重要力量。

在职代会闭会期间，许多职工代表不同程度地存在代表身份意识淡化等现象。2016 年，辽河油田公司工会在欢喜岭采油厂实行"首席职工代表"制度试点。2017 年 8 月，公司工会下发《关于实行首席职工代表制度的通知》，将这项工作推向全公司。通过民主选举，全公司产生了 299 名首席职工代表。

"担任首席职工代表可列席党委、行政重要会议，使自己对全厂重要工作有更多了解，眼界宽了，看问题角度也不一样了。"赵奇峰告诉记者。

据介绍，首席职工代表还可通过问询、调研等方式对单位生产经营、薪酬分配等提出建议，对职代会决议、提案落实情况向公司相关部门进行质询，对评先选优及岗检等活动进行监督，对联系单位的公开落实情况和职工权益保障情况进行巡视等。"有职有权，责任重了，成果也大了。"赵奇峰说。

此外，辽河油田公司工会还持续推行基层民主恳谈会制度，要求作业区每季度由作业区主要领导及主要部门负责人与不固定的、占职工总数 5%的职工，就作业区工作、职工诉求等进行恳谈。

欢喜岭采油厂作业四区党总支书记陈万富介绍，因为首席职工代表的作用和影响力，开恳谈会时他们都邀请职工代表参加，而且是交叉参加。例如，采油厂的 10 名职工代表要参加非自己作业区的恳谈会。"这让作业区的干部职工对恳谈会格外重视，也有助于问题的解决。"陈万富说。

欢喜岭采油厂距离盘锦市中心兴隆台区 40 多公里，由于很多职工在兴隆台区买房定居，上下班通勤乘车难、自驾贵成了一大难题。2021 年，有多个作业区职工在恳谈会上反映了这一问题，厂内 10 名首席职工代表联名提出要重视解决。采油厂经过与盘锦交通集团协商，盘锦交通集团为欢喜岭采油厂提供了"定制班车"，专门开通了 13 条交通线路，大大便利了职工上下班通勤。

近 5 年来，辽河油田公司首席职工代表共列席重要会议 945 场次，提出合理化建议 1486 条，进行专题巡视 367 次，协调解决各种问题 730 余个。

（记者　刘旭）

 案例 3

会议直播开　提案网上建　表决线上投

甘肃公航旅：网上职代会民主管理不"掉线"

2021 年 2 月 3 日　来源：中工网-工人日报

为了减少人员聚集，1 月 29 日，甘肃省公路航空旅游投资集团有限公司（简称甘肃省公航旅集团）第一届第五次职工代表大会通过"网上办会"形式如期召开，标准不降、程序不减、内容不删、环节不少，保证了企业民主管理"不掉线"。

"职工代表在项目一线就能参会，突破了空间限制，在微信群内完成签到、在小程序投票表决，高效快捷，值得点赞。"甘肃省公航旅集团露营地公司职工代表程丹宏表示，这次特殊的职代会不仅体现了企业对职工权益的尊重，更提振了职工干事创业的信心。

为确保职代会顺利进行，该公司职代会筹备工作领导小组提前 1 个月部署，根据代表类别和参会规模，组建了职代会直播微信群、全体代表微信群、投票表决微信群、技术保障微信群等多个"线上会议室"。

此次职代会设 1 个主会场、28 个分会场，共有 165 名职工代表就近在主会场和各地分会场线上参会履职，近千名职工同步旁听，实现"会议直播开、提案网上建、表决线上投"。该集团工会积极加强与各部室、子（分）公司协同配合，为举办一次高标准、高质量的网上职代会提供有力保障。

当天 14 时，大会线上直播准时开始，遍布全国各地分会场的每一名参会代表都可通过手机线上查看职代会会议手册、会议材料等。代表审议通过了有关报告，会上宣读了表彰决定、通报了第一届第四次职代会职工提案落实情况和第一届第五次职代会职工提案征集情况。

（通讯员　韩敏　张晓丹　记者　康劲）

第十章

基层工会女职工工作

　　作为工人阶级的重要组成部分，作为妇女群众的骨干力量，女职工在全面建成社会主义现代化强国、实现中华民族伟大复兴中国梦中发挥着十分重要的作用。做好女职工工作，不仅是服从服务于党和国家工作大局的要求，也是工会女职工组织自身发展的需要，是广大女职工的期望。工会女职工工作是工会工作的重要组成部分，要从全局和战略的高度，充分认识工会女职工工作的重要地位和作用，自觉担负起时代赋予的历史责任，进一步增强做好女职工工作的使命感和责任感。

第一节　工会女职工工作概述

一、工会女职工工作的重要意义

工会女职工工作是工会工作、妇女工作的重要组成部分。做好工会女职工工作具有重要的意义。

（一）有利于促进国家经济发展和社会进步

随着社会主义市场经济的发展，女职工队伍不断发展壮大，女职工已遍布到国民经济的各行各业和科教文卫体等几乎各个领域。女职工已经成为促进经济发展、推动社会进步的不可缺少的重要力量，她们的积极性能否得到充分发挥，直接影响到经济社会建设的发展。因此，搞好女职工工作，充分调动女职工的积极性、主动性、创造性，对于促进国家经济发展和社会进步具有十分重要的意义。

（二）在全面建成社会主义现代化强国新征程上，女职工的作用非常重要

在全面建成社会主义现代化强国新征程上，广大女职工积极投身到改革和发展的大潮中，在工作中运用自己的智慧和创造力，发挥了"半边天"作用。女职工还是社会良好风尚和精神文明建设的积极参与者和实践者，在树立良好的职业道德，营造健康和谐的家庭美德的方面发挥了自己独特优势。

（三）女职工工作是工会工作的一项重要内容，也是党的群众工作的重要组成部分

女职工是工人阶级的重要组成部分，工会女职工组织是女职工合法权益和特殊利益的代表者和维护者，最大限度地把女职工组织到工会中来，依法维护女职工合法权益和特殊利益，全心全意为女职工服务，更好地调

动女职工参与改革和建设的积极性、主动性和创造性，对于推动和谐社会建设和巩固党执政的阶级基础与群众基础都具有十分重要的意义。

各级工会要充分认识加强新时代工会女职工工作的重要性和必要性，努力推动工会女职工工作的创新和发展。

二、工会女职工工作的特点

工会女职工工作作为工会工作中不可分割的一个重要组成部分，它体现着工会工作的一般规律。但工会女职工工作由于各方面因素的影响，与工会的其他方面工作相比，其个性尤其鲜明，充分体现其工作上的特点。工会女职工工作的特点，主要表现在以下3个方面。

（一）女职工工作的特殊性

女职工工作的特殊性是由其自身条件——女职工生理上、心理上的特点及其特殊要求而决定的。工会作为职工群众的组织，除了反映和解决男女职工的共同要求外，还必须专门关心和研究女职工的特点和特殊要求，帮助她们解决一些认识和实际问题，从而调动她们的积极性和创造性。因此，工会女职工组织要精心研究女职工的特点，不断总结女职工工作的规律。工会的女职工工作是其他业务部门难以替代的，不是可有可无，不是无足轻重，更不能取而代之。

（二）女职工工作的综合性

女职工工作的综合性是由对女职工需要做多方面的工作的性质所决定的，它包括3个方面的含义：一是凡有女职工的地方，都有女职工工作；二是女职工工作不能孤立地进行，要善于协调社会各个方面的力量共同开展工作；三是各级工会职能部门，要配合支持协助女职工工作部门做好女职工工作。

（三）女职工工作的相对独立性

女职工工作的特殊性、综合性决定了它的相对独立性。独立性，是指工会要建立女职工委员会，独立负责地进行工作；相对独立，是指女职工委员会要在工会委员会的领导下开展工作。这样，才能更好地表达和维护女职工的合法权益和特殊利益，并保护工人运动的整体性和统一性。

以上3个特点是工会女职工工作的一般规律。在不同的历史时期，女职工工作又要体现时代特征。基层工会女职工组织要不断适应形势发展的变化，与时俱进地做好女职工工作。

第二节　基层工会女职工组织建设

一、工会女职工委员会的性质

《工会女职工委员会工作条例》第2条规定："工会女职工委员会是在同级工会委员会领导下和上一级工会女职工委员会指导下的女职工组织，根据女职工的特点和意愿开展工作。"关于工会女职工委员会的性质，可以从以下几方面来理解。

（一）是工会内部的组织。女职工委员会是同级工会领导下的，以性别为界的职工组织。女职工委员会不是独立于工会之外的"第二工会"，也有别于妇联。它是在工会的统一领导下的女会员的组织。其职能、任务、工作方针的确立是以工会的职能、任务和工作方针为依据。无论在什么时期，女职工委员会组织的活动和工作必须围绕工人运动的基本活动和工作，结合女职工的特点来进行。

（二）具有民主性。民主性主要体现在两个方面：一方面，女职工委员会的主要负责人是经过民主协商或民主选举而产生的；另一方面，从工作方式上来看，女职工委员会主要采取民主的方式根据女职工的意愿开展工作。

（三）具有代表性。女职工委员会与其他妇女群众团体不同，它的组成对象是清一色的工人阶级队伍中的女性成员。女职工委员会是女职工利益的代表者，有权代表女职工参加国家事务的管理和企事业的民主管理；有权代表女职工参与涉及女职工利益的法律、法规、政策的制定，并代表女职工监督实施。

（四）是一个维权服务的组织。作为女职工权益的代表者，当女职工在政治、经济、文化、社会、家庭等方面的合法权益受到侵害时，女职工组织要依法维护女职工的合法权益，应向一切歧视、虐待、侮辱、迫害女职工的行为作斗争，全心全意为女职工服务，为女职工说话办事，成为女职工的"娘家"。

二、工会女职工组织机构

工会女职工组织机构大致可以分为全国性机构、地方性机构、产业性机构和基层组织。全国性机构为中华全国总工会女职工委员会，女职工部为常设工作机构。全国总工会女职工委员会是地方工会女职工委员会和全国各产业工会女职工委员会的领导机关。地方性机构为地方各级工会女职工委员会。地方工会女职工委员会是所属基层或产业工会女职工组织的领导机关。地方工会女职工委员会的日常工作机构是地方总工会的女职工部。产业性机构为产业工会女职工委员会。除若干特殊产业外，各地方产业工会女职工委员会以地方工会女职工委员会领导为主，同时接受上级产业工会女职工委员会指导。产业工会特别是女职工集中的产业工会，可以根据需要设立女职工部作为工作机构。基层组织女职工组织是指基层工会的女职工委员会。

三、工会女职工委员会的组织制度

第一，女职工委员会应与工会委员会同时建立。县和县以上各级地方工会、产业工会依法建立女职工委员会。企业、事业单位、机关和其他社会组织等工会中有女会员 10 名以上的应建立女职工委员会，不足 10 名的可以设女职工委员。基层工会女职工委员会主任、副主任与工会委员会同时报上级工会审批。

第二，省、自治区、直辖市、地级总工会女职工委员会，实行垂直领导的产业工会女职工委员会，大型企业、事业单位、机关和其他社会组织等工会女职工委员会应设立办公室（女职工部），负责女职工委员会的日常工作；县级工会和中、小企事业单位、机关等工会女职工委员会根据工作需要设专职或兼职的工作人员，也可以设立办公室（女职工部）。

第三，女职工委员会委员由同级工会委员会提名，在充分协商的基础上产生，也可召开女职工大会或女职工代表大会选举产生。县和县以上工会女职工委员会根据工作需要可聘请顾问若干人。

第四，县和县以上工会女职工委员会常务委员会由主任1人、副主任若干人、常委若干人组成。

第五，在工会代表大会、职工代表大会、教职工代表大会中，女职工代表的比例应与女职工占职工总数的比例相适应。

第六，工会女职工委员会是县或县以上妇联的团体会员，通过县以上地方工会接受妇联的业务指导。

四、基层工会女职工组织的建设

工会女职工组织建设的基础在基层，因此要把加强基层工会女职工组织的建设放在重要的位置。《工会法》第11条规定："女职工人数较多的，可以建立工会女职工委员会，在同级工会领导下开展工作；女职工人数较少的，可以在工会委员会中设女职工委员。"《工会女职工委员会工作条例》第12条规定："女职工委员会与工会委员会同时建立。企业、事业单位、机关和其他社会组织等基层工会委员会有女会员10人以上的建立女职工委员会，不足10人的设女职工委员。基层工会女职工委员会主任、副主任与工会委员会同时报上级工会审批。"这些规定为基层工会女职工组织建设提供了明确的法律依据。

（一）基层工会女职工委员会的组建程序

第一，工会组建女职工委员会时，由工会筹备组或工会委员会以书面形式向上级工会和同级党组织提出组建女职工委员会的请示报告。内容包括：单位性质、女职工状况、筹建准备情况等。上级工会女职工委员会应对筹建准备工作给予指导。

第二，经上级工会女职工委员会同意后，女职工委员会委员由同级工会委员会提名，在充分协商的基础上产生，也可召开女职工大会或女职工代表大会选举产生。注重提高女劳动模范、一线女职工和基层工会女职工工作者在工会女职工委员会委员中的比例。

第三，工会女职工委员会产生后，工会委员会应将新一届女职工委员会以书面形式报上级工会和女职工委员会。

第四，协商产生或选举产生的女职工委员会经上级工会委员会批准后，应予以宣布。

(二) 基层工会女职工组织建设的重点

第一，要最大限度地把女职工组织到工会女职工组织中来，坚持哪里有工会，哪里就要建立工会女职工组织的原则。第二，坚持以工会组织建设带动工会女职工组织建设的原则。在组建工会的同时建立女职工委员会，并配备好相应的专、兼职干部，落实好干部待遇。第三，在基层组织建设中，不同企事业应有不同的侧重点。公有制企业组织建设的重点是巩固组织基础，激发组织活力，使之更好地发挥作用；改制企业组织建设的重点是在重组工会的同时，同步建立健全工会女职工组织；党政机关、科教文卫系统组织建设工作的重点是进一步扩大覆盖面。当前，基层工会女职工组织体系要覆盖的重点领域是新就业形态劳动者，重点是把新就业形态中的女职工组织到工会中来。

五、基层工会女职工干部队伍建设

(一) 基层工会女职工干部配备

女职工 200 人以上的企业、事业单位的工会女职工委员会，应配备专职或兼职女职工工作人员。

女职工委员会主任由同级工会女主席或女副主席担任，也可按照相应条件配备专职女职工委员会主任，享受同级工会副主席待遇。女职工委员会主任应提名为同级工会委员会或常务委员会委员候选人。

女职工委员会委员与同级工会委员会委员任期相同。在任期内，由于委员工作变动等因素需要调整时，应按程序及时予以替补、增补。

（二）基层工会女职工干部的素质要求

作为一个工会女职工干部，既是广大女职工活动的组织者和领导者，又是一个社会工作者，是职工队伍的中坚力量。工会女职工干部自身素质的高低，是工会女职工组织能否有效发挥作用的关键。新时代工会女职工干部应当具备以下基本素质。

1.较好的思想政治素质

思想政治素质是人的最重要的素质，是个人素质的核心。具有较高的思想政治素质，这是做好工会女职工工作的基本条件。我国工会组织是在党的领导下开展工作的，作为新时代的基层工会干部，只有自身具有坚定的政治信仰，才能够自觉坚持党的领导，自觉以习近平新时代中国特色社会主义思想武装头脑，深刻领悟"两个确立"的决定性意义，增强"四个意识"、坚定"四个自信"、做到"两个维护"，始终在思想上政治上行动上同以习近平同志为核心的党中央保持高度一致。而且，作为基层工会干部还应具有对职工高度负责、全心全意为职工服务的思想觉悟，这是赢得职工信任和拥护的关键。还要有与时俱进、开拓创新、不畏艰苦、踔厉奋发的工作精神。要具有遵纪守法、坚持原则、严于律己、宽以待人的人格魅力，使自己成为职工值得信赖和尊敬的人。

2.广博的知识和较高的政策水平

由于工会工作处于不断发展的社会环境中，面对的服务对象对干部素质要求不断提高，从而决定了工会女职工干部的工作内容、工作方式和工作质量，在深度和广度上，必须在传统的群众工作基础上向前发展，向着规范化、科学化方向前进。这就要求工会女职工干部，必须具有相关的业务专长，除了了解和掌握工会工作业务知识外，还要不断地学习哲学、教育学、心理学、社会学、伦理学和美学等一些基本常识，学习政策法规等。作为一个工会女职工干部还要学法、懂法，这样才能正确运用法律法规，更好地维护女职工的合法权益和特殊利益。

3.强烈的责任感和执着的事业心

责任感首先是指政治责任感，是对党、对群众、对组织负责的态度，把做好工会女职工工作当作一项政治任务来抓，赋予使命感。事业心，对于工会女职工干部来说，就是要把提高职工思想觉悟、促进社会经济发展、维护女职工合法权益、保护男女平等各项具体工作真正当作一项为之奋斗的事业来干，具有执着追求精神、吃苦奉献精神和爱岗敬业精神。特别是要发挥工会女职工干部在解决女职工问题上的优势，作为女性本身，女干部有来自社会和家庭的压力，针对女职工的生理特点和心理特点，做好工作要付出更大的代价。工会女职工干部只有献身于工会女职工事业，脚踏实地工作，增强事业心和责任感，才能最大限度地发挥聪明才智。

4.熟悉工会女职工工作业务

工会女职工干部要想在工作中有所作为，除了具备良好的敬业精神外，还必须熟悉工会基本理论、业务知识和有关女职工的法律法规，了解女职工劳动保护的知识，掌握工会女职工工作规律。要造就一支政治上强、懂管理、通法律、能参与企事业决策、善于代表和维护女职工群众合法权益的工会女职工工作领导人才队伍。工会女职工工作者必须经常深入基层、深入实际，了解女职工的思想、学习、生活情况，善于调查研究，从而掌握事物的本质和规律，找到解决问题的根本办法。

六、工会女职工委员会的工作制度

工会女职工委员会的工作制度主要包括以下几个方面的内容。

第一，女职工委员会实行民主集中制。凡属重大问题，要广泛听取女职工意见，由委员会或常务委员会进行充分的民主讨论后作出决定。

第二，女职工委员会根据工作需要制定有关制度，每年召开1至2次常务委员会和委员会会议，也可临时召开会议。

第三，工会女职工委员会要定期向同级工会委员会和上级工会女职工委员会报告工作。

第四，县以上各级工会女职工委员会要把工作重心放在基层，增强基层女职工组织的活力，为广大女职工服务。

工会女职工组织机构健全，工作制度规范。建立向同级工会委员会和上级工会女职工委员会报告工作制度；建立本级工会女职工委员会例会制度；建立工作目标管理制度，工作有计划、有总结、有考核、有评比；建立工作档案动态管理制度，及时了解、掌握女职工工作相关情况；建立教育培训制度，对女职工工作干部定期开展培训。

第三节　基层工会女职工组织的主要工作

根据《工会女职工委员会工作条例》《中华全国总工会关于加强新时代工会女职工工作的意见》，基层工会女职工组织的主要工作如下。

一、加强思想政治引领

坚持用习近平新时代中国特色社会主义思想武装女职工，不断增进广大女职工对新时代党的创新理论的政治认同、思想认同、情感认同。强化理想信念教育，深化中国特色社会主义和中国梦宣传教育，引导女职工坚定不移听党话、跟党走。大力弘扬劳模精神、劳动精神、工匠精神，组织开展巾帼劳模工匠论坛、宣讲等活动，进一步发挥先进典型示范引领作用。加强新时代家庭家教家风建设，倡导开展"培育好家风——女职工在行动"主题实践活动，推动社会主义核心价值观在家庭落地生根。

二、深化提升素质建功立业工程

贯彻落实产业工人队伍建设改革各项部署，充分发挥技能强国——全国产业工人学习社区、工匠学院等阵地作用，落实科技创新巾帼行动，加强女职工数字技能培训，培育女职工创新工作室，助力女职工成长成才。把握为实现中华民族伟大复兴的中国梦而奋斗的工人运动时代主题，按照"五位一体"总体布局和"四个全面"战略布局要求，践行新发展理念，引导女职工积极参与"建功'十四五'、奋进新征程"主题劳动和技能竞赛，广泛深入持久开展具有女职工特色的区域性、行业性劳动和技能竞赛，推动竞赛向新产业新业态新组织拓展。动员和组织广大女职工在改革发展稳定第一线建功立业。

三、维护女职工的合法权益和特殊利益

维护女职工的合法权益和特殊利益是工会女职工组织的基本职责，这既是党对工会女职工组织提出的要求，也是广大女职工的迫切要求。

（一）维护女职工的合法权益

女职工的合法权益是指女职工除享受《宪法》及其他法律规定的公民、职工应当享有的同等权益外，还享有国家对妇女和女职工规定的合法权益。

1.维护女职工的政治权益

主要是积极参与女职工合法权益和特殊利益相关的法律法规和政策的研究制定，代表女职工参政议政。组织女职工参与国家事务和企业、事业单位的民主管理。坚持在使用和提拔干部上男女平等，在女职工较多的行业和部门配备一定数量的女领导干部，选拔和培养女干部等。

2.维护女职工的文化教育权益

依据有关法律法规的规定，为女职工提供较多的学习培训机会，为女职工提高文化技术素质创造条件，全面提高女职工的整体素质。

3.维护女职工的劳动权益

主要是维护女职工的劳动经济权利，配合和监督企业做好保障女职工就业、工资、社会保险等各项权益的实施和落实。

4.维护女职工的财产和婚姻家庭权益

主要是教育和帮助女职工学习和掌握法律知识，维护自己在家庭和婚姻中的合法权益，发挥女职工在家庭文明建设中的重要作用。

5.维护女职工的人身权益

主要是通过积极参与侵害女职工生命健康权、人身自由权、名誉权、肖像权、隐私权、荣誉权、人格尊严权等人身权利案件的调查处理，配

合、督促有关行政、司法部门严格处理有关女职工的侵权案件，及时了解女职工的呼声，帮助解决女职工所遇到的困难，使女职工的各项人身权益得到切实保障。

（二）维护女职工的特殊利益

女职工的特殊利益是指女职工除享受国家规定的妇女应享有的合法权益外，还享有国家针对女职工生理、心理特点而制定的特殊利益保护措施。

第一，女职工有与男职工不同的特殊生理特征，因此女职工在劳动中需要特殊保护。一方面，男女两性在生理上的差别，决定了女职工不宜从事特别繁重的体力劳动；另一方面，女性生理机能决定了女职工有经期、孕期、产期、哺乳期（简称"四期"）的生理变化，在此期间需要进行特殊保护。

第二，由于女职工扮演双重社会角色，家务劳动和社会劳动一肩挑，使女职工的精力和体力承受特殊压力。

第三，现实生活中还存在性别歧视现象，女职工权益被侵害的现象还时有发生。女职工的这种特殊性，决定了女职工有特殊利益和特殊要求。

（三）基层工会女职工组织维护女职工合法权益和特殊利益的主要方法

1.要加强女职工权益的法律宣传，提高女职工依法自我维护的能力。工会女职工组织要定期开展普法宣传活动，对女职工进行法治教育，采用多种方式向女职工宣传法律知识，增强女职工的法治观念。女职工只有了解法律法规赋予自己的权利，才能依法维护自身的合法权益，自觉地与侵害自己权益的现象作斗争，并有利于形成群众监督机制。加强女职工权益的宣传，还能增强企业经营者的法治观念和执行有关法律法规的自觉性，增强女职工的权益维护。

2.切实做好女职工权益保护专项集体合同工作。围绕女职工的劳动就业、工资分配、休息休假、保险福利待遇、教育发展等内容，特别是女职工经期、孕期、产期和哺乳期保护，禁忌从事的劳动范围，有毒有害工种防护，生育保险，妇科疾病普查等，与企事业签订女职工权益保护专项集体合同。凡建立工会女职工组织的企事业都应签订女职工权益保护专项集体合同，也可将女职工权益保护专项内容作为集体合同的附件或在集体合同中设立专门章节。中小型非公有制企业工会应根据具体情况，单独参加区域性、行业性女职工权益保护专项集体合同的签订。建立女职工权益保护专项集体合同监督检查机制，确保企事业女职工权益保护专项集体合同的有效实施，充分发挥女职工权益保护专项集体合同作用。

3.加强和完善企事业女职工民主管理工作。组织女职工通过职工代表大会、厂务公开等民主管理方式参与企事业民主决策、民主管理和民主监督，行使好职工代表大会及工会会员代表大会代表的各项职权。职工代表大会、工会会员代表大会中女代表比例应与本单位女职工比例相适应。

4.积极参与女职工劳动权益维护的机制建设。要保证在企事业单位的一些常设机构中有女职工委员会主任或女职工委员参加，如企业管理委员会，厂务公开监督小组，劳动保护监督检查委员会、劳动争议调解委员会等机构都要有女职工代表参加，要不断地拓宽反映和维护女职工利益的渠道，提高维护女职工合法权益的水平。

四、提升女职工生活品质

落实国家生育政策及配套支持措施，支持有条件的用人单位为职工提供托育服务，推动将托育服务纳入"职工之家"建设和企业提升职工生活品质试点工作，推进工会爱心托管服务，加强女职工休息哺乳室建设，做好职工子女关爱服务，创建家庭友好型工作场所。高度关注女职工劳动保护和身心健康，加大女职工劳动安全卫生知识教育培训力度，推动特定行业、企业等开展女职工职业病检查；扩大宫颈癌、乳腺癌筛查受益人群和覆盖范围，加强女职工人文关怀和心理疏导工作。深化工会婚恋交友服务，教育引导职工树立正确婚恋观，开展更加符合职工需求及特点的婚恋交友活动。

五、积极为困难女职工办实事、做好事、解难事

基层工会女职工组织要建立困难女职工档案，做到对困难女职工家庭

情况清、致困原因清、经济收入清、救助愿望清，努力实现对困难女职工帮扶工作的经常化、制度化、规范化。配合有关部门积极推进将符合低保条件的女职工家庭纳入低保范围。对低保边缘、零就业、单亲、遭受重大灾害和患重大疾病等特殊困难的女职工家庭以及困难女劳模给予重点帮扶。不断拓展帮扶范围，完善帮扶方式，提高帮扶水平，切实帮助女职工解决生产生活中的实际困难。大力开展结对帮扶、金秋助学等活动，努力为困难女职工特别是单亲困难女职工、女农民工提供多方面的服务和帮助。

第四节　女职工特殊劳动保护

一、女职工特殊劳动保护的重要意义

女职工的特殊劳动保护是指针对女职工生理特点和抚育后代的需要，对其在劳动过程中的安全、健康依法予以特殊保护。《劳动法》第58条规定："国家对女职工和未成年工实行特殊劳动保护。"

女职工特殊劳动保护的重要意义如下。

（一）体现了党和国家关心爱护女职工的一贯政策。对女职工实行劳动保护，是世界各国普遍实行的一项法律制度。在我国，党和政府历来高度重视女职工劳动保护工作。1925年第二次全国劳动大会通过的经济斗争决议案，就对女工的劳动保护作出明确规定；新中国成立后，我国根据宪法保护妇女的原则，为了保护妇女在劳动中的特殊权益，在不同的历史时期发布过一些行政文件，指导各地加强女职工的劳动保护工作。

（二）有利于女职工和下一代的身体健康。女职工在肩负着参与国家社会经济建设重任的同时，还承担着人类繁衍下一代的社会责任。加强对女职工劳动过程中的特殊保护，对于保护女职工及其下一代的健康、保证中华民族的整体素质的提高具有重大的现实意义。

（三）有利于保护和调动女职工的积极性，促进经济社会发展。女职工是工人阶级重要组成部分，是推动我国经济社会发展不可或缺的重要力量。加强女职工劳动保护，有利于保护女职工的平等就业、职业安全和生命健康，对于进一步激发女职工参与经济建设的积极性、主动性和创造性，提高劳动生产率具有积极的作用。

（四）有利于构建和谐劳动关系。劳动关系是现代社会最基本的社会关系，劳动关系的和谐是社会和谐稳定的基础。促使企事业改善女职工劳动安全卫生条件，既可增强女职工对企事业的认同感和归属感，又解除了女职工的后顾之忧，有利于促进劳动关系的和谐与稳定。

二、女职工劳动保护的主要内容

（一）女职工禁忌劳动范围的规定

1.女职工禁忌从事的劳动范围

（1）矿山井下作业。

矿山井下作业包含煤矿、非煤矿山，各类矿山野外露天采矿、井下（地下）采矿、开凿隧道、修地铁、地下工程建筑等。

（2）体力劳动强度分级标准中规定的第四级体力劳动强度的作业。

（3）每小时负重6次以上、每次负重超过20公斤的作业，或者间断负重、每次负重超过25公斤的作业。

（二）女职工"四期"劳动保护

"四期"是指女职工生理上的经期、孕期、产期、哺乳期。《妇女权益保障法》第47条规定："用人单位应当根据妇女的特点，依法保护妇女在工作和劳动时的安全、健康以及休息的权利。妇女在经期、孕期、产期、哺乳期受特殊保护。"

"四期"保护，是指针对女职工生理机能的变化，在女职工经期、孕期、产期、哺乳期所给予的特殊保护。女职工"四期"保护的主要内容如下。

1.经期保护

（1）宣传普及月经期卫生知识。

（2）女职工在 100 人以上的单位，应逐步建立女职工卫生室，健全相应的制度并设专人管理，对卫生室管理人员应进行专业培训。女职工每班在 100 人以下的单位，应设置简易的温水箱及冲洗器。对流动、分散工作单位的女职工应发放单人自用冲洗器。

（3）患有重度痛经及月经过多的女职工，经医疗或妇幼保健机构确诊后，月经期间可适当给予 1 至 2 天的休假。

（4）不得安排女职工经期禁忌从事的劳动。

2.孕期保护

（1）自确立妊娠之日起，应建立孕产妇保健卡（册），进行血压、体重、血、尿常规等基础检查。对接触铅、汞的孕妇，应进行尿中铅、汞含量的测定。

（2）定期进行产前检查、孕期保健和营养指导。怀孕女职工在劳动时间内进行产前检查，所需时间计入劳动时间。

（3）推广孕妇家庭自我监护，系统观察胎动、胎心、宫底高度及体重等。

（4）实行高危孕妇专案管理，无诊疗条件的单位应及时转院就诊，并配合上级医疗和保健机构严密观察和监护。

（5）女职工在孕期不能适应原劳动的，用人单位应根据医疗机构的证明，予以减轻劳动量或者安排其他能够适应的劳动。

（6）对怀孕 7 个月以上的女职工，用人单位不得延长劳动时间或者安排夜班劳动，并应当在劳动时间内安排一定的休息时间。

（7）从事立位作业的女职工，妊娠满 7 个月后，其工作场所应设立工间休息座位。

（8）女职工在怀孕期间，用人单位不得降低其基本工资，除个人严重过失外，不得解除其劳动合同。

（9）不得安排女职工孕期禁忌从事的劳动。

3.产期保护

（1）保证女职工生育的产假。女职工生育享受 98 天产假，其中产前休假 15 天，产后休假 83 天。难产的，增加产假 15 天；多胞胎生育的，每多生育 1 个婴儿，增加产假 15 天。

女职工怀孕未满 4 个月流产的，享受 15 天产假；怀孕满 4 个月流产的，享受 42 天产假。

（2）进行产后访视及母乳喂养指导。

（3）产后 42 天对母子进行健康检查。

（4）不得在女职工产假期间降低其基本工资，不得解除其劳动合同。

（5）产假期满恢复工作时，应允许有 1 至 2 周时间逐渐恢复原工作量。

（6）女职工产假期间的生育津贴，对已经参加生育保险的，按照用人单位上年度职工月平均工资的标准由生育保险基金支付；对未参加生育保险的，按照女职工产假前工资的标准由用人单位支付。

女职工生育或者流产的医疗费用，按照生育保险规定的项目和标准，对已经参加生育保险的，由生育保险基金支付；对未参加生育保险的，由用人单位支付。

4.哺乳期保护

（1）宣传科学育儿知识，提倡 4 个月内纯母乳喂养。

（2）对有未满 1 周岁婴儿的女职工，应保证其哺乳时间。根据规定，有不满 1 周岁婴儿的女职工，用人单位应当在每天的劳动时间内为哺乳期女职工安排 1 小时哺乳时间；女职工生育多胞胎的，每多哺乳 1 个婴儿每天增加 1 小时哺乳时间。

（3）婴儿满周岁时，经县（区）以上（含县、区）医疗或保健机构确诊为体弱儿，可适当延长授乳时间，但不得超过 6 个月。

（4）女职工在哺乳期内，所在单位不得安排其从事国家规定的第三级体力劳动强度的劳动和哺乳期禁忌从事的劳动。

（5）对哺乳未满 1 周岁婴儿的女职工，用人单位不得延长劳动时间或者安排夜班劳动。

（6）有哺乳婴儿的女职工 5 名以上的单位，应逐步建立哺乳室。

（7）不得在女职工哺乳期降低其基本工资，除个人严重过失外，不得解除其劳动合同。

第五节 基层工会女职工工作的方法和艺术

一、基层女职工工作的基本方法

群众路线是工会工作的生命线和根本工作路线。群众路线的方法是女职工工作的基本方法。群众路线的方法包含了两个方面：一是一切为了群众，一切依靠群众；二是从群众中来，到群众中去。这两个方面紧密相连，不可分割。女职工干部在掌握和运用群众路线的工作方法时，关键是要做到尊重职工、信任职工、服务于职工，全心全意依靠职工群众。

（一）尊重、信任、服务于女职工。广大的女职工在遇到困难时，对女职工干部充满热切期盼，希望女职工干部为她们说话办事，排忧解难。因此，在女职工工作中，要把女职工放在第一位。

（二）依靠广大女会员和积极分子做好女职工工作。女职工工作是群众工作，面广、内容多、情况复杂，仅仅依靠少数的专职女职工干部难以完成，必须依靠广大积极分子来一起做。广大的女会员和积极分子和女职工工作、生活在一起，非常了解女职工的所思、所想、所求，是做好女职工工作的依靠力量。工会和女职工工作部门要积极培养积极分子，充分发挥她们的智慧和力量。在工作中不仅要给积极分子压担子，而且要教工作方法，提高她们的工作能力。要关心她们的工作、学习和生活，工作有成绩要表扬和鼓励，生活有困难要支持和帮助，把她们紧紧团结在工会的周围，发挥她们的积极性、主动性、创造性。

二、基层女职工工作的具体方法

（一）调查研究的方法。深入实际，调查研究，才能了解女职工的愿望和要求，掌握女职工的思想脉搏，才能了解女职工工作的薄弱环节，工作中的不足，开展女职工工作才能更具有针对性，提高实效性。

（二）协调关系的方法。在女职工工作中，面临着组织内外、上下等各种复杂的关系，只有协调好各种关系，才能提高女职工工作的效率。目前女职工工作主要是对内协调调动好工会各个部门的关系和力量，对外要主动协调好与妇联、民政、人社、教育、卫生、政法等部门的关系，取得有关部门的支持，共同做好女职工工作。

（三）以身作则的方法。作为女职工干部，只有不断提高自身的素质、提高工作能力，在工作中严格要求自己，以身作则，才能获得女职工的信任和支持。

（四）典型引路的方法。基层女职工干部要善于发现，总结和宣传各种先进人物的先进事迹和典型经验，用先进典型的事迹来引导女职工自觉投身于全面建成社会主义现代化强国的伟大事业中。

三、工作方法的创新

目前，基层女职工干部相对偏少，而女职工工作的任务繁重，女职工工作要取得成效，就要不断创新工作方法。

（一）创新工作方式，开展女职工工作要充分运用先进的通信工具，如网络、电话等提高工作效率。

（二）程序创新，做好女职工工作要尽量避免形式化、复杂化的工作程序，工作程序要精简，高效，从实际出发。

（三）载体创新，女职工活动要坚持结合单位生产经营，开展一些主题鲜明，形式多样，内容丰富，思想健康，喜闻乐见的活动，活动形式的选择要新颖，有时代感。

思考题

1.工会女职工工作的重要意义是什么？

2.工会女职工工作的特点有哪些？

3.基层工会女职工组织的主要工作有哪些？

4.基层女职工组织如何做好女职工权益的维护工作？

5.简述女职工"四期"劳动保护。

6.女职工工作的基本方法有哪些？

 案例 1

北京市总工会支持用人单位开展婴幼儿托育服务，
让双职工家庭实现"带娃上班"两不误——
早上带娃进厂入园　下班接娃一起回家

2023 年 6 月 22 日　来源：工人日报

6 月 13 日，记者来到位于北京经济技术开发区的东方雨虹民用建材有限责任公司，在该公司园区的自建托育园内，看到老师正在为一名 4 个月大的婴儿做辅助按摩；旁边宽敞明亮的教室里，2 岁左右的孩子们伴着音乐跟老师一起欢唱。园区另一边，孩子们的父母则在踏实上班。

"早上能带着娃一起进厂入园，下班能接娃放学一起回家。自从工会组织支持园区开办了托育园，我的后顾之忧解决了，终于能全身心投入工作。"东方雨虹公司职工王静说。

近段时间以来，在北京市总工会相关政策支持下，一批试点单位因地制宜地开展 0~3 岁婴幼儿托育服务，有效解决了双职工家庭"入托贵、入托难"的问题，实现"带娃上班"两不误。

一企办托　多企受益

据北京市总工会女职工部部长张秀萍介绍，不久前，市总工会与市卫生健康委联合下发《关于开展"全国爱心托育用人单位"和"北京市爱心托育用人单位"推荐申报工作的通知》，出台"基层工会开展的托育服务所需经费，可以从工会经费中列支""对公布的北京市爱心托育用人单位，下拨专项补助资金"等支持政策，提出机关、企事业单位、园区、楼宇、街道、社区等用人单位可因地制宜，通过单独建设或联合建设，自行运营或引入第三方等模式开展托育服务。

在北京市总工会推动下，一批涵盖城市副中心和医疗、教育、公安等机关事业单位，以及工会关系隶属北京市总工会的央企、市属国企和非公企业等试点单位开展了 0~3 岁婴幼儿托育服务。这些单位制定了严格的运行管理、安全保障和监督检查制度，提供普惠的价格，并保障托育时间与职工工作时间无缝对接。

东方雨虹公司工会主席罗春珍介绍，目前已有近40名婴幼儿在园区自建托育园里托育，他们的父母除公司职工外，还有一些附近企业的职工，形成了"一企办托，多企受益"的局面。

发挥优势　联合办托

东方雨虹公司的自建托育园由东方雨虹公司和稚舍托育合办，于今年2月13日开园，面积达900平方米，最多可支持116名婴幼儿的托育服务。托育园设有教室、大厅、保健室、备餐间、餐厅，定时使用企业的户外篮球场作为户外空间，每个班至少配备4名老师。

午饭时间，不同年龄段的婴幼儿在老师的陪伴指导下用餐。从周一到周五，孩子们每天的三餐种类不重样，还有新鲜水果供应。据稚舍托育单位办托事业部负责人潘吉介绍，孩子们的餐食来自稚舍托育自有中央厨房集配中心，能够做到餐谱一个季度更换一次、餐品一个月内不重样、一天6种水果不重样，同时，在食物颗粒大小、软烂度、色彩搭配、营养搭配上都有明确要求。

罗春珍表示，东方雨虹公司和稚舍托育在合作上实现了"双向奔赴"。稚舍托育提供优质的师资和专业的托育服务，东方雨虹则以低于市场价的价格将园区内的场地租给稚舍托育，并发挥企业在建材领域的优势，在最短时间内完成装修并达到拎包入驻的标准。与此同时，东方雨虹在企业内部以及经开区企业中加大宣传力度，使托育园被更多职场父母知晓。

特色办托　备受欢迎

走进中国航天科技集团有限公司第一研究院开办的托育园，孩子们的手工制作和墙上贴的标语、图画都充满了航天元素。

中国航天科技集团有限公司第一研究院航天幼儿园园长黄东介绍，托育园依托航天科技教育背景，建设了航天科技课程、航天科探教室、航天文化活动为一体的航天教育课程体系，形成了航天科技特色园所文化，在活动实践中培育婴幼儿的探索精神和能力，备受职工欢迎。

同时，航天特色课程通过"1+N""集体+小组"的教学模式，即每月一个主题、一节集体活动，引导婴幼儿对身边的植物、动物、空气、水、土壤和石头等进行探究。

　　"托育园离我上班的地点只有500米。工作日早上8点，我把孩子送入园后步行到单位，下班再来接孩子，托育时间与工作时间一致，两不耽误。"中国航天科技集团有限公司航天703所职工王磊说，"孩子已经入园10个月，在这里学会了穿衣、穿鞋等基本生活技能，性格也十分开朗。"

（记者　赖志凯　通讯员　周美玉）

第十一章

基层工会财务与财产管理工作

　　工会财务工作包括财务管理和会计核算两部分。财务管理侧重工会经济管理，主要是协调处理工会资金在预算收支执行过程中的各种经济关系；会计核算侧重工会经济核算，主要是对工会资金在预算收支执行过程中发生的各种工会经济业务进行账务处理并核算。财产管理工作是会计核算的一种方法，管理的对象是能以货币计量的，或者是能带来经济利益的资源，其中财产清查是重要的手段，从而达到全面掌握自身家底的目的，并在财务清查的基础上，定期编制工会会计报表，规范工会会计行为。

第一节　工会财务管理工作

一、工会经费的来源

工会经费，是指工会依法取得并开展正常活动所需的费用。根据《工会法》和《中国工会章程》规定，工会经费来源主要如下。

（一）工会会员缴纳的会费

《中国工会章程》第 4 条规定：会员履行下列义务。

1.认真学习贯彻习近平新时代中国特色社会主义思想，学习政治、经济、文化、法律、科技和工会基本知识等。

2.积极参加民主管理，努力完成生产和工作任务，立足本职岗位建功立业。

3.遵守宪法和法律，践行社会主义核心价值观，弘扬中华民族传统美德，恪守社会公德、职业道德、家庭美德、个人品德，遵守劳动纪律。

4.正确处理国家、集体、个人三者利益关系，向危害国家、社会利益的行为作斗争。

5.维护中国工人阶级和工会组织的团结统一，发扬阶级友爱，搞好互助互济。

6.遵守工会章程，执行工会决议，参加工会活动，按月交纳会费。

以上规定明确了会员履行交纳会费的义务。会费的标准是：按会员本人月工资的 5‰计缴，其中尾数不足 10 元的不计入缴纳会费的基数。工资不包括各种津贴、补贴、奖金等。全国总工会规定，工会会员缴纳的会费全部留归基层工会统一核算，合并使用。地方各级工会、产业工会机关的工会会员应向本级直属机关基层工会缴纳。

（二）用人单位拨缴的经费

用人单位拨缴经费的标准是：按本单位全部职工工资总额的 2%拨缴

工会经费。企业、事业单位、社会组织拨缴的经费在税前列支。用人单位拨缴的工会经费是工会的一项最大、最稳固、最重要的经费来源。尤其对各级地方工会和产业工会是不可或缺的经费来源。拨缴工会经费，事关工会工作的开展和工会事业的巩固与发展，必须引起足够的重视。

全部职工是指建立工会组织的用人单位支付劳动报酬的各种人员，包括正式职工、合同制职工、临时工、农民工和计划外用工等，但不包括离退休人员。

工资总额是指在一定时期内直接支付给本单位全部职工的劳动报酬总额。按照国家统计局〔1990〕1号通知规定，不论是计入成本的还是不计入成本的，不论是按国家规定列入计征奖金税目的，还是未列入计征奖金税目的，不论是以货币形式支付的还是以实物形式支付的，均应列入工资总额计算范围。

企业、事业单位、社会组织无正当理由拖延或者拒不拨缴工会经费，基层工会或者上级工会可以向当地人民法院申请支付令；拒不执行支付令的，工会可以依法申请人民法院强制执行。

（三）工会所属的企业、事业单位上缴的收入

根据《工会法》和全国总工会制定的相关法律法规规定，工会在保证正常的工作或活动，并且经费有余的前提下，可用部分经费结余或实物开办或作投资经营。所取得的各项收益，用于弥补工会开展活动经费的不足，是工会经费来源的必要补充。以工会资产形成的收益应全额纳入收入进行核算，不得截留或坐支。

（四）人民政府及单位行政补助

人民政府及单位行政补助是指各级政府财政或单位行政对同级工会的各种补助，如送温暖补助，疗养事业补助，帮扶补助，劳模补助，大型群众活动补助，对同级工会的基建、大修补助等。

（五）其他收入

其他收入是指工会的利息收入、工会变卖财产收入以及个人、社团及海外侨胞、友人的捐助等。

二、工会财务管理体制

《中国工会章程》第 39 条规定，工会实行"统一领导，分级管理"的财务体制。因此，"统一领导，分级管理"是我国工会财务管理体制。

（一）统一领导

统一领导，一是指全国总工会对全国各级工会的财务工作实行统一的领导，通过制定统一的工会财务工作方针、政策，统一的财务制度和纪律，并实行财务监督，来实现其领导职责，各级工会组织及其所属单位，要严格执行，自觉接受统一领导，以保证工会组织的完整性和统一性；二是集体领导下的统一领导，重大财务问题，重大财务开支事项经集体研究决定。

（二）分级管理

分级管理，主要是指在全总统一制定的财会政策、制度、纪律制约下，对地方总工会和产业工会的组织系统进行分级次管理。基本是由一级工会组织设一级财务管理，留一级经费比例，确定一级财权。本级工会只能在本级次范围内行使职责权限，管理本级次的经费，审批本级次的经费收支。分级管理的主要内容有：

1.按照工会层级，由各级工会管理本级各项经费；

2.由各级工会编制本级预决算；

3.按级向本级会员代表大会和上级工会报告经费收支情况。

（三）"统一领导，分级管理"是对立统一关系在工会财务管理体制中的具体表现

统一领导是分级管理的前提，坚持统一领导，才能保证各级工会的均衡发展，才能保持工会组织的完整性和统一性；分级管理是统一领导的基础，坚持分级管理也就是坚持实事求是的原则。

三、工会财务管理体制的特点

（一）每一级工会的财务工作和经费，由本级工会财务部门统一"归口管理"

1.财权归口，本级工会的所有资金，除经上级工会或本级工会委员会

批准的特殊项目外，均应由财务部门集中管理。

2.人员归口，本级工会的一切经济业务，归口本级工会专职财务人员办理，其他人员不得越权包办或代办。

3.资产归口，本级工会的一切资产包括动产、不动产、无形资产等，归口本级工会财务部门登记和管理，确保工会资产的安全与完整。

4.业务归口，各级政府财政部门与同级地方工会的一切经济联系和相关事项，归口同级工会财务部门办理；企业、事业、社会组织、机关单位财务部门的一切与工会的经济联系和相关事项，归口基层工会财务部门或工会专职财务人员办理。

（二）坚持"一支笔"的审批原则

财务支出"一支笔"审批制度杜绝了一个单位只要是领导谁都能签字，所发生的审批混乱、支出失控的现象。

第二节　工会财务监督

工会财务监督是指各级工会财务部门根据国家有关法律法规和工会财务制度，运用一定的监督方法对本级机关和所属单位及下一级工会财务活动进行的监督检查。根据"统一领导、分级管理"的工会财务管理体制，工会财务监督实行"统一领导、分级负责、下管一级"的工作体制。全国总工会财务管理部门统一领导全国工会系统的财务监督工作，省级以下工会财务部门负责组织和实施本级财务监督工作。

一、工会财务监督的内容与方法

根据《工会财务监督暂行办法》（总工办发〔2019〕20号）第10条规定，工会财务监督的主要内容有：

（一）国家财经法律法规和全总有关财务制度规定执行情况；

（二）工会经费计拨、收缴与票据使用管理情况；

（三）工会预算编制、审批与执行情况；

（四）财政拨款、上级补助资金使用管理情况；

（五）经费开支的真实性、合法性；

（六）会计基础工作情况；

（七）内部控制制度建设情况；

（八）工会会计报告编制情况；

（九）巡视、政府审计、经费审查审计、财务监督发现问题的整改情况；

（十）其他事项。

财务部门实施财务监督，可以采取以下方法：

（一）调取、查阅、复制被监督单位的预算资料、会计凭证和账簿、财务会计报告、审计报告、开立账户、电子信息管理系统及其他相关资料；

（二）核查被监督单位的库存现金、银行存款、有价证券、实物资产、会计核算等情况；

（三）经监督工作负责人批准，向被监督单位的所属单位和个人调查、取证相关情况。

二、工会财务监督方式和程序

工会财务监督分为日常监督和专项监督。

（一）日常监督

日常监督采取事前、事中和事后监督相结合的方式。事前监督，重点关注单位内部控制制度建设、项目立项与预算编制审批等情况；事中监督，重点关注各项经济活动的合法合规性以及制度执行情况；事后监督，重点对资金使用绩效、会计报告质量进行监督评价。各级工会财务部门可以通过财务管理信息化平台，建立财务日常动态监控工作机制，及时发现问题，及时整改纠正。

（二）专项监督

专项监督是针对特定事项、特定资金或因特殊需要对相关单位进行的财务监督。实施专项监督应遵守以下程序与规定。

1.实施专项监督一般应事先向被监督单位送达检查通知书，明确检查的重点内容、工作时限和具体要求。

2.实施专项监督前，应组成监督工作组。工作组成员一般不少于3人。工作组成员与被监督单位负责人和项目、财务管理部门负责人有亲属关系的，应当回避。监督工作人员的回避，由监督实施部门负责人决定。

3.实施专项监督时，监督工作人员应取得相关证据，编制财务监督工作底稿，完整记录监督事项，做到事实清楚、定性准确、责任明晰。

4.专项监督结束前，监督工作组应形成专项监督报告，经监督实施部门同意后，征求被监督单位的意见建议。被监督单位应在收到专项监督报告之日起10日内，提出书面反馈意见。监督工作组应充分听取被监督单位的意见建议，形成正式报告，经监督实施部门主要领导批准后，送达被监督单位。

5.被监督单位要根据专项监督报告指出的问题和提出的意见建议，制定切实可行的整改措施，在收到财务监督报告之日起60日内整改落实问题建议，并将整改落实情况及时反馈给专项监督实施部门。专项监督实施部门可对整改落实情况进行核实。

6.专项监督实施部门应认真收集整理专项监督的各类材料、文件、数据，并按照档案管理的有关规定做好立卷归档。

财务监督应与财政监督、审计监督、经审监督有效衔接，充分利用有关部门专项监督、审计监督结果，避免给被监督单位增加不必要负担。

三、责任和处理

（一）被监督单位应当配合监督工作，为监督工作提供必要的办公条件和工作保障。有以下情形，情节较轻的，责令限期改正，或建议有关部门进行组织处理；涉嫌违纪违法的，移交纪检监察机关处理；涉嫌犯罪的，移送司法机关查处：

1.拒绝、阻挠、拖延财务监督的；

2.提供虚假材料的；

3.转移、隐匿、损毁相关资料与证据的；

4.对监督工作人员进行打击报复的。

（二）财务监督发现的违规违纪违法行为，根据情节轻重分别给予处理：

1.责令立即停止违规行为并予以纠正；

2.责令停止执行与国家和上级工会相抵触的相关规定；

3.停止拨付与违规行为直接有关的款项，已经拨付的，责令其暂停使用并追回余款；

4.责令追回被截留、挪用的款项；

5.追回违规开支款项；

6.对涉嫌违纪违法犯罪的问题线索，应移交纪检监察或司法机关查处。

（三）财务监督工作人员实施监督过程中滥用职权、徇私舞弊、玩忽职守、泄露秘密的，由所在单位依规依纪给予处理；涉嫌违纪违法或犯罪的，移交纪检监察或司法机关查处。

第三节　加强基层工会经费收支管理

一、基层工会经费收支管理原则

根据 2017 年中华全国总工会颁发的《基层工会经费收支管理办法》，基层工会经费收支管理应遵循以下原则。

（一）遵纪守法原则。基层工会应依据《工会法》的有关规定，依法组织各项收入，严格遵守国家法律法规，严格执行全国总工会有关制度规定，严肃财经纪律，严格工会经费使用，加强工会经费收支管理。

（二）经费独立原则。基层工会应依据全国总工会关于工会法人登记管理的有关规定取得工会法人资格，依法享有民事权利、承担民事义务，并根据财政部、中国人民银行的有关规定，设立工会经费银行账户，实行工会经费独立核算。

（三）预算管理原则。基层工会应按照《工会预算管理办法》的要求，将单位各项收支全部纳入预算管理。基层工会经费年度收支预算（含调整预算）需经同级工会委员会和工会经费审查委员会审查同意，并报上级主管工会批准。

（四）服务职工原则。基层工会应坚持工会经费正确的使用方向，优化工会经费支出结构，严格控制一般性支出，将更多的工会经费用于为职工服务和开展工会活动，维护职工的合法权益，增强工会组织服务职工的能力。

（五）勤俭节约原则。基层工会应按照党中央、国务院关于厉行勤俭节约反对奢侈浪费的有关规定，严格控制工会经费开支范围和开支标准，经费使用要精打细算，少花钱多办事，节约开支，提高工会经费使用效益。

（六）民主管理原则。基层工会应依靠会员管好用好工会经费。年度工会经费收支情况应定期向会员大会或会员代表大会报告，建立经费收支信息公开制度，主动接受会员监督。同时，接受上级工会监督，依法接受国家审计监督。

二、工会经费收入

基层工会经费收入来源如下。

（一）会费收入。会费收入是指工会会员依照全国总工会规定按本人工资收入的5‰向所在基层工会缴纳的会费。

（二）拨缴经费收入。拨缴经费收入是指建立工会组织的单位按全部职工工资总额2%依法向工会拨缴的经费中的留成部分。

（三）上级工会补助收入。上级工会补助收入是指基层工会收到的上级工会拨付的各类补助款项。

（四）行政补助收入。行政补助收入是指基层工会所在单位依法对工会组织给予的各项经费补助。

（五）事业收入。事业收入是指基层工会独立核算的所属事业单位上缴的收入和非独立核算的附属事业单位的各项事业收入。

（六）投资收益。投资收益是指基层工会依据相关规定对外投资取得的收益。

（七）其他收入。其他收入是指基层工会取得的资产盘盈、固定资产处置净收入、接受捐赠收入和利息收入等。

三、工会经费支出

基层工会经费主要用于为职工服务和开展工会活动。基层工会经费支出范围包括：职工活动支出、维权支出、业务支出、资本性支出、事业支出和其他支出。

（一）职工活动支出

职工活动支出是指基层工会组织开展职工教育、文体、宣传等活动所发生的支出和工会组织的职工集体福利支出。包括以下几方面。

1.职工教育支出。用于基层工会举办政治、法律、科技、业务等专题培训和职工技能培训所需的教材资料、教学用品、场地租金等方面的支出，用于支付职工教育活动聘请授课人员的酬金，用于基层工会组织的职工素质提升补助和职工教育培训优秀学员的奖励。对优秀学员的奖励应以精神激励为主、物质鼓励为辅。授课人员酬金标准参照国家有关规定执行。

2.文体活动支出。用于基层工会开展或参加上级工会组织的职工业余文体活动所需器材、服装、用品等购置、租赁与维修方面的支出以及活动场地、交通工具的租金支出等，用于文体活动优胜者的奖励支出，用于文体活动中必要的伙食补助费。文体活动奖励应以精神激励为主、物质鼓励为辅。奖励范围不得超过参与人数的 2/3；不设置奖项的，可为参加人员发放少量纪念品。文体活动中开支的伙食补助费，不得超过当地差旅费中的伙食补助标准。

基层工会可以用会员会费组织会员观看电影、文艺演出和体育比赛等，开展春游秋游，为会员购买当地公园年票。会费不足部分可以用工会经费弥补，弥补部分不超过基层工会当年会费收入的 3 倍。基层工会组织会员春游秋游应当日往返，不得到有关部门明令禁止的风景名胜区开展春游秋游活动。

3.宣传活动支出。用于基层工会开展重点工作、重大主题和重大节日宣传活动所需的材料消耗、场地租金、购买服务等方面的支出，用于培育和践行社会主义核心价值观，弘扬劳模精神和工匠精神等经常性宣传活动方面的支出，用于基层工会开展或参加上级工会举办的知识竞赛、宣讲、演讲比赛、展览等宣传活动支出。

4.职工集体福利支出。用于基层工会逢年过节和会员生日、婚丧嫁娶、退休离岗的慰问支出等。基层工会逢年过节可以向全体会员发放节日慰问品。逢年过节的年节是指国家规定的法定节日（元旦、春节、清明节、劳动节、端午节、中秋节和国庆节）和经自治区以上人民政府批准设立的少数民族节日。节日慰问品原则上为符合中国传统节日习惯的用品和职工群众必需的生活用品等，基层工会可结合实际采取便捷灵活的发放方式。工会会员生日慰问可以发放生日蛋糕等实物慰问品，也可以发放指定蛋糕店的蛋糕券。工会会员结婚生育时，可以给予一定金额的慰问品。工会会员生病住院、工会会员或其直系亲属去世时，可以给予一定金额的慰问金。工会会员退休离岗，可以发放一定金额的纪念品。

5.其他活动支出。用于工会组织开展的劳动模范和先进职工疗休养补贴等其他活动支出。

（二）维权支出

维权支出是指基层工会用于维护职工权益的支出。包括：劳动关系协调费、劳动保护费、法律援助费、困难职工帮扶费、送温暖费和其他维权支出。

1.劳动关系协调费。用于推进创建劳动关系和谐企业活动、加强劳动争议调解和队伍建设、开展劳动合同咨询活动、集体合同示范文本印制与推广等方面的支出。

2.劳动保护费。用于基层工会开展群众性安全生产和职业病防治活动、加强群监员队伍建设、开展职工心理健康维护等促进安全健康生产、保护职工生命安全为宗旨开展职工劳动保护发生的支出等。

3.法律援助费。用于基层工会向职工群众开展法治宣传、提供法律咨询、法律服务等发生的支出。

4.困难职工帮扶费。用于基层工会对困难职工提供资金和物质帮助等发生的支出。工会会员本人及家庭因大病、意外事故、子女就学等致困时，基层工会可给予一定金额的慰问。

5.送温暖费。用于基层工会开展春送岗位、夏送清凉、金秋助学和冬送温暖等活动发生的支出。

6.其他维权支出。用于基层工会补助职工和会员参加互助互济保障活动等其他方面的维权支出。

（三）业务支出

业务支出是指基层工会培训工会干部、加强自身建设以及开展业务工作发生的各项支出，包括以下几个方面。

1.培训费。用于基层工会开展工会干部和积极分子培训发生的支出。开支范围和标准以有关部门制定的培训费管理办法为准。

2.会议费。用于基层工会会员大会或会员代表大会、委员会、常委会、经费审查委员会以及其他专业工作会议的各项支出。开支范围和标准以有关部门制定的会议费管理办法为准。

3.专项业务费。用于基层工会开展基层工会组织建设、建家活动、劳模和工匠人才创新工作室、职工创新工作室等创建活动发生的支出，用于基层工会开办的图书馆、阅览室和职工书屋等职工文体活动阵地所发生的支出，用于基层工会开展专题调研所发生的支出，用于基层工会开展女职工工作性支出，用于基层工会开展外事活动方面的支出，用于基层工会组织开展合理化建议、技术革新、发明创造、岗位练兵、技术比武、技术培训等劳动和技能竞赛活动支出及其奖励支出。

4.其他业务支出。用于基层工会发放兼职工会干部和专职社会化工会工作者补贴，用于经上级批准评选表彰的优秀工会干部和积极分子的奖励支出，用于基层工会必要的办公费、差旅费，用于基层工会支付代理记账、中介机构审计等购买服务方面的支出。基层工会兼职工会干部和专职社会化工会工作者发放补贴的管理办法由省级工会制定。

（四）资本性支出

资本性支出是指基层工会从事工会建设工程、设备工具购置、大型修缮和信息网络购建而发生的支出。

（五）事业支出

事业支出是指基层工会对独立核算的附属事业单位的补助和非独立核算的附属事业单位的各项支出。

（六）其他支出

其他支出是指基层工会除上述支出以外的其他各项支出。包括：资产盘亏、固定资产处置净损失、捐赠、赞助等。

四、严格控制工会经费开支

1.基层工会要认真贯彻落实《工会法》《中国工会章程》，以及全国总工会《基层工会预算管理办法》《关于加强工会经费财务管理和审计监督切实管好用好工会经费的通知》精神，严格控制工会经费开支，各项开支实行工会委员会集体领导下的主席负责制，重大开支集体研究决定。

2.基层工会应严格执行以下规定。

（1）不准使用工会经费请客送礼。

（2）不准违反工会经费使用规定，滥发奖金、津贴、补贴。

（3）不准使用工会经费从事高消费性娱乐和健身活动。

（4）不准单位行政利用工会账户，违规设立"小金库"。

（5）不准将工会账户并入单位行政账户，使工会经费开支失去控制。

（6）不准截留、挪用工会经费。

（7）不准用工会经费参与非法集资活动，或为非法集资活动提供经济担保。

（8）不准用工会经费报销与工会活动无关的费用。

各级工会对监督检查中发现违反基层工会经费收支管理办法的问题，要及时纠正。违规问题情节较轻的，要限期整改；涉及违纪的，由纪检监察部门依照有关规定，追究直接责任人和相关领导责任；构成犯罪的，依法移交司法机关处理。

第四节　工会财产管理工作

一、工会财产管理的概念

工会财产是指各级工会及所属的企事业单位所拥有的能以货币计量的，或者能够带来经济利益的资源。包括物资、房屋、土地等物质财富，并受到法律保护的权利的总称。工会财产是开展职工活动，发展工运事业，保障工会建设和兴办工会事业的物质基础。加强工会财产的管理与监督是工会的一项重要工作。《工会法》规定："工会的财产、经费和国家拨给工会使用的不动产，任何组织和个人不得侵占、挪用和任意调拨。"

二、财产管理的分类

（一）固定资产，是指工会使用年限超过 1 年（不含 1 年），单位价值在规定标准以上，并在使用过程中基本保持原有物质形态的资产，一般包括：房屋及构筑物；专用设备；通用设备；文物和陈列品；图书、档案；家具、用具、装具及动植物。通用设备单位价值在 1000 元以上，专用设备单位价值在 1500 元以上的，应当确认为固定资产。单位价值虽未达到规定标准，但是使用时间超过 1 年（不含 1 年）的大批同类物资，应当按照固定资产进行核算和管理。

（二）流动资产，是指预计在 1 年内（含 1 年）变现或者耗用的资产。主要包括货币资金、应收款项和库存物品等。货币资金包括库存现金、银行存款等。应收款项包括应收上级经费、应收下级经费和其他应收款等。库存物品指工会取得的将在日常活动中耗用的材料、物品及达不到固定资产标准的工具、器具等。

（三）无形资产，是指工会控制的没有实物形态的可辨认非货币性资产，包括专利权、商标权、著作权、土地使用权、非专利技术等。工会购入的不构成相关硬件不可缺少组成部分的应用软件，应当确认为无形资产。

（四）其他资产，是指不能被包括在流动资产、固定资产、无形资产等项目以外的资产，主要包括投资、长期待摊费用和其他长期资产。

三、财产管理的手段

财产清查是财产管理的重要手段，是指通过对各级工会及所属企事业单位的实物、现金的实地盘点和对银行存款、往来款项的核对，查明各项财产物资、货币资金、往来款项的实有数和账面数是否相符的一种会计核算的专门方法，也叫财产检查。

我国《会计法》规定：各单位应当定期将会计账簿记录与实物、款项及有关资料相互核对，保证会计账簿记录与实物及款项的实有数额相符。

为了正确掌握各项财产的真实情况，做到家底清楚、胸中有数，保证会计资料的准确性，必须在账簿记录的基础上运用财产清查这一方法，对本单位各项财产、物资和货币资金等进行定期或不定期的清查，使账簿记录与实物、款项实存数额相符，保证会计核算资料的真实性。

（一）财产清查的意义

财产清查的关键是要解决账实不符的问题。造成账存数与实存数差异的原因是多方面的，一般有以下几种情况：

1.在收发物资中，由于计量、检验不准确而造成品种、数量或质量上的差错；

2.财产物资在运输、保管、收发过程中，在数量上发生自然增减变化；

3.在财产增减变动中，由于手续不齐或计算、登记上发生错误；

4.由于管理不善或工作人员失职，造成财产损失、变质或短缺等；

5.贪污盗窃、营私舞弊造成的损失；

6.自然灾害造成的非常损失；

7.未达账项引起的账账、账实不符等。

上述种种原因都会影响账实的一致性。因此，运用财产清查手段对各种财产物资进行定期或不定期的核对或盘点，具有十分重要的意义。是工会防止资产流失、保值增值的重要手段。

1.保护工会财产的安全和完整

通过财产清查，可以查明单位的财产、物资是否完整，有无损坏、霉变现象，以便堵塞漏洞，改进工作，建立和健全各项责任制度，保证财产的安全和完整。

2.保证会计信息资料的真实性

通过财产清查，可以查明各项财产物资的实有数，确定实有数额账面数额的差异，以便分析原因，采取措施，改进工作，进一步加强财产物资的管理，确保会计信息资料的真实可靠。

3.挖掘财产物资潜力，提高物资使用效率

通过财产清查，可以查明各项财产物资的储备和利用情况，以分类排队，采取不同措施，积极利用和处理，提高物资使用效率。对储备不足的，应予以补充，确保生产需要；对超储、积压、呆滞的财产物资，应及时处理，防止盲目采购和不合理的积压，充分挖掘物资潜力加速资金周转，提高资金使用效果，提高经济效益。

4.保证财经纪律和结算纪律的执行

通过对财产、物资、货币资金及往来账款的清查，可以查明单位有关业务人员是否遵守财经纪律和结算制度，有无贪污盗窃、挪用公款的情况；查明各项资金使用是否合理，是否符合政策和法规，从而使工作人员自觉地遵纪守法、维护财经纪律。

(二) 财产清查的种类

1.全面清查

全面清查是指对所有的财产物资进行全面盘点与核对。其清查对象主要包括：原材料、在产品、自制半成品、库存商品、库存现金、短期存 (借) 款、有价证券及外币、在途物资、委托加工物资、往来款项、固定资产等。全面清查范围广、工作量大，一般在年终决算或企事业撤销、合并或改变隶属关系时进行。

2.局部清查

局部清查也称重点清查，是指根据需要只对财产中某些重点部分进行的清查。例如，对流动资金中变动较频繁的原材料、库存商品等，除年度全面清查外，还应根据需要随时轮流盘点或重点抽查。各种贵重物资要每月至少清查1次，库存现金要天天核对，银行存款要按银行对账单逐笔核对。

3.按其清查时间分类，可分为定期清查和不定期清查。

(三) 财产清查的准备工作

1.制订财产清查计划，确定清查对象、范围，配备清查人员，清查任务。

2.会计部门要将总账、明细账等有关资料登记齐全，核对正确。保管部门对所保管的各种财产物资以及账簿标明品种、规格、数量，以备查对。

3.对银行存款、银行借款和结算款项，要取得银行对账单查对。

4.对需要使用的度量衡器，要提前检验正确，保证计量准确。

5.对应用的所有表册，都要准备妥当。

(四) 财产物资清查方法

1.实物的清查

实物的清查是指对原材料、在产品、库存商品、固定资产等财产物资的清查。在财产清查过程中，实物保管人员与盘点人员须同时在场清查，明确经济责任。

2.库存现金的清查

清查库存现金是通过实地盘点进行的，由于现金的收支业务十分频繁，容易出现差错，因此，出纳员应当经常进行现金盘点并与现金账的现有余额核对。清查前，出纳员应将现金收付凭证全部登记入账。清查时出纳员要在场，现钞应逐张查点。一切借条、收据不准抵充现金，并查明库存现金是否超过限额，有无坐支现金的问题，然后将清查结果编制库存现金盘点报告表。

有价证券主要包括：国家债券、其他金融债券、公司债券、公司股票基金等。其清查方法与现金相同。

3.银行存款的清查

银行存款的清查与实物、现金的清查方法不同，它是采取与开户银行核对账目的方法进行的，即将单位登记的银行存款日记账与银行送来的对账单逐笔核对增减额和同一日期的余额。通过核对，往往发现双方账目不一致。其主要原因：一是正常的"未达账项"，即一方已经入账，另一方由于凭证传递时间影响没有入账的款项；二是双方账目可能发生不正常的错账、漏账。

在同银行核对账目以前，先要检查本单位银行存款日记账，力求正确与完整，然后将其与银行送来的对账单逐笔核对。如果发现错账、漏账，应及时查明更正。对于未达账项，则应于查明后编制银行存款余额调节表，以检查双方的账目是否相符。

4.往来款项的清查

各种往来款项的清查，与银行存款的清查一样，也是采取同对方单位核对账目的方法。

(五) 财产清查结果的处理

通过财产清查所发现的财产管理和核算方面存在的问题，应当认真分析研究，以有关的法律、制度为依据进行严肃处理。为此，应切实做好几个方面的工作。

1.查明差异，分析原因。通过财产清查所确定的清查资料和账簿记录之间的差异，比如财产的盘盈、盘亏和多余积压，以及逾期债权、债务等，都要认真查明其性质和原因，明确经济责任，提出处理意见，按照规定程序经有关部门批准后，予以认真严肃处理。财产清查人员应以高度的责任心，深入调查研究，实事求是，问题定性要准确，处理方法要得当。

2.认真总结，加强管理。财产清查以后，针对所发现的问题和缺点，应当认真总结经验教训，表彰先进，巩固成绩，发扬优点，克服缺点，做好工作。同时，要建立和健全以岗位责任制为中心的财产管理制度，切实提出改进工作的措施，进一步加强财产管理，保护工会财产的安全和完整。

3.调整账目、账实相符。为了做到账实相符，财务部门对于财产清查中所发现的差异及差异的处理，必须及时地进行账簿记录的调整。具体应分两步进行：第一步，应将已经查明的财产盘盈、盘亏和损失等，根据有关原始凭证（自财产物资盘存单等）编制记账凭证，据以记入有关账户，使各项财产账存数同实存数完全一致；第二步，按照差异发生的原因和报经批的结果，根据有关批文编制记账凭证，据以登记入账。

第五节 工会经审工作

一、工会经审概述

工会审计是指各级工会经费审查委员会（以下简称经审会）在同级工会党组织领导下，依照法律法规和《中国工会章程》规定的职责、权限和程序，对工会财务收支、资产管理、内部控制、风险管理等全部经济活动实施独立、客观的监督、评价和建议的活动。工会坚持经费独立原则，依法建立对工会经费收支、资产管理等全部经济活动的审计监督制度。工会经费审计工作的目的，是保证工会经费收支、资产管理等全部经济活动的真实、合法，提高工会经费使用效益，维护工会资产安全。

工会审计实行统一领导、分级管理、分级负责、下审一级的工作体制。工会审计的制度和办法由中华全国总工会统一制定。

工会审计遵循依法审计、服务大局、突出重点、注重实效的工作方针。

工会经费审查委员会简称经审会，应当与同级工会委员会同时考察、同时报批、同时选举产生。经审会向同级工会会员大会或者会员代表大会负责并报告工作；大会闭会期间，向同级工会委员会负责并报告工作。上级经审会对下级经审会进行业务指导和监督考核。经审会定期向同级工会党组织报告审计工作。

经审会委员由政治素质高、业务能力强、具有相关专业知识的工会干部和会员担任并经民主选举产生。县级以上工会经审会委员人数不少于同级工会委员会委员人数的20%，最低不少于5人；基层工会经审会委员人数一般3至11人。经审会委员中具有审计、财会专业知识的人员不少于2/3。工会主席、分管财务和资产的副主席、工会财务人员和资产管理人员，不得担任同级工会经审会委员。

全国总工会、各级地方总工会、独立管理经费的产业工会和机关工会联合会的经费审查委员会办公室（以下简称经审办），作为经审会的日常工作机构，承担工会经费审查审计监督工作。

工会应当建设信念坚定、为民服务、业务精通、作风务实、敢于担当、清正廉洁的高素质专业化审计队伍。

经审会应当加强对审计人员遵守法律法规和履行职责情况的监督，督促审计人员依法履职尽责。

工会审计人员应当具备与其从事审计业务相适应的专业知识和职业能力。

经审会根据工作需要，可以委托具有相应资质的社会中介机构对有关事项进行审计；可以聘请具有审计、财会等专业资格和职业能力的人员参与审计工作。经审会应当加强对外聘社会中介机构和人员的指导检查、监督评价和质量控制，对审计方案、审计工作底稿、审计报告等进行审核，根据审计工作完成情况，建立考评和退出机制。

二、工会审计职责

经审会对本级工会及其所属企事业单位和下一级工会的下列事项进行审计：

（一）贯彻落实党和国家相关重大经济社会政策措施以及全国总工会决策部署情况；

（二）与经济活动有关的发展规划、战略决策、重大措施以及年度业务计划执行情况；

（三）经费预算编制和调整、预算执行、决算草案以及其他财务收支情况；

（四）经费计提和拨缴情况；

（五）专项资金物资的筹措、拨付、管理和使用情况；

（六）资产的管理、使用和处置情况；

（七）本级工会及其所属企事业单位建设项目情况；

（八）本级工会及其所属企事业单位对外投资情况；

（九）内部控制及风险管理情况；

（十）经费使用效益和资产经营效益情况；

（十一）撤并时的财务清算情况；

（十二）工会管理和委托其他单位管理的社会捐赠资金、各类基金的收支情况；

（十三）其他需要审计的有关事项。

以上事项，必要时可以进行延伸审计。

经审会对本级工会预算执行情况要每年审计，对下一级工会预算执行情况的审计至少在本届任期内全覆盖。

经审会对涉及本地区本产业本系统全局的重大项目，有权统一组织开展跨层级、跨区域审计或者专项审计。

经审会接受本级工会干部管理部门的书面委托，对本级工会内部管理的领导人员履行经济责任情况进行审计。经审会实施经济责任审计时，参照执行国家有关经济责任审计的规定。

三、工会审计权限

经审会有权要求被审计单位提供财务、会计资料以及与财务收支有关的业务、管理等资料，包括电子数据和有关文档。被审计单位不得拒绝、拖延、谎报。被审计单位负责人应当对本单位提供资料的及时性、真实性和完整性负责，并作出书面承诺。经审会对取得的资料进行综合分析，需要向被审计单位核实有关情况的，被审计单位应当予以配合。

经审会进行审计时，有权检查被审计单位的财务、会计资料以及与财务收支有关的业务、管理等资料和资产，有权检查被审计单位信息系统的安全性、可靠性、经济性，被审计单位不得拒绝。

经审会进行审计时，有权就审计事项的有关问题向有关单位、部门和个人进行调查和询问，并取得有关证明材料。有关单位、部门和个人应当配合、协助经审会工作，如实向经审会反映情况，提供有关证明材料。

经审会进行审计时，经经审会主要负责人批准，有权对可能被转移、隐匿、篡改、毁弃的财务、会计资料以及与财务收支有关的业务、管理等资料，采取暂时封存的措施。

经审会进行审计时，有权对正在进行的严重违法违规、严重损失浪费行为及时向单位主要负责人报告，经同意作出临时制止决定。经审会有权提出纠正、处理违法违规行为的意见和改进管理、提高绩效的建议。

经审会有权对审计结果以适当方式进行通报。经审会有权对违法违规和造成损失浪费的被审计单位和人员，给予通报批评或者提出追究责任的建议。经审会对严格遵守财经法规、经济效益显著、贡献突出的被审计单位和个人，可以向单位党组织、主要负责人提出表彰建议。

经审会对审计中发现的严重违法违规、严重损失浪费等问题，以及被审计单位经济运行中存在的重大风险隐患，有权向同级工会党组织、工会委员会和上一级经审会报告。

四、工会审计程序

经审会根据同级工会委员会的工作部署和上级经审会的要求，制订年度审计工作计划。经审会根据年度审计工作计划，确定审计项目，成立审计组，制订审计实施方案。审计组审计人员不得少于 2 人，实行审计组组长负责制。

经审会应当在实施审计 3 日前，向被审计单位送达审计通知书。遇有特殊情况，报经审会主要负责人批准后，可以直接持审计通知书实施审计。

审计人员通过审查财务、会计资料，查阅与审计事项有关的文件、资料，检查现金、实物、有价证券和信息系统，向有关单位和个人调查等方式进行审计，取得审计证据，做好审计记录，编制审计工作底稿。向有关单位和个人进行调查时，审计人员应当不少于 2 人。

审计组对审计事项实施审计后，依据相关法律法规和内部控制制度作出审计评价，对需要整改的事项提出审计意见和建议，形成审计组的审计报告，并征求被审计单位的意见。被审计单位自接到审计组的审计报告之日起 10 日内，应当向审计组回复书面意见，逾期不回复的，视同无异议。

经审会审核审计组的审计报告、研究被审计单位的书面意见后，出具经审会的审计报告，对违反财经法律法规的行为在职权范围内作出审计决定，并将经审会的审计报告或者审计决定送达被审计单位。审计决定自送达之日起生效。

被审计单位自收到经审会的审计报告或者审计决定之日起 30 日内，将整改落实情况书面报告给出具审计报告或者审计决定的经审会。

被审计单位或者相关责任人员对经审会作出的审计决定不服的，自收到审计决定之日起 60 日内，可以向出具审计决定的上一级经审会书面申请复审。上一级经审会自收到书面复审申请之日起 60 日内，应当作出复审决定。复审期间执行原审计决定。

经审会发现下一级经审会作出的审计决定违反国家有关规定或者有重大错误的，应当责成下一级经审会予以变更或者撤销，必要时可以直接作出变更或者撤销决定。

　　经审会应当建立健全审计整改监督检查机制，对被审计单位进行审计回访，督促其落实整改意见，执行审计决定。审计组在审计实施过程中，应当及时督促被审计单位整改审计发现的问题。经审会在出具审计报告、作出审计决定后，应当在规定的时间内检查或者了解被审计单位和其他有关单位的整改情况。对于定期审计项目，经审会可以结合下一次审计，检查或者了解被审计单位的整改情况。

　　经审会应当每年向同级工会党组织和工会委员会报告审计结果和整改落实情况。

　　经审会对办理的审计项目、专项审计调查、审计复审、审计整改监督检查等，按照工会审计业务公文处理规定和审计档案管理规定建立档案。

思考题

1. 工会经费的来源有哪些？
2. 工会财务管理体制是什么？
3. 工会财务监督的内容有哪些？
4. 工会财务监督的方式和程序是什么？
5. 基层工会经费收支管理原则是什么？
6. 基层工会经费支出的范围是什么？
7. 工会经费审查委员会如何建立？
8. 工会审计的职责是什么？
9. 工会审计的权限是什么？

案例

四川工会提高服务水平，擦亮"工"字号品牌
围绕"两性两化"做优做强工会资产

2023 年 3 月 21 日　来源：中工网

　　记者近日从四川省总工会获悉，四川工会坚持公益性、服务性、市场

化、社会化"两性两化"改革方向，推进工人文化宫、工人疗（休）养院提档升级和作用发挥，不断擦亮"工"字号服务品牌，切实把工会资产及服务阵地建设好、管理好、监督好、使用好、发展好，推动工会服务阵地从回归主业向做优主业、服务大局转变。

近年来，四川工会积极探索和掌握新时代工会资产工作规律，认真研判职工服务阵地工作对象、机制、方式、手段的新变化、新特点，在"试验田"里找答案、育样品、蹚路子，不断推动工会资产"回归公益、聚焦主业、自主经营、依法监管"。

攀枝花市总工会立足职工对美好生活的需求，在工人文化宫服务职工业态规划上，通过自建自营、自建他营、他建他营等形式打造职工服务阵地，连续10年举办书法、声乐等公益培训；成都市金牛区总工会打造线上普惠服务职工平台，实现工会会员注册认证、线上场地预约、购票选座、线上云剧场直播等功能整合，建立健全"在线解决""线上诉求、线下办理"工作机制，拓展13个街道及单位（社区）服务阵地，构建"3+13+N"职工服务圈；资阳市雁江区工人文化宫把准公益属性，开展普惠性项目11项、140多个班次，建立"雁之家"户外劳动者驿站，为快递员等提供24小时暖心服务。

"在健全公共服务体系中把工会阵地立起来、牌子竖起来、主业扛起来，不断提升工会企事业服务大局、服务职工的能力水平。"四川省总工会党组书记、副主席宋开慧表示，四川工会将始终坚持从大处着眼、小处着手，不断提高职工服务阵地建设管理水平，为职工提供更便捷、更普惠、更精准、更专业的服务。

（记者 李娜）

参考资料及说明

[1]《中华人民共和国宪法》（2018 年修正文本）本书中简称《宪法》

[2]《中华人民共和国民法典》（2020 年 5 月 28 日第十三届全国人民代表大会第三次会议通过）本书中简称《民法典》

[3]《中华人民共和国专利法》（根据 2020 年 10 月 17 日第十三届全国人民代表大会常务委员会第二十二次会议《关于修改〈中华人民共和国专利法〉的决定》第四次修正）本书中简称《专利法》

[4]《中华人民共和国公司法》（根据 2018 年 10 月 26 日第十三届全国人民代表大会常务委员会第六次会议《关于修改〈中华人民共和国公司法〉的决定》第四次修正）本书中简称《公司法》

[5]《中华人民共和国全民所有制工业企业法》（1988 年 4 月 13 日第七届全国人民代表大会第一次会议通过根据 2009 年 8 月 27 日第十一届全国人民代表大会常务委员会第十次会议《关于修改部分法律的决定》修正）本书中简称《企业法》

[6]《中华人民共和国职业病防治法》（根据 2018 年 12 月 29 日第十三届全国人民代表大会常务委员会第七次会议《关于修改〈中华人民共和国劳动法〉等七部法律的决定》第四次修正）本书中简称《职业病防治法》

[7]《中华人民共和国安全生产法》（根据 2021 年 6 月 10 日第十三届全国人民代表大会常务委员会第二十九次会议《关于修改〈中华人民共和国安全生产法〉的决定》第三次修正）本书中简称《安全生产法》

[8]《中华人民共和国会计法》（根据 2017 年 11 月 4 日第十二届全国人民代表大会常务委员会第三十次会议《关于修改〈中华人民共和国会计法〉等十一部法律的决定》第二次修正）本书中简称《会计法》

[9] 《中华人民共和国工会法》（根据 2021 年 12 月 24 日第十三届全国人民代表大会常务委员会第三十二次会议《关于修改〈中华人民共和国工会法〉的决定》第三次修正）本书中简称《工会法》

[10] 《中华人民共和国劳动法》（根据 2018 年 12 月 29 日第十三届全国人民代表大会常务委员会第七次会议《关于修改〈中华人民共和国劳动法〉等七部法律的决定》第二次修正）本书中简称《劳动法》

[11] 《中华人民共和国劳动合同法》（根据 2012 年 12 月 28 日第十一届全国人民代表大会常务委员会第三十次会议《关于修改〈中华人民共和国劳动合同法〉的决定》修正）本书中简称《劳动合同法》

[12] 《中华人民共和国社会保险法》（根据 2018 年 12 月 29 日第十三届全国人民代表大会常务委员会第七次会议《关于修改〈中华人民共和国社会保险法〉的决定》修正）本书中简称《社会保险法》

[13] 《中国工会章程》（中国工会第十八次全国代表大会部分修改，2023 年 10 月 12 日通过）

[14] 《失业保险条例》（1999 年 1 月 22 日中华人民共和国国务院令第 258 号发布自发布之日起施行）

[15] 《工伤保险条例》（根据 2010 年 12 月 20 日《国务院关于修改〈工伤保险条例〉的决定》修订）

[16] 《企业工会工作条例》（2006 年 12 月 11 日中华全国总工会第十四届执行委员会第四次全体会议通过）

[17] 《工会基层组织选举工作条例》总工发〔2016〕27 号

[18] 《女职工劳动保护特别规定》（2012 年 4 月 18 日国务院第 200 次常务会议通过 2012 年 4 月 28 日中华人民共和国国务院令第 619 号公布自公布之日起施行）

[19] 《集体合同规定》（2004 年 1 月 20 日劳动保障部令第 22 号公布自 2004 年 5 月 1 日起施行）

[20] 《企业民主管理规定》（中共中央纪委、中共中央组织部、国务院国有资产监督管理委员会、监察部、中华全国总工会、中华全国工商业联合会于 2012 年 2 月 13 日印发）